《中华人民共和国公务员法》
释 义

郑功成◎主　编
杨思斌◎副主编

人民出版社

序　言

郑功成

　　《中华人民共和国公务员法》(以下简称《公务员法》)是为了规范公务员的管理与监督,保障公务员的合法权益,促进公务员正确履职尽责,建设信念坚定、为民服务、勤政务实、敢于担当、清正廉洁的高素质专业化公务员队伍,根据宪法而制定的重要法律,它不仅关系到国家机器的正常运转,也关系到所有公职人员的切身利益,是我国干部人事制度法治化的客观标志。

　　自古以来,吏治就关乎政权根基、百姓苦乐,还决定着改革成败,影响着时代发展。凡吏治清明,必政兴国昌,百姓安乐;凡吏治腐败,必政灭国衰,百姓凄苦。是故,整肃吏治向来被视为治国理政之要务,但中国历史上每个朝代总是由吏治清明走向官僚腐败,这几乎是一个走不出的魔咒。究其原因,除了旧式王朝维护的是统治者的家天下,扮演的只能是私人统治的工具外,还与纲纪废弛、法度不张密切相关。

　　1949年10月1日,中国共产党领导人民建立了中华人民共和国,中国历史自此翻开了崭新的篇章。新中国管理国家事务的是以全心全意为人民服务为根本宗旨的中国共产党和人民政府、人民法院、人民检察院,这与旧政权有本质之别。经过近70年的探索,形成了有中国特色的干部人事制度。2005年4月27日,第十届全国人大会常委会第十五次会议通过了《公务员法》并自2006年1月1日实施,这为科学、民主、依法管理公务员队伍提供了基本依据,从而标志着我国干部人事制度向法治化方向迈出了坚实的步伐。经过10多年的实践,我国公务员制度体系不断完善,与《公务员法》配套的法规也逐步健全,公务员进、管、出各个环节的规范化程度在不断提高。

　　然而,时代的发展变化,亦给干部人事制度带来了新的挑战,《公务员法》在实践中也暴露出一些不适应性的问题,与时俱进地修订《公务员法》成为日益紧迫的现实议题。党的十八大以来,通过强力反腐和不断完善干部人事制度,为修订和完善《公务员法》奠定了良好的基础,对《公务员法》的修订也提上了重要议程。2017年6月14日,由中共中央组织部、人力资源和社会保障部、原国家公务员局共同正式启动《公务员法》修订工作;2018年7月,修法工作小组修改形成《公务员法修订草案(征求意见稿)》。2018年8月,《公务员法》(修订草案)正式列入第十三届全国人大常委会立法规划;2018年10月15日,委员长会议决定提请全国人大常委会第六次会议审议;2018年10月26日,第十三届全国人大常委会第六次会议对修订草案进行了首次审议;2018年11月1日,《公务员法》(修订草案)面向社会公开征求意见,一个月期限内共有29374人提出56778条意见,其中显示公务员身份的网民提出的意见占69.6%。2018年12月25日,吸收了全国人大常委会组成人员首次审议意见和向社会公开征求的意见后的《公务员法》(修订草案)二审稿提交第十三届全国人大常委会第七次会议审议,大家普遍认为修订草案已比较全面、成熟,赞成付诸表决。2018年12月29日,《公务员法》(修订草案)经第十三届全国人大常委会第七次会议表决通过,国家主席习近平于当天签署第20号主席令予以公布,修订后的《公务员法》自2019年6月1日起施行。

新修订的《公务员法》由原来的18章107条调整为18章113条,新增6条,实质性修改49条,个别文字修改16条,条文顺序调整2条。主要变化在于:一是突出了政治要求。明确习近平新时代中国特色社会主义思想是公务员制度必须长期坚持的指导思想,以及坚持和加强党的领导、坚持中国特色社会主义制度等一系列政治要求。二是调整完善了公务员职务、职级以及对公务员进行分类管理等有关规定,实行职务与职级并行、职级与待遇挂钩的制度,并对领导职务、职级的任免、升降以及与此相关的条文进行了修改,这是解决一些地方特别是基层单位千军万马挤职务晋升"独木桥"的困境所采取的重大改革举措。三是调整充实了从严管理公务员的有关规定,《中华人民共和国监察法》和新修订的《中国共产党纪律处分条例》等的有关规定在修订后的《公务员法》中得到了充分体现,公务员的行为因法律的清晰规制而更加规范化。四是充实健全了针对公务员的激励保障机制有关规定,包括奖励机制与社会保险权益等均做出了相应的新规定。如新修订的《公务员法》规定:对工作表现突出,有显著成绩和贡献,或有其他突出事迹的公务员或者公务员集体,给予奖励。五是根据公务员管理实践中的需要,进一步完善了公务员分类考录、分类考核、分类培训以及考核方式、宪法宣誓、公开遴选等方面的规定。

可见,这次修订《公务员法》不是小修订,而是做了较大幅度的修订,从而是立法质量的提升,它标志着我国干部人事制度走向了成熟、定型发展的法治化阶段。

正是由于《公务员法》的重要性和这次修法的意义,人民出版社决定出版《公务员法》的释义并邀请我来主持此事。作为《公务员法》制定与修订审议的全程参与者,我亦认为有必要为读者提供一个了解与理解修订后的《公务员法》的蓝本。在此背景下,我邀请4位关注《公务员法》并专门从事法学研究的中青年学者参与本书的撰写。本书由我提出释法的总体思路和要求,各位作者分工完成,其中,中国劳动关系学院教授杨思斌负责撰写第一章、第二章、第十章、第十一章的法条释义,首都经贸大学教授范围撰写第三章、第四章、第五章、第六章、第七章的法条释义,中国社会科学院法学所副研究员栗燕杰撰写第八章、第九章、第十五章、第十七章、第十八章的法条释义,华中科技大学副教授汪敏撰写第十二章、第十三章、第十四章、第十六章的法条释义。最后由我和杨思斌教授统稿并定稿。

今日之中国,已经进入了全面依法治国的新时代,步入了快速现代化的轨道。修订后的《公务员法》的正式实施,必将为我国干部人事制度的发展提供更有力、更有效的法律保障;一支忠诚干净担当的高素质专业化公务员队伍,必定能够开创并长久维护政通人和、海晏河清的国家发展新局面。

2019 年 3 月 28 日

目　录

第一部分
法 律 全 文

中华人民共和国公务员法

（2005 年 4 月 27 日第十届全国人民代表大会常务委员会第十五次会议通过　根据 2017 年 9 月 1 日第十二届全国人民代表大会常务委员会第二十九次会议《关于修改〈中华人民共和国法官法〉等八部法律的决定》修正　2018 年 12 月 29 日第十三届全国人民代表大会常务委员会第七次会议修订）

目　　录

第一章 总 则

第一条 为了规范公务员的管理,保障公务员的合法权益,加强对公务员的监督,促进公务员正确履职尽责,建设信念坚定、为民服务、勤政务实、敢于担当、清正廉洁的高素质专业化公务员队伍,根据宪法,制定本法。

第二条 本法所称公务员,是指依法履行公职、纳入国家行政编制、由国家财政负担工资福利的工作人员。

公务员是干部队伍的重要组成部分,是社会主义事业的中坚力量,是人民的公仆。

第三条 公务员的义务、权利和管理,适用本法。

法律对公务员中领导成员的产生、任免、监督以及监察官、法官、检察官等的义务、权利和管理另有规定的,从其规定。

第四条 公务员制度坚持中国共产党领导,坚持以马克思列宁主义、毛泽东思想、邓小平理论、"三个代表"重要思想、科学发展观、习近平新时代中国特色社会主义思想为指导,贯彻社会主义初级阶段的基本路线,贯彻新时代中国共产党的组织路线,坚持党管干部原则。

第五条 公务员的管理,坚持公开、平等、竞争、择优的原则,依照法定的权限、条件、标准和程序进行。

第六条 公务员的管理,坚持监督约束与激励保障并重的原则。

第七条 公务员的任用,坚持德才兼备、以德为先,坚持五湖四海、任人唯贤,坚持事业为上、公道正派,突出政治标准,注重工作实绩。

第八条 国家对公务员实行分类管理,提高管理效能和科学化水平。

第九条 公务员就职时应当依照法律规定公开进行宪法宣誓。

第十条 公务员依法履行职责的行为,受法律保护。

第十一条 公务员工资、福利、保险以及录用、奖励、培训、辞退等所需经费,列入财政预算,予以保障。

第十二条 中央公务员主管部门负责全国公务员的综合管理工作。县级以上地方各级公务员主管部门负责本辖区内公务员的综合管理工作。上级公务员主管部门指导下级公务员主管部门的公务员管理工作。各级公务员主管部门指导同级各机关的公务员管理工作。

第二章 公务员的条件、义务与权利

第十三条 公务员应当具备下列条件：

（一）具有中华人民共和国国籍；

（二）年满十八周岁；

（三）拥护中华人民共和国宪法，拥护中国共产党领导和社会主义制度；

（四）具有良好的政治素质和道德品行；

（五）具有正常履行职责的身体条件和心理素质；

（六）具有符合职位要求的文化程度和工作能力；

（七）法律规定的其他条件。

第十四条 公务员应当履行下列义务：

（一）忠于宪法，模范遵守、自觉维护宪法和法律，自觉接受中国共产党领导；

（二）忠于国家，维护国家的安全、荣誉和利益；

（三）忠于人民，全心全意为人民服务，接受人民监督；

（四）忠于职守，勤勉尽责，服从和执行上级依法作出的决定和命令，按照规定的权限和程序履行职责，努力提高工作质量和效率；

（五）保守国家秘密和工作秘密；

（六）带头践行社会主义核心价值观，坚守法治，遵守纪律，恪守职业道德，模范遵守社会公德、家庭美德；

（七）清正廉洁，公道正派；

（八）法律规定的其他义务。

第十五条 公务员享有下列权利：

（一）获得履行职责应当具有的工作条件；

（二）非因法定事由、非经法定程序，不被免职、降职、辞退或者处分；

（三）获得工资报酬，享受福利、保险待遇；

（四）参加培训；

（五）对机关工作和领导人员提出批评和建议；

（六）提出申诉和控告；

（七）申请辞职；

（八）法律规定的其他权利。

第三章　职务、职级与级别

第十六条　国家实行公务员职位分类制度。

公务员职位类别按照公务员职位的性质、特点和管理需要,划分为综合管理类、专业技术类和行政执法类等类别。根据本法,对于具有职位特殊性,需要单独管理的,可以增设其他职位类别。各职位类别的适用范围由国家另行规定。

第十七条　国家实行公务员职务与职级并行制度,根据公务员职位类别和职责设置公务员领导职务、职级序列。

第十八条　公务员领导职务根据宪法、有关法律和机构规格设置。

领导职务层次分为:国家级正职、国家级副职、省部级正职、省部级副职、厅局级正职、厅局级副职、县处级正职、县处级副职、乡科级正职、乡科级副职。

第十九条　公务员职级在厅局级以下设置。

综合管理类公务员职级序列分为:一级巡视员、二级巡视员、一级调研员、二级调研员、三级调研员、四级调研员、一级主任科员、二级主任科员、三级主任科员、四级主任科员、一级科员、二级科员。

综合管理类以外其他职位类别公务员的职级序列,根据本法由国家另行规定。

第二十条　各机关依照确定的职能、规格、编制限额、职数以及结构比例,设置本机关公务员的具体职位,并确定各职位的工作职责和任职资格条件。

第二十一条　公务员的领导职务、职级应当对应相应的级别。公务员领导职务、职级与级别的对应关系,由国家规定。

根据工作需要和领导职务与职级的对应关系,公务员担任的领导职务和职级可以互相转任、兼任;符合规定资格条件的,可以晋升领导职务或者职级。

公务员的级别根据所任领导职务、职级及其德才表现、工作实绩和资历确定。公务员在同一领导职务、职级上,可以按照国家规定晋升级别。

公务员的领导职务、职级与级别是确定公务员工资以及其他待遇的依据。

第二十二条　国家根据人民警察、消防救援人员以及海关、驻外外交机构等公务员的工作特点,设置与其领导职务、职级相对应的衔级。

第四章 录 用

第二十三条 录用担任一级主任科员以下及其他相当职级层次的公务员,采取公开考试、严格考察、平等竞争、择优录取的办法。

民族自治地方依照前款规定录用公务员时,依照法律和有关规定对少数民族报考者予以适当照顾。

第二十四条 中央机关及其直属机构公务员的录用,由中央公务员主管部门负责组织。地方各级机关公务员的录用,由省级公务员主管部门负责组织,必要时省级公务员主管部门可以授权设区的市级公务员主管部门组织。

第二十五条 报考公务员,除应当具备本法第十三条规定的条件以外,还应当具备省级以上公务员主管部门规定的拟任职位所要求的资格条件。

国家对行政机关中初次从事行政处罚决定审核、行政复议、行政裁决、法律顾问的公务员实行统一法律职业资格考试制度,由国务院司法行政部门商有关部门组织实施。

第二十六条 下列人员不得录用为公务员:

(一)因犯罪受过刑事处罚的;

(二)被开除中国共产党党籍的;

(三)被开除公职的;

(四)被依法列为失信联合惩戒对象的;

(五)有法律规定不得录用为公务员的其他情形的。

第二十七条 录用公务员,应当在规定的编制限额内,并有相应的职位空缺。

第二十八条 录用公务员,应当发布招考公告。招考公告应当载明招考的职位、名额、报考资格条件、报考需要提交的申请材料以及其他报考须知事项。

招录机关应当采取措施,便利公民报考。

第二十九条 招录机关根据报考资格条件对报考申请进行审查。报考者提交的申请材料应当真实、准确。

第三十条 公务员录用考试采取笔试和面试等方式进行,考试内容根据公务员应当具备的基本能力和不同职位类别、不同层级机关分别设置。

第三十一条 招录机关根据考试成绩确定考察人选,并进行报考资格复审、考察和体检。

体检的项目和标准根据职位要求确定。具体办法由中央公务员主管部门会同国务院卫生健康行政部门规定。

第三十二条 招录机关根据考试成绩、考察情况和体检结果,提出拟录用人员名单,并予以公示。公示期不少于五个工作日。

公示期满,中央一级招录机关应当将拟录用人员名单报中央公务员主管部门备案;地方各级招录机关应当将拟录用人员名单报省级或者设区的市级公务员主管部门审批。

第三十三条 录用特殊职位的公务员,经省级以上公务员主管部门批准,可以简化程序或者采用其他测评办法。

第三十四条 新录用的公务员试用期为一年。试用期满合格的,予以任职;不合格的,取消录用。

第五章 考 核

第三十五条 公务员的考核应当按照管理权限,全面考核公务员的德、能、勤、绩、廉,重点考核政治素质和工作实绩。考核指标根据不同职位类别、不同层级机关分别设置。

第三十六条 公务员的考核分为平时考核、专项考核和定期考核等方式。定期考核以平时考核、专项考核为基础。

第三十七条 非领导成员公务员的定期考核采取年度考核的方式。先由个人按照职位职责和有关要求进行总结,主管领导在听取群众意见后,提出考核等次建议,由本机关负责人或者授权的考核委员会确定考核等次。

领导成员的考核由主管机关按照有关规定办理。

第三十八条 定期考核的结果分为优秀、称职、基本称职和不称职四个等次。

定期考核的结果应当以书面形式通知公务员本人。

第三十九条 定期考核的结果作为调整公务员职位、职务、职级、级别、工资以及公务员奖励、培训、辞退的依据。

第六章　职务、职级任免

第四十条　公务员领导职务实行选任制、委任制和聘任制。公务员职级实行委任制和聘任制。

领导成员职务按照国家规定实行任期制。

第四十一条　选任制公务员在选举结果生效时即任当选职务;任期届满不再连任或者任期内辞职、被罢免、被撤职的,其所任职务即终止。

第四十二条　委任制公务员试用期满考核合格,职务、职级发生变化,以及其他情形需要任免职务、职级的,应当按照管理权限和规定的程序任免。

第四十三条　公务员任职应当在规定的编制限额和职数内进行,并有相应的职位空缺。

第四十四条　公务员因工作需要在机关外兼职,应当经有关机关批准,并不得领取兼职报酬。

第七章　职务、职级升降

第四十五条　公务员晋升领导职务,应当具备拟任职务所要求的政治素质、工作能力、文化程度和任职经历等方面的条件和资格。

公务员领导职务应当逐级晋升。特别优秀的或者工作特殊需要的,可以按照规定破格或者越级晋升。

第四十六条　公务员晋升领导职务,按照下列程序办理:

(一)动议;

(二)民主推荐;

(三)确定考察对象,组织考察;

(四)按照管理权限讨论决定;

(五)履行任职手续。

第四十七条　厅局级正职以下领导职务出现空缺且本机关没有合适人选的,可以通过适当方式面向社会选拔任职人选。

第四十八条　公务员晋升领导职务的,应当按照有关规定实行任职前公示制度和任职试用期制度。

第四十九条 公务员职级应当逐级晋升,根据个人德才表现、工作实绩和任职资历,参考民主推荐或者民主测评结果确定人选,经公示后,按照管理权限审批。

第五十条 公务员的职务、职级实行能上能下。对不适宜或者不胜任现任职务、职级的,应当进行调整。

公务员在年度考核中被确定为不称职的,按照规定程序降低一个职务或者职级层次任职。

第八章 奖 励

第五十一条 对工作表现突出,有显著成绩和贡献,或者有其他突出事迹的公务员或者公务员集体,给予奖励。奖励坚持定期奖励与及时奖励相结合,精神奖励与物质奖励相结合、以精神奖励为主的原则。

公务员集体的奖励适用于按照编制序列设置的机构或者为完成专项任务组成的工作集体。

第五十二条 公务员或者公务员集体有下列情形之一的,给予奖励:

(一)忠于职守,积极工作,勇于担当,工作实绩显著的;

(二)遵纪守法,廉洁奉公,作风正派,办事公道,模范作用突出的;

(三)在工作中有发明创造或者提出合理化建议,取得显著经济效益或者社会效益的;

(四)为增进民族团结,维护社会稳定做出突出贡献的;

(五)爱护公共财产,节约国家资财有突出成绩的;

(六)防止或者消除事故有功,使国家和人民群众利益免受或者减少损失的;

(七)在抢险、救灾等特定环境中做出突出贡献的;

(八)同违纪违法行为作斗争有功绩的;

(九)在对外交往中为国家争得荣誉和利益的;

(十)有其他突出功绩的。

第五十三条 奖励分为:嘉奖、记三等功、记二等功、记一等功、授予称号。

对受奖励的公务员或者公务员集体予以表彰,并对受奖励的个人给予一次性奖金或者其他待遇。

第五十四条　给予公务员或者公务员集体奖励,按照规定的权限和程序决定或者审批。

第五十五条　按照国家规定,可以向参与特定时期、特定领域重大工作的公务员颁发纪念证书或者纪念章。

第五十六条　公务员或者公务员集体有下列情形之一的,撤销奖励:

(一)弄虚作假,骗取奖励的;

(二)申报奖励时隐瞒严重错误或者严重违反规定程序的;

(三)有严重违纪违法等行为,影响称号声誉的;

(四)有法律、法规规定应当撤销奖励的其他情形的。

第九章　监督与惩戒

第五十七条　机关应当对公务员的思想政治、履行职责、作风表现、遵纪守法等情况进行监督,开展勤政廉政教育,建立日常管理监督制度。

对公务员监督发现问题的,应当区分不同情况,予以谈话提醒、批评教育、责令检查、诫勉、组织调整、处分。

对公务员涉嫌职务违法和职务犯罪的,应当依法移送监察机关处理。

第五十八条　公务员应当自觉接受监督,按照规定请示报告工作、报告个人有关事项。

第五十九条　公务员应当遵纪守法,不得有下列行为:

(一)散布有损宪法权威、中国共产党和国家声誉的言论,组织或者参加旨在反对宪法、中国共产党领导和国家的集会、游行、示威等活动;

(二)组织或者参加非法组织,组织或者参加罢工;

(三)挑拨、破坏民族关系,参加民族分裂活动或者组织、利用宗教活动破坏民族团结和社会稳定;

(四)不担当,不作为,玩忽职守,贻误工作;

(五)拒绝执行上级依法作出的决定和命令;

(六)对批评、申诉、控告、检举进行压制或者打击报复;

(七)弄虚作假,误导、欺骗领导和公众;

(八)贪污贿赂,利用职务之便为自己或者他人谋取私利;

(九)违反财经纪律,浪费国家资财;

（十）滥用职权，侵害公民、法人或者其他组织的合法权益；

（十一）泄露国家秘密或者工作秘密；

（十二）在对外交往中损害国家荣誉和利益；

（十三）参与或者支持色情、吸毒、赌博、迷信等活动；

（十四）违反职业道德、社会公德和家庭美德；

（十五）违反有关规定参与禁止的网络传播行为或者网络活动；

（十六）违反有关规定从事或者参与营利性活动，在企业或者其他营利性组织中兼任职务；

（十七）旷工或者因公外出、请假期满无正当理由逾期不归；

（十八）违纪违法的其他行为。

第六十条 公务员执行公务时，认为上级的决定或者命令有错误的，可以向上级提出改正或者撤销该决定或者命令的意见；上级不改变该决定或者命令，或者要求立即执行的，公务员应当执行该决定或者命令，执行的后果由上级负责，公务员不承担责任；但是，公务员执行明显违法的决定或者命令的，应当依法承担相应的责任。

第六十一条 公务员因违纪违法应当承担纪律责任的，依照本法给予处分或者由监察机关依法给予政务处分；违纪违法行为情节轻微，经批评教育后改正的，可以免予处分。

对同一违纪违法行为，监察机关已经作出政务处分决定的，公务员所在机关不再给予处分。

第六十二条 处分分为：警告、记过、记大过、降级、撤职、开除。

第六十三条 对公务员的处分，应当事实清楚、证据确凿、定性准确、处理恰当、程序合法、手续完备。

公务员违纪违法的，应当由处分决定机关决定对公务员违纪违法的情况进行调查，并将调查认定的事实以及拟给予处分的依据告知公务员本人。公务员有权进行陈述和申辩；处分决定机关不得因公务员申辩而加重处分。

处分决定机关认为对公务员应当给予处分的，应当在规定的期限内，按照管理权限和规定的程序作出处分决定。处分决定应当以书面形式通知公务员本人。

第六十四条 公务员在受处分期间不得晋升职务、职级和级别，其中受记过、记大过、降级、撤职处分的，不得晋升工资档次。

受处分的期间为:警告,六个月;记过,十二个月;记大过,十八个月;降级、撤职,二十四个月。

受撤职处分的,按照规定降低级别。

第六十五条 公务员受开除以外的处分,在受处分期间有悔改表现,并且没有再发生违纪违法行为的,处分期满后自动解除。

解除处分后,晋升工资档次、级别和职务、职级不再受原处分的影响。但是,解除降级、撤职处分的,不视为恢复原级别、原职务、原职级。

第十章 培 训

第六十六条 机关根据公务员工作职责的要求和提高公务员素质的需要,对公务员进行分类分级培训。

国家建立专门的公务员培训机构。机关根据需要也可以委托其他培训机构承担公务员培训任务。

第六十七条 机关对新录用人员应当在试用期内进行初任培训;对晋升领导职务的公务员应当在任职前或者任职后一年内进行任职培训;对从事专项工作的公务员应当进行专门业务培训;对全体公务员应当进行提高政治素质和工作能力、更新知识的在职培训,其中对专业技术类公务员应当进行专业技术培训。

国家有计划地加强对优秀年轻公务员的培训。

第六十八条 公务员的培训实行登记管理。

公务员参加培训的时间由公务员主管部门按照本法第六十七条规定的培训要求予以确定。

公务员培训情况、学习成绩作为公务员考核的内容和任职、晋升的依据之一。

第十一章 交流与回避

第六十九条 国家实行公务员交流制度。

公务员可以在公务员和参照本法管理的工作人员队伍内部交流,也可以与国有企业和不参照本法管理的事业单位中从事公务的人员交流。

交流的方式包括调任、转任。

第七十条 国有企业、高等院校和科研院所以及其他不参照本法管理的事业单位中从事公务的人员,可以调入机关担任领导职务或者四级调研员以上及其他相当层次的职级。

调任人选应当具备本法第十三条规定的条件和拟任职位所要求的资格条件,并不得有本法第二十六条规定的情形。调任机关应当根据上述规定,对调任人选进行严格考察,并按照管理权限审批,必要时可以对调任人选进行考试。

第七十一条 公务员在不同职位之间转任应当具备拟任职位所要求的资格条件,在规定的编制限额和职数内进行。

对省部级正职以下的领导成员应当有计划、有重点地实行跨地区、跨部门转任。

对担任机关内设机构领导职务和其他工作性质特殊的公务员,应当有计划地在本机关内转任。

上级机关应当注重从基层机关公开遴选公务员。

第七十二条 根据工作需要,机关可以采取挂职方式选派公务员承担重大工程、重大项目、重点任务或者其他专项工作。

公务员在挂职期间,不改变与原机关的人事关系。

第七十三条 公务员应当服从机关的交流决定。

公务员本人申请交流的,按照管理权限审批。

第七十四条 公务员之间有夫妻关系、直系血亲关系、三代以内旁系血亲关系以及近姻亲关系的,不得在同一机关双方直接隶属于同一领导人员的职位或者有直接上下级领导关系的职位工作,也不得在其中一方担任领导职务的机关从事组织、人事、纪检、监察、审计和财务工作。

公务员不得在其配偶、子女及其配偶经营的企业、营利性组织的行业监管或者主管部门担任领导成员。

因地域或者工作性质特殊,需要变通执行任职回避的,由省级以上公务员主管部门规定。

第七十五条 公务员担任乡级机关、县级机关、设区的市级机关及其有关部门主要领导职务的,应当按照有关规定实行地域回避。

第七十六条 公务员执行公务时,有下列情形之一的,应当回避:

（一）涉及本人利害关系的；

（二）涉及与本人有本法第七十四条第一款所列亲属关系人员的利害关系的；

（三）其他可能影响公正执行公务的。

第七十七条 公务员有应当回避情形的，本人应当申请回避；利害关系人有权申请公务员回避。其他人员可以向机关提供公务员需要回避的情况。

机关根据公务员本人或者利害关系人的申请，经审查后作出是否回避的决定，也可以不经申请直接作出回避决定。

第七十八条 法律对公务员回避另有规定的，从其规定。

第十二章　工资、福利与保险

第七十九条 公务员实行国家统一规定的工资制度。

公务员工资制度贯彻按劳分配的原则，体现工作职责、工作能力、工作实绩、资历等因素，保持不同领导职务、职级、级别之间的合理工资差距。

国家建立公务员工资的正常增长机制。

第八十条 公务员工资包括基本工资、津贴、补贴和奖金。

公务员按照国家规定享受地区附加津贴、艰苦边远地区津贴、岗位津贴等津贴。

公务员按照国家规定享受住房、医疗等补贴、补助。

公务员在定期考核中被确定为优秀、称职的，按照国家规定享受年终奖金。

公务员工资应当按时足额发放。

第八十一条 公务员的工资水平应当与国民经济发展相协调、与社会进步相适应。

国家实行工资调查制度，定期进行公务员和企业相当人员工资水平的调查比较，并将工资调查比较结果作为调整公务员工资水平的依据。

第八十二条 公务员按照国家规定享受福利待遇。国家根据经济社会发展水平提高公务员的福利待遇。

公务员执行国家规定的工时制度，按照国家规定享受休假。公务员在法定工作日之外加班的，应当给予相应的补休，不能补休的按照国家规定给予补助。

第八十三条　公务员依法参加社会保险,按照国家规定享受保险待遇。

公务员因公牺牲或者病故的,其亲属享受国家规定的抚恤和优待。

第八十四条　任何机关不得违反国家规定自行更改公务员工资、福利、保险政策,擅自提高或者降低公务员的工资、福利、保险待遇。任何机关不得扣减或者拖欠公务员的工资。

第十三章　辞职与辞退

第八十五条　公务员辞去公职,应当向任免机关提出书面申请。任免机关应当自接到申请之日起三十日内予以审批,其中对领导成员辞去公职的申请,应当自接到申请之日起九十日内予以审批。

第八十六条　公务员有下列情形之一的,不得辞去公职:

(一)未满国家规定的最低服务年限的;

(二)在涉及国家秘密等特殊职位任职或者离开上述职位不满国家规定的脱密期限的;

(三)重要公务尚未处理完毕,且须由本人继续处理的;

(四)正在接受审计、纪律审查、监察调查,或者涉嫌犯罪,司法程序尚未终结的;

(五)法律、行政法规规定的其他不得辞去公职的情形。

第八十七条　担任领导职务的公务员,因工作变动依照法律规定需要辞去现任职务的,应当履行辞职手续。

担任领导职务的公务员,因个人或者其他原因,可以自愿提出辞去领导职务。

领导成员因工作严重失误、失职造成重大损失或者恶劣社会影响的,或者对重大事故负有领导责任的,应当引咎辞去领导职务。

领导成员因其他原因不再适合担任现任领导职务的,或者应当引咎辞职本人不提出辞职的,应当责令其辞去领导职务。

第八十八条　公务员有下列情形之一的,予以辞退:

(一)在年度考核中,连续两年被确定为不称职的;

(二)不胜任现职工作,又不接受其他安排的;

(三)因所在机关调整、撤销、合并或者缩减编制员额需要调整工作,本人拒绝合理安排的；

（四）不履行公务员义务，不遵守法律和公务员纪律，经教育仍无转变，不适合继续在机关工作，又不宜给予开除处分的；

（五）旷工或者因公外出、请假期满无正当理由逾期不归连续超过十五天，或者一年内累计超过三十天的。

第八十九条 对有下列情形之一的公务员，不得辞退：

（一）因公致残，被确认丧失或者部分丧失工作能力的；

（二）患病或者负伤，在规定的医疗期内的；

（三）女性公务员在孕期、产假、哺乳期内的；

（四）法律、行政法规规定的其他不得辞退的情形。

第九十条 辞退公务员，按照管理权限决定。辞退决定应当以书面形式通知被辞退的公务员，并应当告知辞退依据和理由。

被辞退的公务员，可以领取辞退费或者根据国家有关规定享受失业保险。

第九十一条 公务员辞职或者被辞退，离职前应当办理公务交接手续，必要时按照规定接受审计。

第十四章　退　休

第九十二条 公务员达到国家规定的退休年龄或者完全丧失工作能力的，应当退休。

第九十三条 公务员符合下列条件之一的，本人自愿提出申请，经任免机关批准，可以提前退休：

（一）工作年限满三十年的；

（二）距国家规定的退休年龄不足五年，且工作年限满二十年的；

（三）符合国家规定的可以提前退休的其他情形的。

第九十四条 公务员退休后，享受国家规定的养老金和其他待遇，国家为其生活和健康提供必要的服务和帮助，鼓励发挥个人专长，参与社会发展。

第十五章　申诉与控告

第九十五条 公务员对涉及本人的下列人事处理不服的，可以自知道该人事处理之日起三十日内向原处理机关申请复核;对复核结果不服的,可以自接到复核决定之日起十五日内,按照规定向同级公务员主管部门或者作出该人事处理的机关的上一级机关提出申诉;也可以不经复核,自知道该人事处理之日起三十日内直接提出申诉:

（一）处分;

（二）辞退或者取消录用;

（三）降职;

（四）定期考核定为不称职;

（五）免职;

（六）申请辞职、提前退休未予批准;

（七）不按照规定确定或者扣减工资、福利、保险待遇;

（八）法律、法规规定可以申诉的其他情形。

对省级以下机关作出的申诉处理决定不服的,可以向作出处理决定的上一级机关提出再申诉。

受理公务员申诉的机关应当组成公务员申诉公正委员会,负责受理和审理公务员的申诉案件。

公务员对监察机关作出的涉及本人的处理决定不服向监察机关申请复审、复核的,按照有关规定办理。

第九十六条 原处理机关应当自接到复核申请书后的三十日内作出复核决定,并以书面形式告知申请人。受理公务员申诉的机关应当自受理之日起六十日内作出处理决定;案情复杂的,可以适当延长,但是延长时间不得超过三十日。

复核、申诉期间不停止人事处理的执行。

公务员不因申请复核、提出申诉而被加重处理。

第九十七条 公务员申诉的受理机关审查认定人事处理有错误的,原处理机关应当及时予以纠正。

第九十八条 公务员认为机关及其领导人员侵犯其合法权益的,可以依法向上级机关或者监察机关提出控告。受理控告的机关应当按照规定及时处理。

第九十九条 公务员提出申诉、控告,应当尊重事实,不得捏造事实,诬告、陷害他人。对捏造事实,诬告、陷害他人的,依法追究法律责任。

第十六章　职位聘任

第一百条　机关根据工作需要,经省级以上公务员主管部门批准,可以对专业性较强的职位和辅助性职位实行聘任制。

前款所列职位涉及国家秘密的,不实行聘任制。

第一百零一条　机关聘任公务员可以参照公务员考试录用的程序进行公开招聘,也可以从符合条件的人员中直接选聘。

机关聘任公务员应当在规定的编制限额和工资经费限额内进行。

第一百零二条　机关聘任公务员,应当按照平等自愿、协商一致的原则,签订书面的聘任合同,确定机关与所聘公务员双方的权利、义务。聘任合同经双方协商一致可以变更或者解除。

聘任合同的签订、变更或者解除,应当报同级公务员主管部门备案。

第一百零三条　聘任合同应当具备合同期限,职位及其职责要求,工资、福利、保险待遇,违约责任等条款。

聘任合同期限为一年至五年。聘任合同可以约定试用期,试用期为一个月至十二个月。

聘任制公务员实行协议工资制,具体办法由中央公务员主管部门规定。

第一百零四条　机关依据本法和聘任合同对所聘公务员进行管理。

第一百零五条　聘任制公务员与所在机关之间因履行聘任合同发生争议的,可以自争议发生之日起六十日内申请仲裁。

省级以上公务员主管部门根据需要设立人事争议仲裁委员会,受理仲裁申请。人事争议仲裁委员会由公务员主管部门的代表、聘用机关的代表、聘任制公务员的代表以及法律专家组成。

当事人对仲裁裁决不服的,可以自接到仲裁裁决书之日起十五日内向人民法院提起诉讼。仲裁裁决生效后,一方当事人不履行的,另一方当事人可以申请人民法院执行。

第十七章　法律责任

第一百零六条　对有下列违反本法规定情形的,由县级以上领导机关或者公务员主管部门按照管理权限,区别不同情况,分别予以责令纠正或者宣布无效;对负有责任的领导人员和直接责任人员,根据情节轻重,给予批评教育、责令检查、诫勉、组织调整、处分;构成犯罪的,依法追究刑事责任:

(一)不按照编制限额、职数或者任职资格条件进行公务员录用、调任、转任、聘任和晋升的;

(二)不按照规定条件进行公务员奖惩、回避和办理退休的;

(三)不按照规定程序进行公务员录用、调任、转任、聘任、晋升以及考核、奖惩的;

(四)违反国家规定,更改公务员工资、福利、保险待遇标准的;

(五)在录用、公开遴选等工作中发生泄露试题、违反考场纪律以及其他严重影响公开、公正行为的;

(六)不按照规定受理和处理公务员申诉、控告的;

(七)违反本法规定的其他情形的。

第一百零七条 公务员辞去公职或者退休的,原系领导成员、县处级以上领导职务的公务员在离职三年内,其他公务员在离职两年内,不得到与原工作业务直接相关的企业或者其他营利性组织任职,不得从事与原工作业务直接相关的营利性活动。

公务员辞去公职或者退休后有违反前款规定行为的,由其原所在机关的同级公务员主管部门责令限期改正;逾期不改正的,由县级以上市场监管部门没收该人员从业期间的违法所得,责令接收单位将该人员予以清退,并根据情节轻重,对接收单位处以被处罚人员违法所得一倍以上五倍以下的罚款。

第一百零八条 公务员主管部门的工作人员,违反本法规定,滥用职权、玩忽职守、徇私舞弊,构成犯罪的,依法追究刑事责任;尚不构成犯罪的,给予处分或者由监察机关依法给予政务处分。

第一百零九条 在公务员录用、聘任等工作中,有隐瞒真实信息、弄虚作假、考试作弊、扰乱考试秩序等行为的,由公务员主管部门根据情节作出考试成绩无效、取消资格、限制报考等处理;情节严重的,依法追究法律责任。

第一百一十条 机关因错误的人事处理对公务员造成名誉损害的,应当赔礼道歉、恢复名誉、消除影响;造成经济损失的,应当依法给予赔偿。

第十八章 附 则

第一百一十一条 本法所称领导成员,是指机关的领导人员,不包括机关内设机构担任领导职务的人员。

第一百一十二条 法律、法规授权的具有公共事务管理职能的事业单位中除工勤人员以外的工作人员,经批准参照本法进行管理。

第一百一十三条 本法自 2019 年 6 月 1 日起施行。

第二部分

释　义

第一章 总 则

总则,是关于一部法律的总括性规定。总则的功能是概括地表述贯穿于该法律始终的立法思想、价值取向、基本原则等一般性、原则性、抽象性的内容,总则对理解主文条文具有指导性作用。本法总则共十二条,内容包括立法宗旨和依据、公务员的界定、公务员法的适用范围、指导思想、公务员管理的原则、公务员管理机关等。这些内容的确定和规范,为以后各章具体条文的设计确定指导原则。

第一条 为了规范公务员的管理,保障公务员的合法权益,加强对公务员的监督,促进公务员正确履职尽责,建设信念坚定、为民服务、勤政务实、敢于担当、清正廉洁的高素质专业化公务员队伍,根据宪法,制定本法。

释 义

本条是关于公务员法立法宗旨和依据的规定。

一、公务员法的制定和修改过程

公务员法是我国干部人事管理中的一部基础性法律,是公务员管理的基本法律依据。

1993 年 4 月 24 日,国务院第二次常务会议通过《国家公务员暂行条例》(以下简称"《暂行条例》"),1993 年 8 月 14 日发布并于同年 10 月 1 日起实施。《暂行条例》是中华人民共和国历史上第一部关于国家公务员管理的行政法规,标志着我国公务员制度的建立和推行进入一个新阶段。《暂行条例》在实施过程中凸显的问题对公务员立法提出了要求。2000 年 8 月,中组部、人事部着手研究起草公务员法。2005 年 4 月,第十届全国人大会常委会第十五次会议表决通过《中华人民共和国公务员法》,该法自 2006 年 1 月 1 日起施行。

公务员法及其配套政策法规自施行以来,在建设高素质专业化公务员队伍中发挥了重要作用。公务员管理基本实现有法可依、有章可循,公务员队伍结构得以优化,公务员素质能力得到极大的提升。随着中国特色社会主义进入新时代,党和国家事业取得历史性成就,发生历史性变革,对公务员队伍建设和公务员工作提出许多新要求,公务员法的一些规定也出现一些不适应、不符合新形势新要求的地方,需要与时俱进地加以修订完善。

公务员法修订工作于 2017 年 3 月启动。修订工作主要遵循以下原则:(一)坚持正确方向,体现中国特色。(二)坚持问题导向,巩固改革成果。(三)坚持严管和厚爱结合,完善制度举措。(四)坚持民主立法,提高修法质量。2018 年 12 月 29 日,第十三届全国人大常委会第七次会议审议通过新修订的《中华人民共和国公务员法》,自 2019 年 6 月 1 日起正式实施。

二、公务员法修订的必要性

(一)贯彻落实习近平新时代中国特色社会主义思想的需要。习近平新时代中国特色社会主义思想明确新时代党的组织路线,对干部人事工作提出了一系列新精神新要求,为公务员制度建设和队伍建设提供了根本遵循,应当在公务员法中予以体现。

(二)坚持和加强党对公务员工作领导的需要。贯彻落实党的十九大和十九届三中全会要求,加强党对公务员队伍的集中统一领导,必须将坚持和加强党对公务员工作的领导、党管干部原则等要求进一步体现到公务员法的具体规定中。

(三)深入推进公务员分类改革的需要。推行公务员职务与职级并行制度,是党的十八届三中全会确定的重大改革任务。经过一年多的实践,试点工作取得明显成效,制度设计切实可行,已经具备在全国范围推开的条件。同时,干部选拔任用制度、公务员分类管理、公务员聘任制改革等深入推进,这些改革成果也需要通过修订公务员法进一步加以巩固。

(四)贯彻落实建设高素质专业化干部队伍决策部署的需要。党的十九大和全国组织工作会议对建设忠诚干净担当的高素质专业化干部队伍提出明确要求,贯彻落实党中央决策部署,需要公务员法提供更有力的法律保障,特别是需要针对公务员队伍建设中存在的突出问题,采取有针对性的举措,作出有针对性的规定。

公务员法的修订和实施,标志着我国公务员管理法治化、规范化、科学化进入新阶段,对于建设一支信念坚定、为民服务、勤政务实、敢于担当、清正廉洁的高素质专业化公务员队伍具有重大意义,对于持续推进我国公务员制度改革、完善党的领导方式和执政方式、提高国家治理现代化的水平具有重要的价值。

三、公务员法的立法宗旨

(一)规范公务员的管理。公务员法是公务员管理的基本法律依据,其目的是让公务员的管理于法有据。新修订的公务员法内容包括:总则;公务员的条件、义务与权利;职务、职级与级别;录用;考核;职务、职级任免;职务、职级升降;奖励;监督与惩戒;培训;交流与回避;工资、福利与保险;辞职与辞退;退休;申诉与控告;职位聘任;法律责任等,使得公务员管理的各方面均有法可依。

(二)保障公务员的合法权益。公务员作为党政机关及其他公职机构的工作人员,应该享有一系列的权利和利益。例如,有权获得履行职责应当具有的工作条件;非因法定事由、非经法定程序,不被免职、降职、辞退或者处分;获得工资报酬,享受福利、保险待遇;参加培训;对机关工作和领导人员提出批评和建议;提出申诉和控告;申请辞职以及法律规定的其他权利。保障公务员的合法权益是公务员法的立法宗旨之一。

(三)加强对公务员的监督,促进公务员正确履职尽责。公务员是依法履行公职的国家工作人员,代表国家行使权力,管理社会经济文化等事务。为了防止公务员滥用手中的权力,防止他们由"人民的公仆"变为"人民的主人",需要强化公务员的义务和纪律要求,加强对公务员的监督。新修订的公务员法将原第九章章名"惩戒"调整为"监督与惩戒",增加了监督方面的规定,把监督作为从严管理公务员的一个重要环节予以明确,加强对公务员的监督。本条对原公务员法立法宗旨中的文字进行调整,并把"促进公务员正确履职尽责"作为公务员法的立法宗旨之一,原因是当前我国的社会主要矛盾已经发生变化,国家公权力运行要以不断满足人民对于美好生活的向往为目标,增强人民群众的幸福感、获得感，因此要求公务员在行使职权过程中，正确履职尽责，更加勇于担当，敢于作为。

（四）建设信念坚定、为民服务、勤政务实、敢于担当、清正廉洁的高素质专业化公务员队伍。党的十九大对建设忠诚干净担当的高素质专业化干部队伍提出明确要求，为贯彻落实党中央决策部署，公务员法把"建设信念坚定、为民服务、勤政务实、敢于担当、清正廉洁的高素质专业化公务员队伍"作为公务员法的立法宗旨。习近平总书记在 2013 年 6 月全国组织工作会议上指出了"好干部的 20 字标准"即"信念坚定、为民服务、勤政务实、敢于担当、清正廉洁"。"信念坚定"，主要是指公务员必须坚定共产主义远大理想，真诚信仰马克思主义，矢志不渝为中国特色社会主义而奋斗，坚持党的基本理论、基本路线、基本纲领、基本经验、基本要求不动摇。"为民服务"，主要是指公务员必须做人民公仆，忠诚于人民，全心全意为人民服务。"勤政务实"，主要是指公务员必须勤勉敬业、求真务实、真抓实干。"敢于担当"，主要是指公务员必须坚持原则、认真负责。"清正廉洁"，主要是指公务员必须敬畏权力、管好权力、慎用权力，保持拒腐蚀、永不沾的政治本色。把"好干部的 20 字标准"和"高素质专业化公务员队伍"作为立法宗旨写入公务员法是坚持以习近平新时代中国特色社会主义思想为公务员法修改指导思想的重要体现，彰显出公务员制度的中国特色。

四、公务员法制定的依据

宪法是国家的根本大法，具有最高法律效力，是制定其他法律的依据。一切法律、法规都不得同宪法相抵触，公务员法也不例外，其制定和修改自然要以宪法为依据。我国现行宪法为 1982 年修订、制定的宪法，此后又历经 1988 年、1993 年、1999 年、2004 年、2018 年五次修订。宪法中关于国家根本政治制度、国家机构、国家机关工作人员的权利义务，以及中央和地方各级政权机关的职权与组织制度的规定等都是公务员法制定的直接依据。

　　第二条　本法所称公务员，是指依法履行公职、纳入国家行政编制、由国家财政负担工资福利的工作人员。

　　公务员是干部队伍的重要组成部分，是社会主义事业的中坚力量，是人民的公仆。

释 义

本条是关于公务员界定的规定。

一、国外关于公务员界定的规定

公务员也即国家公务员,在不同国家甚至同一国家的不同时间,其内涵和外延均不相同。在英国,公务员称为"civil servant"或者"civil service",译为"文官"。在美国,公务员称为"政府雇员"。日本在第二次世界大战前称"文官",战后改称为"公务员";法国则一直称为"公务员"。当今世界,许多国家纷纷仿效英美等国,建立起自己的公务员制度,把政府中从事公务活动的人员称为"公务员"。

各国公务员范围各不相同,均是根据本国的实际情况来确定,从总体上看,有小、中、大三种类型。第一种是以英国为代表的小范围,即公务员仅指中央政府系统中非选举产生和非政治任命的事务官,不包括由选举或政治任命产生的内阁成员及各部政务次官、政治秘书等政务官。英国的公务员不包括军事人员、司法官员和政治性官员。第二种是以美国为代表的中范围,即中央政府机关中的所有公职人员,包括政务官与事务官,但适用于国家公务员法的只是事务官。国会雇员和法院法官,不适用公务员法;军人(文职人员除外)及在政党等非政府机构内工作的人员,也不是公务员。第三种是以法国、日本为代表的大范围,把从中央到地方行政机关的公职人员、各级立法机关、审判机关、检察机关、国立学校及医院、国有企业等部门的所有正式工作人员都统称为公务员。这些国家的公务员并不全部适用公务员法,如议员、法官等。只有中央政府和地方政府机关中从事行政事务管理的公职人员才适用公务员法,受公务员法的规制。

二、我国公务员的界定标准

《暂行条例》第三条规定,我国的国家公务员是指"各级国家行政机关中除工勤人员以外的工作人员"。根据1993年《国家公务员实施方案》的规定,实施国家公务员制度的范围包括两部分,一是各级国家行政机关中除工勤人员以外的工作人员;二是其他行使国家行政职能、从事行政管理活动的单位中除工勤人员以外的工作人员。这两类工作人员包括在国家行政机关中从事党群工作的人员。

2005年4月,我国通过《中华人民共和国公务员法》,该法适应形势发展的需要,对《暂行条例》规定的公务员定义和范围进行重大修改,扩大了公务员的范围。该法第二条规定:"本法所称公务员,是指依法履行公职、纳入国家行政编制、由国家财政负担工资福利的工作人员。"新修订的公务员法保留了关于公务员界定与范围的规定。

按照公务员法,是否属于公务员,必须符合三个标准:

(一)依法履行公职。这是公务员的职能标准。依法履行公职,即依法为国家和社会实施公务活动,不是为自己工作,也不是为私人企业或者社会组织工作或者服务。这里所依的"法",是广义的"法",包括宪法、法律、行政法规、地方性法规等。我国宪法确定中国共产党在国家政治生活和社会生活中的领导地位,中国共产党是执政党,各民主党派是参政党。因此,政党机关及其工作人员以不同方式参与对国家政治、经济和社会事务的决策及实施的活动也是一种依法履行公职的行为。此外,依法履行公职也意味着公务员必须依据法定的方式和程序任用,与国家之间产生公务员法律关系。

(二)纳入国家行政编制。这是公务员的编制标准。国家行政编制不仅限于行政机关编制,是指国家编制管理机关根据宪法和各级人民政府组织法所确立的组织原则,根据机关部门的结构、职能和工作量下达的工作人员的编制额度。未纳入国家行政编制序列的人员,即使履行公职,也不能认定为公务员。

(三)由国家财政负担工资福利。这是公务员的经费标准。由国家财政负担工资福利意味着国家是公务员的"雇主",承担为公务员提供工资、社会保险、退休和福利等待遇的责任。公务员属于国家财政供养的人员,但并不是所有的财政供养的人员都是公务员。财政供养人员的很大一部分不是公务员,如公立学校的老师、科研院所的科研人员等,他们虽然由国家负担其工资福利,但并不属于公务员。

三、我国公务员的范围

我国公务员法规定的公务员的范围是比较大的,这是根据多年来中国共产党对干部管理的实际做法而进行的政治决策,有利于保持各机关干部的整体一致性,有利于统一管理,有利于党政机关之间干部的交流使用。我国的公务员具体包括以下机关的工作人员:(1)中国共产党各级机关的工作人员,包括中央和地方各级党委、纪律检查委员会的领导人员;中央和地方各级党委工作部门、办事机构和派出机构的工作人员;中央和地方各级纪律检查委员会机关和派出机构的工作人员;街道、乡(镇)党委机关的工作人员。(2)各级人民代表大会及其常务委员会机关的工作人员,包括县级以上各级人民代表大会常务委员会领导人员;乡、镇人民代表大会主席、副主席;县级以上各级人民代表大会常务委员会工作机构和办事机构的工作人员;各级人民代表大会办事机构的工作人员。(3)各级行政机关的工作人员,包括各级人民政府的领导人员;县级以上各级人民政府工作部门和派出机构的工作人员;乡、镇人民政府机关的工作人员。(4)政协机关的工作人员,包括政协各级委员会的主席、专职副主席、秘书长;政协各级委员会工作机构的工作人员;政协专门委员会办事机构的工作人员。(5)各级审判机关的工作人员,包括最高人民法院、地方各级人民法院的法官、审判辅助人员和司法行政人员。(6)各级检察机关的工作人员,包括最高人民检察院、地方各级人民检察院的检察官、检察辅助人员和司法行政人员。(7)各民主党派和工商联的各级机关的工作人员,包括8个民主党派中央和地方各级委员会的领导人员、工作机构的工作人员以及中华全国工商联合会和地方各级工商联的领导人员,工作机构的工作人员等。需要指出的是,各级监察委员会因与中国共产党各级纪律检查委员会合为一体,其工作人员亦即纪律检查委员会工作人员。

四、我国公务员的性质

新修改后的公务员法增加关于公务员性质的规定,彰显中国公务员制度的特色。在法律修订草案的讨论过程中,有观点认为,"公务员是干部队伍的重要组成部分,是社会主义事业的中坚力量,是人民的公仆"的表述是政策性语言,建议删除。还有观点认为,该项条款中的"干部"与"公仆"之间存在逻辑矛盾。修订草案未采纳上述意见建议,保留了关于公务员性质的规定,即公务员是干部队伍的重要组成部分,是社会主义事业的中坚力量,是人民的公仆,凸显了公务员法的政治性与法律性的统一。

(一)公务员是干部队伍的重要组成部分。干部队伍由中国共产党和国家机关、军队、人民团体、科学、文化等部门和企事业单位中担任一定公职的人员组成。我国的公务员在范围上包括党政机关、权力机关、审判机关、检察机关等大部分工作人员,是干部队伍的重要组成部分。

(二)公务员是社会主义事业的中坚力量。社会主义制度是中华人民共和国的根本制度,社会主义事业是中国共产党领导人民进行的以中国特色社会主义理论为指导的伟大事业。习近平新时代中国特色社会主义思想明确中国特色社会主义事业总体布局是"五位一体"、战略布局是"四个全面",强调坚定道路自信、理论自信、制度自信、文化自信。公务员是社会主义事业的中坚力量,公务员队伍建设事关党和国家事业薪火相传和兴衰成败。

(三)公务员是人民的公仆。"区分主人与社会公仆,政府官员在国家行政事务管理上是领导者,而在政治上却是为社会主人服务的社会公仆,要防止社会公仆变为社会主人。"这是马克思社会主义国家学说的重要内容,也是保持社会主义制度优越性的题中应有之义。我国的国家性质决定人民是国家的主人和国家权力的所有者,而公务员则是接受人民委托的"人民的公仆"。公务员和人民的关系本质上是"公仆"与"主人"的关系。新修订的公务员法明确公务员是人民公仆,这是对公务员本质属性的法律规定。也就是说,为人民服务、全心全意为人民群众排忧解难是公务员的本质属性。该项规定对于公务员增强公仆意识,正确认识权力来源,正确对待手中的权力,自觉地把自己置于党和人民的监督之下,消除特权思想,正确处理个人与人民群众的关系,具有重大意义。

第三条 公务员的义务、权利和管理,适用本法。

法律对公务员中领导成员的产生、任免、监督以及监察官、法官、检察官等的义务、权利和管理另有规定的,从其规定。

释 义

本条是关于公务员法适用范围的规定。

一、公务员法是关于公务员义务、权利和管理规范的法律

第一,公务员义务。公务员的义务有广义和狭义之分,狭义的义务是公务员法明确规定的义务,即本法第十四条规定的与其公职身份密切联系的八项

义务:忠于宪法,模范遵守、自觉维护宪法和法律,自觉接受中国共产党领导;忠于国家,维护国家的安全、荣誉和利益;忠于人民,全心全意为人民服务,接受人民监督;忠于职守,勤勉尽责,服从和执行上级依法作出的决定和命令,按照规定的权限和程序履行职责,努力提高工作质量和效率;保守国家秘密和工作秘密;带头践行社会主义核心价值观,坚守法治,遵守纪律,恪守职业道德,模范遵守社会公德、家庭美德;清正廉洁,公道正派;法律规定的其他义务。广义的公务员义务,包括公务员需要遵守的行为规范即公务员的纪律和公务员应该接受的监督和惩戒。本法第五十九条规定公务员应当遵纪守法,不得有"散布有损宪法权威、中国共产党和国家声誉的言论,组织或者参加旨在反对宪法、中国共产党领导和国家的集会、游行、示威等活动"等十八项纪律。本法第九章专门规定监督与惩戒,以保障公务员义务的履行和纪律的遵守。

第二,公务员的权利及保障。公务员的权利是因其担任公务员而取得的,与公务员身份密切联系。本法第十五条规定公务员的权利主要有:获得履行职责应当具有的工作条件;非因法定事由、非经法定程序,不被免职、降职、辞退或者处分;获得工资报酬,享受福利、保险待遇;参加培训;对机关工作和领导人员提出批评和建议;提出申诉和控告;申请辞职以及法律规定的其他权利。为了保障公务员的权利,还规定公务员的培训制度、工资福利与保险制度、退休制度、申诉控告制度等。

第三,公务员的管理制度。例如,职务、职级与级别、录用、考核、职务职级任免、职务职级升降、奖励、违反公务员法的法律责任等。

二、法律对领导成员的产生、任免、监督另有规定的,从其规定

领导成员是指机关的领导人员,不包括机关内设机构担任领导职务的人员。本条中的机关包括中共中央、全国人大常委会、国务院、全国政协、中央纪委国家监委工作部门,县级以上地方各级党委、人大常委会、政府、政协、纪委监委及其工作部门,乡镇党委和政府,以及各级人民法院、各级人民检察院。"领导成员"或者"机关的领导人员",是指上述机关领导班子的组成人员,如国务院各部委的部长、副部长和秘书长等,省级人民政府各委办局的正职领导人、副职领导人等。机关的内设机构,是指上述机关内部的职能机构,如中华人民共和国司法部的办公厅、政治部、立法一局、立法二局、立法三局、行政复议与应诉局等。对于领导成员中的一部分人员,特别是国家机关的领导人员

的产生、任免和监督,宪法、全国人大组织法、国务院组织法、地方各级人大和政府组织法、人民法院组织法、人民检察院组织法等作了相应规定,其在产生、任免和监督管理方面与其他公务员存在明显的差异。按照"特别法优于一般法"的法律适用原则,法律对领导成员的义务、权利和管理另有规定的,从其规定。

三、法律对监察官、法官、检察官等的义务、权利和管理另有规定的,从其规定

我国采用大公务员的概念,凡是依法履行公职、纳入行政编制、由国家财政负担工资福利的工作人员都属于公务员,监察官、法官、检察官也是国家公务员,他们在资格能力要求、工资福利保险、退休保障等方面与其他公务员具有相同的一面。但是,他们的工作具有特殊性,法律对其义务、权利和管理的规定应该考虑其职业特点。2018 年通过的宪法修正案专门就监察委员会作出规定,以宪法的形式明确国家监察委员会和地方各级监察委员会的性质、地位、名称、人员组成、任期任届、监督方式、领导体制、工作机制等,为监察委员会行使职权提供宪法依据。2018 年 3 月颁布的《中华人民共和国监察法》第十四条明确规定:"国家实行监察官制度,依法确定监察官的等级设置、任免、考评和晋升等制度"。我国已经颁布实施的《中华人民共和国法官法》、《中华人民共和国检察官法》,分别对法官、检察官的义务、权利和管理等作出具体的、符合其职业特点的规定。此外,《中华人民共和国人民警察法》对人民警察的义务与纪律、权利等也有专门规定,具有很强的针对性。因此,法律对监察官、法官、检察官等的义务、权利和管理另有规定的,从其规定。

第四条 公务员制度坚持中国共产党领导,坚持以马克思列宁主义、毛泽东思想、邓小平理论、"三个代表"重要思想、科学发展观、习近平新时代中国特色社会主义思想为指导,贯彻社会主义初级阶段的基本路线,贯彻新时代中国共产党的组织路线,坚持党管干部原则。

释　义

本条是关于公务员制度指导思想的规定。

公务员制度的指导思想是制定公务员法的指导思想和指导原则,它关系到为什么要立法和制定一部什么样的法的问题。指导思想为整个立法活动指明方向和提供理论依据,对于公务员法的制定与实施都具有重要的指导意义。

坚持中国共产党领导,坚持以马克思列宁主义、毛泽东思想、邓小平理论、"三个代表"重要思想、科学发展观、习近平新时代中国特色社会主义思想为指导,贯彻社会主义初级阶段的基本路线,贯彻新时代中国共产党的组织路线,坚持党管干部原则,是中国特色公务员制度区别于西方文官制度的显著特征。本次法律修订体现旗帜鲜明讲政治的特点,进一步彰显公务员制度的中国特色和制度自信。

一、公务员制度坚持中国共产党领导

坚持中国共产党的领导是我国公务员制度的政治特色,也是党管干部原则的一个具体体现。中国共产党是执政党,是国家的最高政治领导力量,是领导我国社会主义事业的核心力量。中国共产党领导是中国特色社会主义最本质的特征,是中国特色社会主义制度的最大优势。党的十九大强调"党政军民学,东西南北中,党是领导一切的"。2018 年的宪法修正案增加中国共产党领导是中国特色社会主义最本质的特征的规定,从社会主义制度的本质属性角度对坚持和加强党的全面领导进行规定。与西方国家公务员制度强调的"政治中立"原则不同,新修订公务员法旗帜鲜明地规定,公务员制度要坚持中国共产党的领导。该规定有利于在公务员队伍中强化党的领导意识,把党的领导落实到国家工作全过程和各方面,确保党和国家事业始终沿着正确方向前进。

二、公务员制度坚持以马克思列宁主义、毛泽东思想、邓小平理论、"三个代表"重要思想、科学发展观、习近平新时代中国特色社会主义思想为指导

马克思列宁主义揭示人类社会历史发展的规律,具有强大的生命力。以毛泽东同志为代表的中国共产党人,把马克思列宁主义的基本原理同中国革命的具体实践结合起来,创立毛泽东思想。毛泽东思想是马克思列宁主义基本理论与中国革命具体实践相结合的产物,是马克思主义中国化的第一个重大理论成果,是被实践证明了的关于中国革命和建设的正确的理论原则和经

验总结,是中国共产党集体智慧的结晶,为中国特色社会主义理论体系的形成和发展奠定坚实的理论基础。党的十一届三中全会以来,以邓小平同志为代表的中国共产党人在和平与发展成为时代主题的历史条件下,在我国改革开放和现代化建设的实践中,在总结我国社会主义胜利和挫折的历史经验并借鉴其他社会主义国家兴衰成败历史经验的基础上,逐步形成和发展创立邓小平理论。邓小平理论是马克思主义基本原理同中国实践和时代特征相结合的产物,是毛泽东思想在新的历史条件下的继承和发展,是马克思主义在中国发展的新阶段,是当代中国的马克思主义。"三个代表"重要思想的具体内容为中国共产党始终代表中国先进生产力的发展要求、中国先进文化的前进方向、中国最广大人民的根本利益,是我们党的立党之本、执政之基、力量之源。"三个代表"重要思想同马克思列宁主义、毛泽东思想、邓小平理论是一脉相承而又与时俱进的科学体系,是面向 21 世纪的中国化的马克思主义。党的十六大以来,以胡锦涛同志为总书记的党中央,高举中国特色社会主义伟大旗帜,以邓小平理论和"三个代表"重要思想为指导,立足社会主义初级阶段基本国情,总结中国发展实践,借鉴国外发展经验,适应中国发展要求,提出科学发展观这一重大战略思想。科学发展观是中国共产党集体智慧的结晶,是指导党和国家全部工作的强大思想武器。科学发展观同马克思列宁主义、毛泽东思想、邓小平理论、"三个代表"重要思想一道,是党必须长期坚持的指导思想。2017 年 10 月 18 日,在中国共产党第十九次全国代表大会上,习近平总书记首次提出"新时代中国特色社会主义思想"。2017 年 10 月 24 日,中国共产党第十九次全国代表大会通过《中国共产党章程(修正案)》的决议,习近平新时代中国特色社会主义思想写入党章。习近平新时代中国特色社会主义思想是马克思主义中国化最新成果,是党和人民实践经验和集体智慧的结晶,是中国特色社会主义理论体系的重要组成部分,是全党全国人民为实现中华民族伟大复兴而奋斗的行动指南,是党的十八大以来党和国家事业取得历史性成就、发生历史性变革的根本理论指引,是全党全国各族人民团结奋斗的共同思想基础。

2018 年通过的宪法修正案,确立科学发展观、习近平新时代中国特色社会主义思想在国家政治和社会生活中的指导地位。公务员法作为我国干部人事管理的基本法,需要坚持以马克思列宁主义、毛泽东思想、邓小平理论、"三个代表"重要思想、科学发展观、习近平新时代中国特色社会主义思想为指导,为我国公务员制度和公务员队伍建设提供根本遵循。

三、公务员制度贯彻社会主义初级阶段的基本路线

1987年党的十三大,系统阐明我国社会主义初级阶段的理论,明确概括党在社会主义初级阶段的基本路线。社会主义初级阶段的基本路线可以概括为"一个中心,两个基本点",即以经济建设为中心,坚持四项基本原则,坚持改革开放。以经济建设为中心,是兴国之要,是我们党、我们国家兴旺发达和长治久安的根本要求。四项基本原则,是立国之本,是我们党、我们国家生存发展的政治基石。改革开放,是强国之路,是我们党、我们国家发展进步的活力源泉。社会主义初级阶段的基本路线符合我国的实际情况,代表和反映广大人民群众的共同意志和根本利益,是党和国家的生命线。公务员制度作为国家的一项重要制度,贯彻社会主义初级阶段的基本路线,是坚持正确的政治方向,维护人民群众利益的根本保证。

四、公务员制度贯彻新时代中国共产党的组织路线

公务员队伍是党的干部队伍的重要组成部分,必须坚决贯彻党的组织路线。2018年7月,习近平总书记在全国组织工作会议上首提新时代党的组织建设路线,为党的建设新的伟大工程明确了方向。新时代党的组织路线是:全面贯彻新时代中国特色社会主义思想,以组织体系建设为重点,着力培养忠诚干净担当的高素质干部,着力集聚爱国奉献的各方面优秀人才,坚持德才兼备、以德为先、任人唯贤,为坚持和加强党的全面领导、坚持和发展中国特色社会主义提供坚强组织保证。新时代中国共产党的组织路线,对干部工作提出一系列新精神新要求,公务员制度必须贯彻新时代中国共产党的组织路线,选拔和任用符合党的组织路线要求的人员作为国家公务员。

五、公务员制度坚持党管干部原则

党管干部原则,是指由党来管理干部的原则。坚持党管干部是我国公务员制度建设长期以来形成的基本原则。该原则是党的领导在干部人事工作中的重要体现,是巩固党的执政地位,实现党的领导的根本组织保证,也是中国公务员制度的政治前提。党管干部原则的主要内容包括:党要加强对干部工作的领导,制定干部工作的方针、政策;各级党委坚持贯彻执行党的干部路线

和方针,严格按照党的原则选拔任用干部,并对各级、各类干部进行有效的管理和监督,包括考察、选拔、推荐、任用、监督等各个环节。党的十九大强调,"坚持党对一切工作的领导,确保党始终总揽全局、协调各方"。党的十九届三中全会通过的《深化党和国家机构改革方案》中提出,加强党对公务员队伍的集中统一领导。因此,本次公务员法的修订强化了党管干部原则,除了在总则部分把"贯彻新时代中国共产党的组织路线,坚持党管干部原则"作为公务员制度的原则外,还在多处体现和贯彻党管干部原则,强化党的领导监督。例如,在公务员应具备的条件中增加"拥护中国共产党领导和社会主义制度";在公务员义务中增加"自觉接受中国共产党的领导";在不得录用的条件中新增"被开除中国共产党党籍的"等。

第五条 公务员的管理,坚持公开、平等、竞争、择优的原则,依照法定的权限、条件、标准和程序进行。

释 义

本条是关于公务员管理的公平竞争与法治原则的规定。

公务员管理要坚持公平竞争与法治原则。它是各国公务员法都需要遵循的基本原则,也是民主法治原则在公务员制度中的具体体现。

第一,公务员管理的公平竞争原则。

公平竞争原则具体体现为公务员管理的公开、平等、竞争、择优的原则。

1.公开原则。公开是公务员管理的法律法规和公务员考试录用、考核、职务职级任免、职务职级升降、奖励、监督与惩戒、工资福利保险等公务员管理的各个环节,要面向社会公开,接受群众监督。公务员管理贯彻体现公开原则是保障公民知情权、为公民参加公务员竞争提供基本前提条件的需要,是依法行政的必然要求,也是实现公务员平等、竞争、择优的基础和前提。公开原则的主要内容包括:一是向社会公开有关公务员制度的法律、法规和政策;二是向社会公开公务员的任职条件和报考条件,公开考试内容、方式方法、考试成绩以及录用或者选拔结果;三是公开公务员考核、职务职级任免、职务职级升降、奖励、监督与惩戒、工资福利保险、辞职辞退、退休等标准、依据和程序。

2.平等原则。平等原则是宪法关于公民在法律面前人人平等的原则在公务员制度中的体现和反映。平等主要是指机会均等,在承认人的知识、能力等天然禀赋差异的基础上,允许所有符合法定条件的公民参加公务员考试和竞争,保障每个人都能够按照其能力和业绩依法担任公务员的权利和机会。与平等相反的是歧视即不合理的差别待遇。《劳动法》明确规定劳动者享有平等就业和选择职业的权利,劳动者就业,不因民族、种族、性别、宗教信仰不同而受歧视,妇女享有与男子平等的就业权利等。《就业促进法》除规定劳动者就业,不因民族、种族、性别、宗教信仰等不同而受歧视,国家保障妇女享有与男子平等的劳动权利外,还规定:国家保障残疾人的劳动权利;用人单位招用人员,不得以是传染病病原携带者为由拒绝录用,但是,经医学鉴定传染病病原携带者在治愈前或者排除传染嫌疑前,不得从事法律、行政法规和国务院卫生行政部门规定禁止从事的易使传染病扩散的工作;农村劳动者进城就业享有与城镇劳动者平等的劳动权利,不得对农村劳动者进城就业设置歧视性限制。公务员作为国家公共部门的工作人员更应贯彻平等原则,在公务员考试录用、考核、职务职级任免、职务职级升降、奖励、监督与惩戒、工资福利保险等公务员管理的各个环节都要贯彻平等原则,保障每位公民能在公务员考录和管理的各方面都享有平等的权利,在同等条件下享受同等待遇。

3.竞争、择优的原则。即在公务员的录用、公开选拔、职务职级任免、职务职级升降等方面,引入竞争机制。竞争的目的是择优,择优的前提是竞争。竞争择优,就是在公开、平等的基础上,在参加公务员考试者之间以及公务员之间展开竞争,实行优胜劣汰,优升劣降,好中选优,以使优秀人才能够进入公务员队伍,让公务员队伍保持生机和活力,从整体上不断提高公务员的素质,提高行政效率和公共服务水平。

第二,公务员管理的法治原则。

公务员管理中坚持法治原则,是依法治国的必然要求,是依法行政的具体体现,对于全面推进依法治国,建设法治中国具有重要的意义。法治以民主为前提,以严格依法办事为核心,以确保权力正当运行为重点,确保社会形成由规则治理的管理方式、活动方式和法治秩序。公务员管理的法治原则,要求公务员管理中的公开、平等、竞争、择优原则落实到法律上,依照法定的权限、条件、标准和程序进行,用法律方法和手段及时制止和限制不公平竞争行为,保护公民在竞争中的合法权益,创造、维护公开、平等、竞争、择优的公务员管理秩序。

第六条　公务员的管理,坚持监督约束与激励保障并重的原则。

释　义

本条是关于公务员管理的监督约束与激励保障并重原则的规定。

监督约束与激励保障相结合,是各国公务员管理的基本经验。对公务员的监督约束和激励保障是相辅相成、辩证统一的。监督约束有助于公务员权力的审慎行使,保证其职务的廉洁性;激励保障有利于激发公务员队伍的工作热情和潜能,促进其勤勉工作并稳定公务员队伍,两者各有作用,不可偏废。

一、对公务员的监督约束

公务员是依法履行公职的国家工作人员,掌握和行使公共权力,作为公共权力的执掌者和公共服务的提供者,公务员应该全心全意为人民服务。但是,权力有腐败的趋势,绝对的权力导致绝对的腐败。因此必须加强对权力的监督制约,以防止权力的腐败,保障公务员能够谨慎地行使权力。公务员法对公务员的监督约束主要体现在:

一是规定公务员的义务。明确公务员应当履行"忠于宪法,模范遵守、自觉维护宪法和法律,自觉接受中国共产党领导;忠于国家,维护国家的安全、荣誉和利益;忠于人民,全心全意为人民服务,接受人民监督;忠于职守,勤勉尽责,服从和执行上级依法作出的决定和命令,按照规定的权限和程序履行职责,努力提高工作质量和效率"等八项法律义务。

二是通过负面清单的形式列举公务员不得从事的行为。例如,不得散布有损宪法权威、中国共产党和国家声誉的言论,不得组织或者参加旨在反对宪法、中国共产党领导和国家的集会、游行、示威等活动,不得组织或者参加非法组织,组织或者参加罢工等,通过明确公务员的行为边界,让公务员清楚地认识到自己的行为底线,逾越了行为底线就要承担法律责任。

三是加强对公务员的考核。通过平时考核、专项考核和定期考核方式对公务员的德、能、勤、绩、廉进行全面考核,重点考核政治素质和工作实绩,促进公务员提高服务意识和服务能力。

四是规定监督与惩戒制度。机关应当对公务员的思想政治、履行职责、作风表现、遵纪守法等情况进行监督,开展勤政廉政教育,建立日常管理监督制度。对监督中发现的问题,应当区分不同情况,予以谈话提醒、批评教育、责令检查、诫勉、组织调整、处分。对公务员涉嫌职务违法和职务犯罪的,应当依法移送监察机关处理。

五是规定公务员的辞职辞退制度。确立引咎辞职和责令辞职制度,规定公务员的回避制度。

六是规定公务员违反相关规定的法律责任。例如,本法第一百零七条规定,"公务员辞去公职或者退休的,原系领导成员、县处级以上领导职务的公务员在离职三年内,其他公务员在离职两年内,不得到与原工作业务直接相关的企业或者其他营利性组织任职,不得从事与原工作业务直接相关的营利性活动。公务员辞去公职或者退休后有违反前款规定行为的,由其原所在机关的同级公务员主管部门责令限期改正;逾期不改正的,由县级以上市场监管部门没收该人员从业期间的违法所得,责令接收单位将该人员予以清退,并根据情节轻重,对接收单位处以被处罚人员违法所得一倍以上五倍以下的罚款。"

二、对公务员的激励保障

在加强对公务员监督的同时,还应当对公务员给予适当的激励。公务员是国家各项管理工作的决策者和执行者,为了充分调到其积极性和主动性,激发其工作激情和潜能,把优秀人才吸引到公务员队伍中并保持公务员队伍的稳定,在对公务员进行监督约束的同时需要通过权利机制等给公务员以有效激励。本法确立的激励保障措施主要体现在以下三个方面。

一是明确公务员享有以下权利:(1)获得履行职责应当具有的工作条件;(2)非因法定事由、非经法定程序,不被免职、降职、辞退或者处分;(3)获得工资报酬,享受福利、保险待遇;(4)参加培训;(5)对机关工作和领导人员提出批评和建议;(6)提出申诉和控告;(7)申请辞职;(8)法律规定的其他权利。

二是通过职务和职级两条线,规定公务员的晋升渠道,解决公务员晋升渠道狭窄问题。过去的公务员基本上只能通过职务提升来获得职业保障,新修订的公务员法确立公务员职务与职级并行制度,把职级和职务分开,公务员特别是基层公务员不必再为争职务而困扰,这样的法律规范设计可以拓宽基层公务员上升途径,激励基层公务员更加安心本职工作。

三是通过规定公务员的奖励制度、培训制度等激励公务员奋发向上,努力工作。

第七条 公务员的任用,坚持德才兼备、以德为先,坚持五湖四海、任人唯贤,坚持事业为上、公道正派,突出政治标准,注重工作实绩。

释 义

本条是关于公务员任用原则的规定。

公务员的任用原则是公务员录用、考核、职务职级任免与升降等公务员管理各环节的基本准则,具有重要意义。该原则能够将不符合条件的人阻挡在公务员队伍之外,同时对进入公务员队伍的人也通过这一原则进行塑造。公务员法修改之前,我国公务员法规定的任用标准为"坚持任人唯贤、德才兼备的原则,注重工作实绩"。2014年中共中央印发《党政领导干部选拔任用工作条例》(2019年3月修订),把"五湖四海、任人唯贤"、"德才兼备、以德为先"以及"注重实绩、群众公认"等作为选拔任用领导干部必须坚持的原则。党的十九大报告指出:"要坚持党管干部原则,坚持德才兼备、以德为先,坚持五湖四海、任人唯贤,坚持事业为上、公道正派,把好干部标准落到实处。坚持正确选人用人导向,匡正选人用人风气,突出政治标准,提拔重用牢固树立'四个意识'和'四个自信'、坚决维护党中央权威、全面贯彻执行党的理论和路线方针政策、忠诚干净担当的干部,选优配强各级领导班子。"本次法律修订吸收公务员法颁布实施以来公务员管理和党政领导干部选拔任用的经验,对公务员任用的原则进行重大修正,体现新时代对公务员队伍的新要求。

一是坚持德才兼备、以德为先。坚持德才兼备、以德为先是党选拔任用干部的一贯方针和根本原则。"德才兼备"要求公务员既要有德,又要有才,二者同时具备。"以德为先"是说在德与才的关系中,要突出德的主导作用,德为才的统帅,有才无德行而不远。公务员任用要坚持以德为前提、基础和先决条件,一旦失去"德",就失去被任用提拔的基本资格。"德才兼备、以德为先"是公务员应当具备的基本条件。一方面,德与才缺一不可、辩证统一,公务员的任用强调德的重要性,绝不是忽视才,公务员要履行好职责,必须有一定的能力作支撑,所以公务员需要"德才兼备"。另一方面,公务员任用要以德为先,把德放在选人用人的首要位置。理想信念不坚定,政治上不合格、品德不端的人成为公务员,其职务越高、权力越大,危害则越大。因此,公务员的任用要注重德的考评,"以德为先"。

二是坚持五湖四海、任人唯贤。坚持"五湖四海、任人唯贤",即任用公务员应不拘一格,大胆使用,不能以人划线、任人唯亲,不搞小圈子、小团伙,应该以德才统一,坚决维护党中央权威、全面贯彻执行党的理论和路线方针政策、服从党的纪律,和群众有密切的联系,有独立的工作能力,积极肯干,不谋私利,忠诚干净担当为标准,把各方面优秀人才会聚到公务员队伍中来,会聚到党和国家各项事业中来,为一切德才兼备的人从事国家和社会事务的管理提供施展才华的宽广舞台。

三是坚持事业为上、公道正派。"事业为上"是指公务员作为国家的公职人员,要把党的事业、人民的事业放在首要位置,全心全意为人民群众干事创业,脚踏实地干实事,关心群众利益。"公道正派"是要坚持原则、实事求是,依法办事,公平公正对待行政相对人或管理、服务的对象,不徇私枉法,敢于同不正之风作斗争。

四是突出政治标准。坚持党管干部是我国公务员制度的政治前提和中国特色。我们党作为马克思主义政党,历来把政治标准作为选人用人的首要标准。突出政治标准,是进一步树立正确选人用人导向、建设高素质公务员队伍、夺取新时代中国特色社会主义伟大胜利的迫切需要。新时代选人用人政治标准是要贯彻习近平新时代中国特色社会主义思想,贯彻党的十九大对干部队伍建设提出的新要求,以党章为根本遵循,用《关于新形势下党内政治生活的若干准则》来衡量。具体应把握以下五个方面,一看政治忠诚,是否牢固树立"四个意识";二看政治定力,是否坚定"四个自信";三看政治担当,是否坚持原则、敢于斗争;四看政治能力,是否善于从政治上观察和处理问题;五看政治自律,是否严格遵守党的政治纪律和政治规矩。

五是注重工作实绩。注重工作实绩是功绩制原则在公务员管理中的具体体现。功绩制原则要求以才能和工作实绩作为公务员任用和评价的重要依据。世界各国的公务员制度都把功绩制原则作为公务员任用的基本原则,以充分调动公务员的积极性和创造性。功绩制原则以"工作实绩"作为公务员选拔和评价的重要标准,否定了人事管理制度中论资排辈与任人唯亲。在我国,注重工作实绩是体现中国共产党宗旨的根本体现。公务员是人民的公仆,必须时刻牢记全心全意为人民服务的根本宗旨。公务员是否依法履行职责,归根到底,要看是否真正为人民办实事,是否在工作岗位上干出了实绩。注重工作实绩原则要求坚持凭实绩使用干部,选拔那些求真务实、不图虚名,默默无闻、踏实干事的干部,让能干事者有机会、干成事者有舞台。为贯彻实施该原则,需要制定科学的公务员工作实绩考核标准和具有操作性的考核指标体系,对公务员的工作实绩作出科学、合理、公正的评价。

第八条 国家对公务员实行分类管理,提高管理效能和科学化水平。

释 义

本条是关于公务员分类管理的规定。

一、公务员分类管理的模式

在科学分类的基础上,实行分类管理是现代公务员管理制度的核心。通过公务员的分类管理,能够实行人员与岗位相匹配,把合适的人放在合适的岗位上做合适的事,促进公务员队伍的专业化、职业化与现代化。公务员分类管理模式是保证政府部门高效运行和国家治理目标全面实现的前提和基础。公务员的分类,是指按照不同的标准对公务员进行划分,为公务员的录用、考核、职务职级任免、职务职级升降、奖励、培训等提供相应的依据。对公务员进行分类管理是各国的通行做法,国外关于公务员的分类有多种类型:一是政务官与事务官的分类。政务官是公务员中"动的要素",具有决策职能,实行任期制,常因政策的成败或者任命者的好恶而决定去留,其任用没有资格的限制,也没有身份保障权。事务官是公务员中"静的要素",具有执行职能,实行常任制,不随内阁的更迭而进退,其任用有法定资格限制并享有身份保障权。二是一般职公务员和特殊职公务员的分类,采用这种分类的国家主要是日本和德国。一般职公务员适用公务员法,特别职的公务员是适用公务员管理的特别法。三是司法官和行政官的分类。司法官是指在司法机关工作的公职人员,行政官是在行政机关工作的公职人员。此外,还有国家公务员和地方公务员,民选制公务员、任命制公务员和聘任制公务员的分类等。

各国公务员制度的分类主要有三种模式:一是以美国为代表的"职位分类"模式。职位分类是一种以事为中心的职位分类,分类的主要依据在于职位或岗位的客观需要。根据工作难度、责任大小、任职条件等标准将各工作岗位确定为不同的职位,通过职系区分和职位归级对职位予以分类。自美国首创职位分类以后,加拿大、日本、韩国等都相继实行这种分类制度。二是以英国为代表的"品位分类"模式。品位分类是一种以人为中心的人事分类制度。根据公务员个人所具备的资历、学历以及职务、身份等多项条件来确定其录用、考核、培训、晋升和工资福利待遇。三是以法国为代表的"职位分类与品位分类相结合"模式,该模式兼具职位分类与品位分类的特色。事实上,当今社会已经没有完全意义上的品位或职位分类,两种分类制度呈现互补与融合。以某一分类为主,吸收其他分类模式的优点,成为各国公务员分类管理发展的共同趋势。

我国实行中国共产党领导的多党合作和政治协商制度,坚持党的领导是我国公务员制度的政治前提,不像西方国家实现"政治中立"。公务员无论是领导职务还是非领导职务,都是干部队伍的重要组成部分、社会主义事业的中坚力量和人民的公仆,都要坚持德才兼备、以德为先,坚持五湖四海、任人唯贤,坚持事业为上、公道正派,突出政治标准,注重工作实绩的标准与原则。公务员的义务、权利和管理,除法律另有规定的外,都要适用公务员法。因此,没有必要将公务员划分为政务官和事务官。但是,公务员的分类管理仍有必要,其是对公务员进行科学管理的前提和基础,是建立高素质专业化公务员队伍的必然要求。

二、公务员法对公务员分类管理的规定

我国的公务员制度在合理借鉴世界公务员分类模式优点的基础上,建立起以职位分类为基础,融合品位分类中合理因素的分类管理制度。

修订前的公务员法第八条确立公务员的分类管理的原则,第十四条规定国家实行公务员职位分类制度。公务员职位类别按照公务员职位的性质、特点和管理需要,划分为综合管理类、专业技术类和行政执法类。第十六条规定公务员的职务分为领导职务和非领导职务。2016 年 7 月,中共中央办公厅、国务院办公厅印发《专业技术类公务员管理规定(试行)》和《行政执法类公务

员管理规定(试行)》,这两个规范性文件的出台是贯彻落实中央关于深化公务员分类改革任务的重要举措,对于完善中国特色公务员制度,提高公务员管理效能和科学化水平以及打造一支高素质专业化的公务员队伍,提供高质量的公共服务具有重要意义。

修订后的公务员法继承原来关于公务员实行分类管理的规定,在职位分类制度方面也沿用原有的实行公务员职位分类制度的规定,即公务员职位类别按照公务员职位的性质、特点和管理需要,划分为综合管理类、专业技术类和行政执法类等。对于具有职位特殊性,需要单独管理的,可以增设其他职位类别。各职位类别的适用范围由国家另行规定。修订后的公务员法关于分类管理的最大变化体现在公务员法的第十七条规定,即国家实行公务员职务与职级并行制度,根据公务员职位类别和职责设置公务员领导职务、职级序列。此外,公务员法的第十八条规定,公务员领导职务根据宪法、有关法律和机构规格设置。领导职务层次分为:国家级正职、国家级副职、省部级正职、省部级副职、厅局级正职、厅局级副职、县处级正职、县处级副职、乡科级正职、乡科级副职。第十九条规定,公务员职级在厅局级以下设置。综合管理类公务员职级序列分为:一级巡视员、二级巡视员、一级调研员、二级调研员、三级调研员、四级调研员、一级主任科员、二级主任科员、三级主任科员、四级主任科员、一级科员、二级科员。综合管理类以外其他职位类别公务员的职级序列,根据本法由国家另行规定。第二十一条第四款还规定,公务员的领导职务、职级与级别是确定公务员工资以及其他待遇的依据。

规定公务员职务与职级并行是本次法律修订的一大亮点。为了解决公务员的晋升途径单一、工资待遇过度依赖职务等问题,2017 年 6 月,经全国人大常委会授权,部分地区和部分在京中央机关试点公务员职务与职级并行制度改革。试点工作受到普遍欢迎,取得明显成效。公务员法将"职务与职级并行制度"的改革成果纳入立法当中,从法律层面回应了深入推进公务员分类体制改革的现实需要,有利于拓宽公务员特别是基层公务员的职业晋升路径、激发公务员队伍活力、增强公务员工作的积极性。修订的公务员法实施以后,过去的"非领导职务"表述将成为历史,取而代之的是"职务"与"职级"并行的运行模式。

此外,公务员法对公务员的分类规定还体现在以下方面:法律对公务员中领导成员的产生、任免、监督以及监察官、法官、检察官等的义务、权利和管理另有规定的,从其规定;国家根据人民警察、消防救援人员以及海关、驻外外交机构等公务员的工作特点,设置与其领导职务、职级相对应的衔级;公务员录用考试内容根据公务员应当具备的基本能力和不同职位类别、不同层级机关分别设置;录用特殊职位的公务员,经省级以上公务员主管部门批准,可以简化程序或者采用其他测评办法;公务员的考核指标根据不同职位类别、不同层级机关分别设置;机关根据公务员工作职责的要求和提高公务员素质的需要,对公务员进行分类分级培训。

为提高管理效能和科学化水平,国家应该按照修订后的公务员法关于公务员分类管理的原则和要求,尽快完善公务员分类管理的配套法规和政策体系。

第九条 公务员就职时应当依照法律规定公开进行宪法宣誓。

释 义

本条是关于公务员宪法宣誓的规定。

公务员作为国家的公职人员,对国家负有忠诚义务。宣誓是获得职位的公务员表达忠诚义务的重要形式。德国《魏玛宪法》首次确认国家公职人员就职宣誓制度,此后,西方许多国家的宪法中都明确规定,官员任职前要进行忠于宪法的宣誓。我国 2002 年曾对中央国家机关新录用公务员规定了上岗宣誓活动,但是如何建立和完善公务员宣誓制度,在 2005 年颁布的公务员法中并没有规定。2014 年,党的第十八届四中全会通过的《中共中央关于全面推进依法治国若干重大问题的决定》提出拟建立宪法宣誓制度。为彰显宪法权威,激励和教育国家工作人员忠于宪法、遵守宪法、维护宪法,加强宪法实施,2015 年 7 月 1 日,第十二届全国人大常委会通过《关于实行宪法宣誓制度的决定》,以立法方式确立了我国宪法宣誓制度。2018 年 2 月 24 日,第十二届全国人民代表大会常务委员会对该决定进行修订。依据修订后的《关于实行宪法宣誓制度的决定》,各级人民代表大会及县级以上各级人民代表大会常务委员会选举或者决定任命的国家工作人员,以及各级人民政府、监察委员会、人民法院、人民检察院任命的国家工作人员,在就职时应当公开进行宪法宣誓。宣誓誓词为："我宣誓：忠于中华人民共和国宪法，维护宪法权威，履行法定职责，忠于祖国、忠于人民，恪尽职守、廉洁奉公，接受人民监督，为建设富强民主文明和谐美丽的社会主义现代化强国努力奋斗！"

本条规定，公务员就职时应当依照法律规定公开进行宪法宣誓。通过宪法宣誓仪式，按照统一的誓词公开进行宪法宣誓，是一种法治教育，也是一种警示和约束，对公务员的职业生涯具有非常重要的意义。它有利于强化公务员"权力来源于人民，权力服务于人民"的意识；有利于激励和教育公务员忠于宪法、遵守宪法、维护宪法，加强宪法实施，弘扬宪法精神；有利于增强新录用公务员对于宪法法律的敬畏感、尊崇感和认同感。

第十条 公务员依法履行职责的行为，受法律保护。

释 义

本条是关于公务员依法履职行为受法律保护的规定。

一、公务员职务行为认定的意义与标准

职务行为通常是指与工作人员的个人行为相对应的工作人员行使职务、履行职责的活动。职务行为的认定具有重要的法律意义。一是涉及公务行为的法律效力。凡是法定的职务行为，都要由国家提供条件和手段予以保障执行。二是涉及法律责任的划分和相对人权益的保护问题。职务行为的责任原则上由授权机关或者命令机关承担。职务行为的认定有利于判定责任的最终归属，从而更好地保护相对人的利益。三是涉及是否要给予国家补偿或赔偿。合法的职务行为对当事人的权益造成损害，国家应该给予补偿；国家机关或工作人员的职务行为违法造成他人损害的，应当给予国家赔偿。《中华人民共和国国家赔偿法》第二条规定，"国家机关和国家机关工作人员行使职权，有本法规定的侵犯公民、法人和其他组织合法权益的情形，造成损害的，受害人有依照本法取得国家赔偿的权利"。

公务员职务行为的认定，理论上有主观说和客观说两种观点。主观说认为，是否构成职务行为应以行为人的主观意识为判断标准。如果行为人在主观上认识到其行为是执行公务，则该行为是职务行为。客观说则认为，是否构

成职务行为应以行为的外在表现为判断标准,只要具有利用公务的形式,便构成职务行为。我国大多数学者主张以客观说为理论基础认定职务行为。客观说标准只是从宏观层面确立了职务行为的范围界限,实践中对于具体职务行为的认定一般遵循以下标准:(1)职权标准。国家机关工作人员根据法律赋予的职责权限实施的行为属职务行为。超越职权的行为不是职务行为,不受法律保护。(2)时空标准。国家机关工作人员在行使职权、履行职责的时间、地域范围内实施的行为通常都认定为职务行为。(3)身份标准。在通常情况下,公务行为应该以国家机关工作人员的身份和名义实施。例如,公务人员着装、佩戴标志、出示证件、宣布代表机关实施的行为一般以职务行为论。(4)目的标准。国家机关工作人员为了履行法定职责和义务,维护公共利益而为的行为,通常认定为职务行为。

二、公务员职务行为的法律保护

公务员与国家建立公职法律关系,有资格代表国家机关从事公务活动,行使公共权力。公务员依法履行职务受法律保护。一是公务员依法履行职务的行为,受法律保护,不受干扰和破坏。我国《刑法》规定了妨害公务罪,其第二百七十七条第一款规定,"以暴力、威胁方法阻碍国家机关工作人员依法执行职务的,处三年以下有期徒刑、拘役、管制或者罚金"。《治安管理处罚法》第五十条规定,阻碍国家机关工作人员依法执行职务的,处警告或者二百元以下罚款;情节严重的,处五日以上十日以下拘留,可以并处五百元以下罚款。二是公务员依法履行职务,当事人有服从或者配合的义务。三是公务员依法履行职务时,人身安全受法律保护。如果公务员因履行职务,人身受到伤害,国家要依法追究伤害人的责任,惩处妨碍执行公务的行为人。四是公务员依法履行职务,由此所发生的对外赔偿补偿问题,作为其职务行为原则上由国家赔偿或国家补偿。

三、公务员职务行为免责的规定

关于公务员在上级的决定、命令错误的情况下应当如何处理问题,本法第六十条对这个问题作了比较明确的规定,即"公务员执行公务时,认为上级的决定或者命令有错误的,可以向上级提出改正或者撤销该决定或者命令的意见;上级不改变该决定或者命令,或者要求立即执行的,公务员应当执行该决定或者命令,执行的后果由上级负责,公务员不承担责任;但是,公务员执行明显违法的决定或者命令的,应当依法承担相应的责任"。根据该条的规定,公务员执行公务,以免责为原则,以承担责任为例外。在一般情况下,公务员履行职责,执行上级的决定或者命令,即便执行错误的决定或命令亦应予免责。因为服从上级的决定和命令是国家对公务员履行职务的基本要求,也是国家管理体制得以正常运行的前提条件。本法第十四条第(四)项中对此也有规定,即公务员应当"忠于职守,勤勉尽责,服从和执行上级依法作出的决定和命令"。但这里必须有一个例外,即对于明显违法的决定或者命令,公务员应当维护法制的尊严,予以抵制,否则应当依法承担相应的责任。"明显违法的决定或者命令"是指上级决定或者命令的错误十分明显,具有一般判断能力的公务员都能够很容易地判断出来,例如,上级的决定或者命令将导致犯罪行为的、不符合法定程序的或者超越职权的,公务员对这种"明显违法"的上级决定或者命令仍然执行的,理应依法承担相应的责任。该制度设计既符合以执行决定或者命令为优先的行政优先权的法理,保证政令畅通,也体现公务员有遵守宪法法律和维护法制尊严的义务。

第十一条　公务员工资、福利、保险以及录用、奖励、培训、辞退等所需经费,列入财政预算,予以保障。

释　义

本条是关于公务员工资、福利、保险以及公务员管理费用保障的规定。

修订前的公务员法第七十九条规定,"公务员工资、福利、保险、退休金以及录用、培训、奖励、辞退等所需经费,应当列入财政预算,予以保障"。本次法律修订把公务员工资、福利、保险以及录用、奖励、培训、辞退等所需经费的保障调整到总则予以规定,从更高层面明确公务员的劳动和社会保障权利的责任主体。

公务员是履行公职、纳入国家行政编制、由国家财政负担工资福利的工作人员。作为国家的工作人员,与国家间的关系是公法上的关系,国家是公务员的"雇主",自然要承担工资、福利、保险以及录用、奖励、培训、辞退等所需经费。本条规定的"财政预算"即公共财政预算,是指经法定程序审批的、政府在一个财政年度内的基本财政收支计划。《中华人民共和国预算法》第五十七条规定,"各级政府财政部门必须依照法律、行政法规和国务院财政部门的规定,及时、足额地拨付预算支出资金,加强对预算支出的管理和监督。各级政府、各部门、各单位的支出必须按照预算执行"。

中国政府分中央、省级、市级、县级、乡级政府五个级次,根据预算法的规定,一级政府设一级预算,因此我国的预算体系由五级预算组成,总体上分为中央预算和地方预算。我国 1994 年开始实施以分税制为核心内容的预算管理体制,在中央与地方各级政府之间,根据各自的职权范围划分税源,并以此为基础确定各自税收权限;在划分中央与地方事权的基础上,确定中央与地方财政支出范围,并按税种划分中央与地方预算收入。因此,公务员工资福利和社会保障等费用开支,原则上都列入本级财政,由本级财政予以保障。对于经济发展相对落后,财力不足的地区,中央政府通过转移支付制度根据不同情况予以支持和保障。

第十二条 中央公务员主管部门负责全国公务员的综合管理工作。县级以上地方各级公务员主管部门负责本辖区内公务员的综合管理工作。上级公务员主管部门指导下级公务员主管部门的公务员管理工作。各级公务员主管部门指导同级各机关的公务员管理工作。

释 义

本条是关于公务员管理机构的规定。

我国公务员管理机构,可以分为综合管理机构和各机关的公务员管理机构(一般称为机关人事机构)两类。综合管理机构包括中央公务员主管部门、县级以上地方各级公务员主管部门。各机关人事机构是公务员管理的部门执行机构。此外,还有实行双重管理的机关,上级业务主管部门对本系统的公务员管理负有指导、监督的职责。例如,最高人民法院、最高人民检察院、公安部的公务员管理机关,分别对本系统的公务员实施指导和监督。

一、公务员综合管理机构

公务员综合管理机构包括中央公务员主管部门、县级以上地方各级公务员主管部门。

（一）中央公务员主管部门。中华人民共和国成立伊始，我国政府机构中并没有统一的人事管理机构。1988 年成立国家人事部，2008 年成立国家公务员局，由人力资源和社会保障部管理。国家公务员局统一管理全国国家公务员及相关事务，其职责是负责全国公务员的综合管理。国家公务员局的内设机构为综合司、职位管理司、考试录用司、考核奖励司、培训与监督司。为更好落实党管干部原则，加强党对公务员队伍的集中统一领导，更好统筹干部管理，建立健全统一规范高效的公务员管理体制，2018 年 3 月，中共中央印发《深化党和国家机构改革方案》，将国家公务员局并入中央组织部。中央组织部对外保留国家公务员局牌子。调整后的国家公务员局的主要职责是统一管理公务员录用调配、考核奖惩、培训和工资福利等事务，研究拟订公务员管理政策和法律法规草案并组织实施，指导全国公务员队伍建设和绩效管理，负责国家公务员国际交流合作等。

（二）县级以上地方各级公务员主管部门。县级以上地方各级公务员主管部门是建立在地方的组织部门和人事部门，其管理范围是某一地区的公务员，负责对本辖区内公务员的综合管理工作。这类机关与中央公务员主管部门虽然都是公务员综合管理机构，但不同之处在于，中央公务员主管部门的职责主要是制定公务员管理政策，拟订相关的法规草案，指导地方各级公务员管理机关去实施、执行。地方公务员管理机关主要职责是实施公务员管理法律、法规和政策。

县级以上地方各级公务员主管部门的职责主要是贯彻执行中央和国家颁布的有关公务员管理的法律法规和政策，并根据本地的实际，拟定适合本地区情况的具体实施细则；指导下级公务员主管部门的工作，也包括指导同级各机关公务员管理工作。

二、各机关的公务员管理机构

设在国家机关各部门的公务员管理机构是公务员管理的执行机构，如国务院各部委、直属机构内设的人事司（局），省、自治区、直辖市政府各部门的人事处等。它们在本部门负责人的领导下，在同级公务员主管部门的业务指导和监督下负责本机关的公务员管理工作。实行垂直领导的部门，其上级的人事机构的管理范围也包括下属部门的公务员。各机关的公务员管理机构主要承担公务员的录用、考核、奖惩、职务职级升降、任免、辞退以及公务员培训、交流、回避、退休等事务。

三、我国的公务员管理机构体系

我国公务员的管理机构由综合管理机构和各机关的公务员管理机构构成,综合管理机构包括中央公务员主管部门和县级以上地方各级公务员主管部门。具体的职责划分如下:第一,中央公务员主管部门负责全国公务员的综合管理工作。县级以上地方各级公务员主管部门负责本辖区内公务员的综合管理工作。第二,上级公务员主管部门指导下级公务员主管部门的公务员管理工作。例如,中央组织部负有指导和协调各地方公务员主管部门执行相关公务员制度的职责。第三,各级公务员主管部门指导同级各机关的公务员管理工作。例如,中央组织部负有对国务院各部门公务员管理工作进行指导的职责,国务院各部门中内设人事机构负责承担本机关公务员管理的具体事务。

第二章 公务员的条件、义务和权利

本章是关于公务员的条件、义务和权利的规定。规范公务员的条件、义务和权利对于确定公务员身份,明确公务员法律地位具有非常重要的意义。公务员的条件,是指自然人成为公务员应当具备的法定资格,是公务员在法律上取得权利义务的先决条件。公务员的义务,是指国家法律对公务员必须作出某种行为或不得作出某种行为所作的约束和限制。公务员的权利,是指公务员基于身份和职责,在执行公务、履行职责或者日常工作中依法享有的权利。考虑到公务员是履行公职的工作人员,需要对其进行严格约束和管理,因此本章将公务员的义务置于其权利之前。

第十三条 公务员应当具备下列条件:
(一)具有中华人民共和国国籍;
(二)年满十八周岁;
(三)拥护中华人民共和国宪法,拥护中国共产党领导和社会主义制度;
(四)具有良好的政治素质和道德品行;
(五)具有正常履行职责的身体条件和心理素质;
(六)具有符合职位要求的文化程度和工作能力;
(七)法律规定的其他条件。

释 义

本条是关于公务员条件的规定。

公务员的条件即自然人成为公务员应当具备的法定资格要件,是进入公务员队伍的最低"门槛"。公务员代表国家形象,担着依法履行公职、服务公众的职责,是公共权力运行的实际实施者。公务员素质的高低、能力的强弱直接关系整个国家机构的正常运转、社会秩序的维持、公民权益的维护。因此,各国的公务员法都规定公务员的资格条件。根据本条规定,我国公务员应具备以下条件:

1.具有中华人民共和国国籍。担任公务员是公民的一种政治权利,公民身份是担任公务员的前提条件。国籍是指一个人属于某一个国家的国民或公民的法律资格,表明一个人同一个特定国家间的固定的法律联系。因此,具有中华人民共和国国籍是公务员应当具备的首要条件。《中华人民共和国国籍法》规定,父母双方或一方为中国公民,本人出生在中国,具有中国国籍。父母双方或一方为中国公民,本人出生在外国,具有中国国籍;但父母双方或一方为中国公民并定居在外国,本人出生时即具有外国国籍的,不具有中国国籍。父母无国籍或国籍不明,定居在中国,本人出生在中国,具有中国国籍。外国人或无国籍人,愿意遵守中国宪法和法律,并具有下列条件之一的,可以经申请批准加入中国国籍:中国人的近亲属;定居在中国的;有其他正当理由。申请加入中国国籍获得批准的,即取得中国国籍;被批准加入中国国籍的,不得再保留外国国籍。定居外国的中国公民,自愿加入或取得外国国籍的,自动丧失中国国籍。国家工作人员和现役军人,不得退出中国国籍。

2.年满十八周岁。担任公务员需要一定的身体素质和心理素质。十八周岁通常是成年人与未成年人的分界线,因为到了十八周岁,人的生理和心理已经趋于成熟,具备了完全行为能力和责任能力。此外,依据我国宪法的规定,中华人民共和国年满十八周岁的公民,不分民族、种族、性别、职业、家庭出身、宗教信仰、教育程度、财产状况、居住期限,都有选举权和被选举权。部分领导岗位的公务员需要通过选举才能担任,未满十八周岁的人不能担任。因此,公务员法将公民担任公务员的年龄规定为十八周岁。

3.拥护中华人民共和国宪法,拥护中国共产党领导和社会主义制度。宪法是国家的根本大法,是治国安邦的总章程,适用于国家全体公民,公务员作为国家公职人员不仅要遵守宪法,还要拥护宪法。依法治国首先是依宪治国,依法执政首先是依宪执政,公务员作为国家的工作人员,是依法治国和依法执政的重要力量,公务员不仅要遵守宪法,还需拥护宪法。拥护宪法即要树立宪法意识,恪守宪法原则,弘扬宪法精神,履行宪法使命。社会主义制度是中华人民共和国的根本制度。中国特色社会主义最本质的特征与最大优势是中国共产党领导。我国全面深化改革总目标是完善和发展中国特色社会主义制度、推进国家治理体系和治理能力现代化。中国特色社会主义进入了新时代，党和国家事业发生了历史性变革，坚持党对一切工作的领导，确保党始终总揽全局、协调各方，是党领导全国人民继续推进中国特色社会主义建设事业的前提。公务员法作为我国干部人事管理的基本法，需要及时将新时代党的基本思想、基本路线、基本方针等融入法律之中，强化党对公务员队伍的集中统一领导，为我国公务员制度和公务员队伍的建设提供根本遵循。因此，本次公务员法的修改在公务员应具备条件中增加了"拥护中国共产党领导和社会主义制度"。

4.具有良好的政治素质和道德品行。政治素质是人们从事社会政治活动所必需的基本条件和基本品质，是个人的政治方向、政治立场、政治观念、政治态度、政治信仰、政治技能的综合体现。中国共产党作为马克思主义政党，讲政治是突出的特点和优势，良好的政治素质主要包括坚定政治信仰，坚持正确的政治方向，坚持政治原则，站稳政治立场，保持政治清醒和政治定力，增强政治敏锐性和政治鉴别力，遵守政治纪律和政治规矩，坚决维护党中央权威和集中统一领导，坚决贯彻党的基本理论、基本路线、基本方略。同时，公务员作为公权力的行使者，只有具备良好的道德品行，才能够正确行使权力，实践依法治国、执政为民，否则，不仅容易滋生腐败，损害公权力的形象，而且容易给国家和社会带来危害。因此，具有良好的道德品行是公务员必须具备的资格条件之一。

5.具有正常履行职责的身体条件和心理素质。健康的身体和良好的心理素质是公务员顺利完成工作任务的必要条件。然而，是否具备正常履行职责的身体条件和心理素质，是需要根据公务员拟任职位来确定，不同岗位职责要求具有不同的身体条件和心理素质要求。例如，人民警察等职位对公务员的视力、身高和心理素质等方面具有专门的要求。因此，这里的身体条件和心理素质是针对正常履行职责职位的要求而言的，不能够提出超出职位身体条件要求的高标准甚至不合理的标准，否则可能构成就业歧视。为了保证身体条件和心理素质要求的统一与合理，本法第三十一条规定，"体检的项目和标准根据职位要求确定"。

6.具有符合职位要求的文化程度和工作能力。具备一定的文化程度和工作能力是公务员顺利完成工作任务的前提条件。但是，不同的岗位对文化程度和工作能力的要求是不同的,是否具有符合职位要求的文化程度和工作能力,应该根据职位来确定,不能一切都唯学历论。一般而言,级别较高、处理复杂事务的公务员职位需要具备较高的文化程度,而一些事务性、执行性的简单职位只需要一般的文化程度与工作能力即可。

7.法律规定的其他条件。公务员的职位具有多样性,本法不可能面面俱到地规定所有职位要求的一切条件,因此需要其他法律,如法官法、检察官法、监察官法等对一些特定的职位条件予以规定。需要注意的是,本项规定的法律仅限于全国人大及其常委会通过的法律。

第十四条　公务员应当履行下列义务:

(一)忠于宪法,模范遵守、自觉维护宪法和法律,自觉接受中国共产党领导;

(二)忠于国家,维护国家的安全、荣誉和利益;

(三)忠于人民,全心全意为人民服务,接受人民监督;

(四)忠于职守,勤勉尽责,服从和执行上级依法作出的决定和命令,按照规定的权限和程序履行职责,努力提高工作质量和效率;

(五)保守国家秘密和工作秘密;

(六)带头践行社会主义核心价值观,坚守法治,遵守纪律,恪守职业道德,模范遵守社会公德、家庭美德;

(七)清正廉洁,公道正派;

(八)法律规定的其他义务。

释　义

本条是关于公务员义务的规定。

公务员的义务,是指国家法律对公务员必须作出某种行为或不得作出某种行为所作的约束和限制。公务员义务是公务员行为规范的核心内容,是确保公务员系统正常运转的基本条件,是公务员管理法制化的重要保证。因为公务员是行使公共权力的国家工作人员,如果对其没有一定的义务进行限制、约束和强制,权力就有被滥用的危险。公务员的义务包括积极作为义务,如依法执行公务、履行职责等,也包括消极不作为的义务,如公务员不得贪污、行贿受贿或者以权谋私或滥用职权等。公务员不得放弃或不履行自己的义务,否则要承担相应的法律责任。一般的法律在规定权利和义务时,往往权利的规定在顺序上先于义务的规定,而本法将公务员的义务放在公务员权利的前面,这种顺序上的安排彰显了公务员的义务和责任,体现了维护社会公共利益以及控制公共权力、保护公民权利的立法理念。

1.忠于宪法,模范遵守、自觉维护宪法和法律,自觉接受中国共产党领导。宪法是国家的根本大法,中国公民都有义务遵守和拥护宪法。公务员作为国家工作人员,不仅要遵守和拥护宪法,更要"忠于宪法",即以最大的努力,以自身的言论与行为来维护宪法权威与促进宪法落实,树立宪法至上的理念,尊重宪法、敬畏宪法、恪守宪法、践行宪法。

宪法是全国各族人民根本意志和最高利益的集中体现,是国家政治、经济、文化等社会生活有序运行的基石和保证。法律是根据宪法制定的,由国家强制力保障实施的行为规范。遵守宪法与法律,是各个国家机关、各种社会组织和每个公民的义务。作为行使国家公权力的公务员,应该是守法的模范和楷模,模范遵守、自觉维护宪法和法律的权威。

党的十九大指出,坚持党对一切工作的领导。党的十九届三中全会通过的《深化党和国家机构改革方案》提出,加强党对公务员队伍的集中统一领导。坚持党管干部是我国人事干部管理的特征,是实现党的领导的根本组织保证,也是中国公务员制度的政治前提。因此,法律修订在公务员义务部分增加"自觉接受中国共产党的领导"。

2.忠于国家,维护国家的安全、荣誉和利益。忠于国家是公务员的立身之本。维护国家的安全、荣誉和利益是维护国家的政权稳定和公民依法行使各种自由和权利的根本保证。公务员在执行公务时,其言行代表着国家和政府,这就要求他们必须站在国家的立场,忠于国家,维护国家的安全、荣誉和利益。国家安全是指国家政权、主权、统一和领土完整、人民福祉、经济社会可持续发展和国家其他重大利益相对处于没有危险和不受内外威胁的状态,以及保障持续安全状态的能力。国家的荣誉是指国家的荣誉和尊严,主要包括国家的尊严不受侵犯;国家的信誉不受破坏;国家的荣誉不受玷污;国家的名誉不受侮辱。国家利益是指国家在独立与生存、稳定与发展以及国际参与等方面的利益,包括国家政治、经济、文化、军事等内容。国家的安全、荣誉和利益是国家繁荣强盛的根本保障,也是公民福祉的根本前提。忠于国家,维护国家的安全、荣誉和利益,是公务员应当遵守的法定义务。

3.忠于人民,全心全意为人民服务,接受人民监督。我国是人民民主专政的国家,人民是国家和社会的主人,因此公务员必须忠于人民,全心全意为人民服务,接受人民监督。宪法第二十七条第二款规定,"一切国家机关和国家工作人员必须依靠人民的支持,经常保持同人民的密切联系,倾听人民的意见和建议,接受人民的监督,努力为人民服务"。忠于人民即公务员要对人民忠诚,处处为人民的利益着想。全心全意为人民服务,就是要求公务员应当认真贯彻党的群众路线,听取人民群众的意见建议,坚持立党为公,执政为民,着力解决人民最关心、最直接、最现实的利益问题,真心实意为人民谋利益,努力促进社会公平正义。同时,公务员应自觉接受人民群众的监督。我国宪法第四十一条第一款规定,"中华人民共和国公民对于任何国家机关和国家工作人员,有提出批评和建议的权利"。公务员在履行职责的过程中,人民有权通过各种途径和形式对他们实行监督,这既是体现人民当家作主的客观要求,也是依法执政、依法行政的迫切需要。

4.忠于职守,勤勉尽责,服从和执行上级依法作出的决定和命令,按照规定的权限和程序履行职责,努力提高工作质量和效率。

公务员的职位都是在国家机关定职责、定机构、定编制的基础上,根据工作的需要设置的,每个职位都有明确的任务和职责。因此,每个职位上的公务员都应忠于职守,勤勉尽责,只有这样才能够提高工作效率,保证机关的正常运行。

服从和执行上级依法作出的决定和命令,既是现代公务员科层制的必然体现,也是保持机关高效运转,工作顺利推进的必然要求。需要注意的是,公务员服从上级的决定与命令并不意味着其对上级是人身依附关系,执行法律是公务员的天职,服从上级的决定与命令是执行法律的手段和方式。公务员应当服从和执行上级依法作出的决定和命令有以下要义:第一,公务员在执行公务时,服从和执行上级依法作出的决定和命令,不能各行其是,随意行事。第二,公务员服从的决定与命令应是上级(包括直接上级和间接上级)作出的。一般而言,对公务员下达指示和命令应逐级进行,公务员主要服从其主管领导的指挥,其上级领导向公务员发出决定与命令,应通过主管领导;在特殊情况下,上级领导也可以直接向其交代任务。第三,公务员服从和执行的是上级作出的决定与命令,即上级作出的下级公务员必须作出一定行为或者不得作出某种行为的指令。就形式而言,既可以是抽象行政行为,也可以是具体行政行为。第四,公务员服从与执行的上级决定与命令应是依法作出的。一方面,该决定与命令的内容应是合法的,是上级机关在法定权限范围之内作出的,决定与命令的内容不得违反法律的规定。另一方面,该决定与命令作出的程序须合法。对于未经法定程序作出的命令,公务员有权不予服从。第五,依据本法第六十条的规定,公务员执行公务时,认为上级的决定或者命令有错误的,可以向上级提出"纠错",未被接受的,公务员应当执行该决定或者命令,执行的后果由上级负责,公务员不承担责任。如果公务员"唯上是从",执行明显违法的决定或者命令的,应当依法承担相应的责任。

按照规定的权限和程序履行职责,努力提高工作质量和效率。公务员应当按照规定的权限行使权力,不得超出法律的规定行动,这是依法行政的必然要求,也是保护公民、法人和其他组织合法权利的需要。公务员应当按照规定的程序履行职责,通过程序正义实现实体正义。我国宪法第二十七条第一款规定,"一切国家机关实行精简的原则,实行工作责任制,实行工作人员的培训和考核制度,不断提高工作质量和工作效率,反对官僚主义"。公务员依法履职,应该兢兢业业工作,踏踏实实办事,努力提高工作质量和效率。这是行政效能原则对公务员提出的必然要求,有利于改变机关作风,反对官僚主义,提升公共服务的质量。

5.保守国家秘密和工作秘密。《中华人民共和国保守国家秘密法》(1988年9月5日第七届全国人民代表大会常务委员会第三次会议通过,2010年4月29日第十一届全国人民代表大会常务委员会第十四次会议修订)第二条规定,"国家秘密是关系国家安全和利益,依照法定程序确定,在一定时间内只限一定范围的人员知悉的事项"。第九条规定,"下列涉及国家安全和利益的事项,泄露后可能损害国家在政治、经济、国防、外交等领域的安全和利益的,应当确定为国家秘密:(一)国家事务重大决策中的秘密事项;(二)国防建设和武装力量活动中的秘密事项;(三)外交和外事活动中的秘密事项以及对外承担保密义务的秘密事项;(四)国民经济和社会发展中的秘密事项;(五)科学技术中的秘密事项;(六)维护国家安全活动和追查刑事犯罪中的秘密事项;(七)经国家保密行政管理部门确定的其他秘密事项。政党的秘密事项中符合前款规定的,属于国家秘密。"为了保守国家秘密,维护国家安全和利益,保障改革开放和社会主义建设事业的顺利进行,我国宪法规定保守国家秘密是公民的一项基本义务。公务员作为国家工作人员,是国家公权力的执行者,其工作性质决定其有较多机会接触国家秘密,必须严格遵守国家法律规定,增强保密观念,严格执行保密规定。

工作秘密是除国家秘密以外的,在公务活动中不得公开扩散的事项,一旦泄露会给本机关、单位的工作带来被动和损害。公务员作为国家工作人员除了要保守国家秘密之外,还要承担保守工作中不能擅自公开事项的义务。

6.带头践行社会主义核心价值观,坚守法治,遵守纪律,恪守职业道德,模范遵守社会公德、家庭美德。

社会主义核心价值观是社会主义核心价值体系的内核,是社会主义核心价值体系的高度凝练和集中表达。"富强、民主、文明、和谐,自由、平等、公正、法治,爱国、敬业、诚信、友善"24 个字,是社会主义核心价值观的基本内容。2018 年,我国宪法修正案将"国家提倡爱祖国、爱人民、爱劳动、爱科学、爱社会主义的公德"修改为"国家倡导社会主义核心价值观,提倡爱祖国、爱人民、爱劳动、爱科学、爱社会主义的公德"。公务员作为国家工作人员,应当带头践行社会主义核心价值观,起到模范带头作用。

法治是依据良好的法律来治理国家的原则和方式,在我国,"法治"和"依法治国"这两个概念具有高度的契合性。公务员作为国家权力的实际执行者和行使者,应该坚守法治。

遵守纪律,恪守职业道德是公务员从事公务活动应当遵守的纪律要求与道德准则。本法第五十九条列举了十八项公务员不得从事的行为,对公务员的纪律作出全面的规定。社会公德,是指人们在社会交往和公共生活中应该遵守的行为准则,是维护社会成员之间交往的最基本秩序、保证社会和谐稳定的最低道德要求,主要包括文明礼貌、助人为乐、爱护公物、保护环境、遵纪守法。家庭美德,是指人们在家庭生活中调整家庭成员间关系、处理家庭问题时所遵循的道德规范,主要包括尊老爱幼、男女平等、夫妻和睦、勤俭持家、邻里团结等。公务员应当率先垂范,遵守社会公德、家庭美德,树立良好的国家公职人员形象,起到模范带头作用。

7.清正廉洁,公道正派。所谓清正廉洁、公道正派,是指要求公务员品行端正,为人正直,办事公正,廉洁自律。把清正廉洁,公道正派作为我国公务员的一项义务,是对公务员自身素质的要求,是维护党和政府良好形象,加强党和政府同人民群众联系的重要措施。公务员作为公共权力的行使者,必须始终保持职务行为的廉洁性,正确行使手中的权力,为公共利益而工作。如果公务员利用职务之便徇私枉法、贪污腐化、以权谋私,不但会给社会带来巨大危害,而且会危及政权的稳定与国家安全。2015 年 10 月,中共中央印发《中国共产党廉洁自律准则》,这是一部规范党员领导干部廉洁从政行为的基础性法规,全面规范党员领导干部的廉洁从政行为,充实完善相应的实施与监督制度,该文件自 2016 年 1 月 1 日起实施。

8.法律规定的其他义务。这是关于公务员义务兜底性的规定。公务员法只是规定公务员法律关系中公务员的基本义务,无法详细列举公务员的其他义务。我国宪法和法律规定的普通公民的义务,公务员也应当履行,例如依法纳税、维护民族团结等。这一项规定让公务员法定义务的范围更加全面和完整。

第十五条 公务员享有下列权利:

(一)获得履行职责应当具有的工作条件;

(二)非因法定事由、非经法定程序,不被免职、降职、辞退或者处分;

(三)获得工资报酬,享受福利、保险待遇;

(四)参加培训;

(五)对机关工作和领导人员提出批评和建议;

(六)提出申诉和控告;

(七)申请辞职;

(八)法律规定的其他权利。

释 义

本条是关于公务员权利的规定。

公务员的权利,是指公务员基于身份和职责,在执行公务、履行职责或者日常工作中依法享有的权利。具体表现为公务员能够作出或不作出某种行为或要求他人作出或者不作出一定行为的能力和资格。公务员的权利具有身份性、法定性和工具性三个特点。所谓身份性是指公务员的权利以其公务员的身份和职责为前提。所谓法定性是指公务员的权利是由本法及其他法律所规定,公务员不能超越法律的规定滥用手中的权力。所谓工具性是指法律规定公务员的权利具有工具性价值,是为了保障公务员更好地行使职权,执行公务。当然,本法关于公务员权利的规定,也是对公务员进行激励的有效手段。西方国家的公务员法一般都对公务员的社会经济权利、政治权利和其他有关权利有所规定。我国公务员法也对公务员的权利作了非常具体、明确的规定:

1.获得履行职责应当具有的工作条件。该权利也即履行职责保障权,公务员要能够顺利履行职责,应当具备一定的工作条件。例如,办公地点、办公用品、办公设备、通信工具、交通工具以及医疗卫生条件等。国家有权要求公务员尽职尽责,同时也有义务为公务员履行职责提供相应的工作条件。适宜的工作条件既是公务员正常履行公职、完成工作任务的保证,也有利于提高工作效率和质量。履行职责保障权是公务员最基本的一项权利。公务员履行职责保障权应当以满足履行工作职责为限,具体而言,第一,公务员有权获得工作条件的保障,没有该工作条件,就无法履行职责。例如,警察抓捕犯罪嫌疑人,必须有执法工具,否则无法有效开展执法活动。第二,获得履行职责应当具有的工作条件应当是在履行职责的范围内,与其职责相适应。第三,公务员享有的履行职责保障权是因为其公务员身份,因此不能滥用此权利,谋取私利。

2.非因法定事由、非经法定程序,不被免职、降职、辞退或者处分。该项权利即公务员的身份保障权,这是公务员一项重要的权利。公务员一旦被依法录用,非经法定程序,不被免职、降职、辞退或者处分。这里的"法定事由"是指因公务员的行为触犯国家的法律或违反公务员纪律,构成被依法免职、降职、辞退或处分的情形或事由。这里的"法定程序"是指公务员免职、降职、辞退或者处分所必须经过的程序。本法第六十三条规定,"对公务员的处分,应当事实清楚、证据确凿、定性准确、处理恰当、程序合法、手续完备。公务员违纪违法的,应当由处分决定机关决定对公务员违纪违法的情况进行调查,并将调查认定的事实以及拟给予处分的依据告知公务员本人。公务员有权进行陈述和申辩;处分决定机关不得因公务员申辩而加重处分。"

规定公务员的身份保障权的意义在于:第一,保证公务员正常履行职责的需要。公务员在依法执行公务、履行职责的过程中,有可能触及上级领导或其他利益集团的利益,导致上级或利益集团凭借权势对公务员进行打击报复,其结果可能是公务员被非法免职、降职、辞退或处分。规定公务员的身份保障权,能够防止公务员遭受不正当迫害,保障公务员依法执行公务,公正履行职责,维护国家和人民的利益。第二,保证国家和社会治理的稳定性、连续性。中国共产党领导是中国特色社会主义最本质的特征,我国实行人民代表大会制度,与西方国家的政治制度有着本质的不同。但是,为保障国家和社会治理的稳定性、连续性,需要适当借鉴西方公务员职务常任制的有益经验,规定公务员的身份保障权。第三,是建设一支高素质专业化的公务员队伍的需要。

3.获得工资报酬,享受福利、保险待遇。该权利即公务员的社会经济保障权。公务员是公共部门的劳动者,他们为国家和社会付出劳动,有权和其他劳动者一样获得工资报酬,享受福利、保险待遇。公务员的工资报酬权是要求国家支付其劳动对价的权利。公务员的福利、保险待遇是指公务员在生、老、病、死、伤残、失业等情况下从国家和社会得到物质帮助,维持一定生活水准的权利。同时,公务员获得工资报酬,享受福利、保险待遇也是激励公务员圆满地履行职责,保障国家机器的正常运转和社会稳定的有效措施。

依据本法的规定,我国公务员工资报酬,享受福利、保险待遇的主要制度如下:

公务员实行国家统一规定的工资制度。公务员工资制度贯彻按劳分配的原则,体现工作职责、工作能力、工作实绩、资历等因素,保持不同领导职务、职级、级别之间的合理工资差距。国家建立公务员工资的正常增长机制。

公务员工资包括基本工资、津贴、补贴和奖金。公务员按照国家规定享受地区附加津贴、艰苦边远地区津贴、岗位津贴等津贴。公务员按照国家规定享受住房、医疗等补贴、补助。公务员在定期考核中被确定为优秀、称职的,按照国家规定享受年终奖金。公务员工资应当按时足额发放。

公务员的工资水平应当与国民经济发展相协调、与社会进步相适应。国家实行工资调查制度,定期进行公务员和企业相当人员工资水平的调查比较,并将工资调查比较结果作为调整公务员工资水平的依据。

公务员按照国家规定享受福利待遇。国家根据经济社会发展水平提高公务员的福利待遇。公务员执行国家规定的工时制度,按照国家规定享受休假。公务员在法定工作日之外加班的,应当给予相应的补休,不能补休的按照国家规定给予补助。

公务员依法参加社会保险,按照国家规定享受保险待遇。公务员因公牺牲或者病故的,其亲属享受国家规定的抚恤和优待。

任何机关不得违反国家规定自行更改公务员工资、福利、保险政策,擅自提高或者降低公务员的工资、福利、保险待遇。任何机关不得扣减或者拖欠公务员的工资。

4.参加培训。参加培训即公务员享有的宪法性权利。公务员只有不断地汲取新知识新技能,不断充实提高自己,才能更好地适应现代社会的发展,才能够履行职责,胜任工作并创造性地执行公务,才能更好地服务人民。对公务员进行培训,有利于强化其专业技能和提高其理论水平,提高其工作效率,提升机关公共服务的效能。2008 年,中共中央组织部、人力资源和社会保障部发布的《公务员培训规定(试行)》规定,机关根据公务员工作职责的要求和提高公务员素质的需要,对公务员进行分类分级培训。国家建立专门的公务员培训机构。机关根据需要也可以委托其他培训机构承担公务员培训任务。机关对新录用人员应当在试用期内进行初任培训;对晋升领导职务的公务员应当在任职前或者任职后一年内进行任职培训;对从事专项工作的公务员应当进行专门业务培训;对全体公务员应当进行提高政治素质和工作能力、更新知识的在职培训,其中对专业技术类公务员应当进行专业技术培训。公务员的培训实行登记管理。公务员培训情况、学习成绩作为公务员考核的内容和任职、晋升的依据之一。

5.对机关工作和领导人员提出批评和建议。我国宪法规定了公民的批评建议权利,公务员基于特定的身份和职责,更有权利向本机关或上级机关及其领导人员的工作提出批评和建议。该权利有利于各级机关克服官僚主义和形式主义,提高工作效率,改善工作质量。这里的"批评",是针对机关工作和领导人员在工作中的缺点和不足提出的;"建议"是对机关工作和领导人员工作提出的建设性的改进意见。

公务员的批评建议权具有广泛性:一是批评建议的对象具有广泛性,公务员既可向本机关或有隶属关系的机关及其领导人员提出批评和建议,也可以向其他机关的工作和领导人员提出批评和建议。二是批评建议的内容具有广泛性,既可以是与自己工作有关的问题,也可以是机关工作和领导人员的工作内容、领导人的工作方式和作风等问题。三是批评建议的形式具有多样性,可以是书面、口头或者其他合理形式。

6.提出申诉和控告。这是公务员的基本权利受到侵害时请求法律给予救济的权利。"申诉"是指公务员对国家机关作出的涉及本人的人事处理决定不服,向有关机关提出意见和要求。"控告"是指国家公务员对国家机关及其领导人员侵犯其合法权益的行为向上级行政机关或者纪检监察机关提出指控。该权利有利于保障与救济公务员的权利,也有利于促进公务员管理的法治化。

公务员对涉及本人的人事处理不服的,可以自知道该人事处理之日起三十日内向原处理机关申请复核;对复核结果不服的,可以自接到复核决定之日起十五日内,按照规定向同级公务员主管部门或者作出该人事处理的机关的上一级机关提出申诉;也可以不经复核,自知道该人事处理之日起三十日内直接提出申诉。

公务员认为机关及其领导人员侵犯其合法权益的,可以依法向上级机关或者监察机关提出控告。受理控告的机关应当按照规定及时处理。

7.申请辞职。申请辞职是指公务员依照法律、法规的规定,申请终止与任免机关任用关系的行为。公务员辞去公职后,不再具有公务员身份。规定公务员可以申请辞职,是赋予公务员在一定范围内自由选择职业权利的体现,也有利于促进人才合理流动和公务员队伍更新。由于公务员的工作性质和职业特点的不同,公务员的辞职权与适用劳动法、劳动合同法的劳动者的辞职权不同,其辞职行为必须严格按照法律的规定进行。2009 年,中共中央组织部、人力资源和社会保障部发布《公务员辞去公职规定(试行)》。

公务员辞去公职,应当向任免机关提出书面申请。任免机关应当自接到申请之日起三十日内予以审批,其中对领导成员辞去公职的申请,应当自接到申请之日起九十日内予以审批。公务员有下列情形之一的,不得辞去公职:(一)未满国家规定的最低服务年限的;(二)在涉及国家秘密等特殊职位任职或者离开上述职位不满国家规定的脱密期限的;(三)重要公务尚未处理完毕,且须由本人继续处理的;(四)正在接受审计、纪律审查、监察调查,或者涉嫌犯罪,司法程序尚未终结的;(五)法律、行政法规规定的其他不得辞去公职的情形。担任领导职务的公务员,因工作变动依照法律规定需要辞去现任职务的,应当履行辞职手续。担任领导职务的公务员,因个人或者其他原因,可以自愿提出辞去领导职务。

8.法律规定的其他权利。这是关于公务员权利的开放性的规定,体现公务员权利的广泛性和全面性。主要包括两个方面的内容:一是法律规定的作为一般公民应当享有的权利。例如,选举权和被选举权。二是其他法律和本法其他条文中规定的公务员应享有的权利,如公务员受到处分时有陈述申辩的权利等。

第三章 职务、职级与级别

职务、职级与级别对于规范公务员管理具有重要意义。一是职务、职级与级别根据公务员所承担的职责而确定,是对他们分类,进行差异化管理的前提。二是职务、职级与级别的作用各有所侧重。领导职务主要反映该岗位需要的品行、知识、能力和经验的要求以及公务员承担的职责;职级则主要反映公务员的政治素质、业务能力、资历贡献,是确定工资、住房、医疗等待遇的重要依据,不具有领导职责;级别则主要反映公务员的待遇。因此,三者相互补充,共同构成公务员管理的基础。三是职务、职级与级别和公务员个人的权利义务、福利、待遇等密切关联。

第十六条 国家实行公务员职位分类制度。

公务员职位类别按照公务员职位的性质、特点和管理需要,划分为综合管理类、专业技术类和行政执法类等类别。根据本法,对于具有职位特殊性,需要单独管理的,可以增设其他职位类别。各职位类别的适用范围由国家另行规定。

释 义

本条是关于公务员职位分类管理的规定。

职务分类管理是建立高素质专业化公务员队伍的必要方法,也是实现队伍专业化和管理科学化的必要前提。从域外来看,公务员的分类管理主要分为两类:一是以"事"为中心的职位分类管理模式,即以工作的职责为主要分类依据,根据工作职责的轻重、难易以及资格条件的高低来进行分类、分级,如日本、韩国等;二是以"人"为中心的品位分类管理模式,即以个人资格条件作为主要的分类依据,将学历、工作经历、能力等作为录用、晋升的依据,如英国等。公务员分类管理较为复杂,不同国家会根据自身情况选择分类管理的模式,并且会随着社会经济的发展对此进行适时的调整。从该条规定来看,我国确立了职位分类的管理制度,第十七条明确,"根据公务员职位类别和职责设置公务员领导职务、职级序列"。

公务员法第一条即明确以建立"高素质专业化公务员队伍"为目标,而公务员职位分类制度则是实现该目标的必要手段。1987 年党的十三大提出,"要改变集中统一管理的状况,建立科学的分类管理体制"。1993 年《国家公务员暂行条例》曾规定,"国家行政机关实行职位分类制度"。然而,我国"职务分类不科学并造成了诸多问题"①。2013 年,党的十八届三中全会提出:"深化公务员分类改革,推行公务员职务与职级并行、职级与待遇挂钩制度,加快建立专业技术类、行政执法类公务员和聘任人员管理制度。"为了落实党的十八届三中全会的精神,2016 年 7 月 8 日,中共中央办公厅、国务院办公厅印发了《专业技术类公务员管理规定(试行)》和《行政执法类公务员管理规定(试行)》。新修订的公务员法在前期试点的基础上,更加明确了我国公务员的职位分类管理的模式:(1)综合管理类公务员,是指除行政执法类职位、专业技术类职位外,履行规划、咨询、监督、组织等综合管理以及机关内部管理等职责的公务员。该类公务员数量最多,是公务员职位分类的主体。(2)专业技术类公务员,是指专门从事专业技术工作,为机关履行职责提供技术支持和保障的公务员,其职责具有强技术性、低替代性。(3)行政执法类公务员,是指依照法律、法规对行政相对人直接履行行政许可、行政处罚、行政强制、行政征收、行政收费、行政检查等执法职责的公务员,其职责具有执行性、强制性。(4)其他类公务员,是指除上述三类外的,其职务具有特殊性,无法按照上述三类管理的公务员。

第十七条　国家实行公务员职务与职级并行制度,根据公务员职位类别和职责设置公务员领导职务、职级序列。

---

① 肖鸣政:《中国公务员职务分类的现状与问题》,《北京航空航天大学学报》(社会科学版)2017 年第 6 期。

释　义

本条是关于公务员职务与职级并行制度的规定。

职务与职级并行制度是提升国家治理体系和治理能力现代化的必然要求。本条规定："国家实行公务员职务与职级并行制度,根据公务员职位类别和职责设置公务员领导职务、职级序列。"这里的"职级",是公务员的等级序列,是与领导职务并行的晋升通道,体现公务员政治素质、业务能力、资历贡献,是确定工资、住房、医疗等待遇的重要依据,不具有领导职责。公务员可以通过领导职务或者职级晋升。担任领导职务的公务员履行领导职责,不担任领导职务的职级公务员依据隶属关系接受领导指挥,履行职责。

我国公务员中多数在县级以下的机关工作。在原有的体制下,职务晋升是他们提高社会地位、待遇的主要方式。然而,由于机关的规格等限制,使得他们长期面临晋升难、职业天花板低、待遇低等问题,导致部分基层公务员的工作积极性受到打击,因此,通过建立职级制度,形成与领导职务并行的另外一条晋升途径,畅通职级晋升通道,拓展职级晋升空间,促进公务员立足本职安心工作,加强专业化建设,激励公务员干事创业、担当作为。为此,党的十八届三中全会明确提出:"推行公务员职务与职级并行、职级与待遇挂钩制度",以解决公务员尤其是基层公务员的激励问题。2015 年 1 月 15 日,中共中央办公厅、国务院办公厅印发《关于县以下机关建立公务员职务与职级并行制度的意见》。2016 年 12 月 25 日,十二届全国人大常委会第二十五次会议表决通过了授权国务院在天津市市级机关及和平区、西青区各级机关,山东省省级机关及青岛市、潍坊市各级机关,湖北省省级机关及宜昌市、襄阳市各级机关,四川省省级机关及绵阳市、内江市各级机关,以及教育部、国家质量监督检验检疫总局、国务院台湾事务办公室、国家统计局本级机关(不包括直属机构)开展公务员职务与职级并行制度试点工作。① 在两年试点的基础上,公务员法确定全面实施公务员职务与职级并行的制度。根据公务员职务与职级并

---

① 参见《全国人大常委会关于授权国务院在部分地区和部分在京中央机关暂时调整适用〈中华人民共和国公务员法〉有关规定的决定》,载中央人民政府网,http://www.gov.cn/xinwen/2016-12/25/content_5152770.htm。

行制度的规定,当符合条件的公务员职位未获得晋升时,可以通过职级的提高来享受相应的待遇。职务与职级并行制度是党中央确定的重大改革任务,是公务员制度的重大改革,较好地破解了"千军万马同挤独木桥"的成长道路狭窄的问题。2019 年 3 月 27 日,中共中央办公厅印发《公务员职务与职级并行规定》,对公务员职务与职级并行、职级与待遇挂钩制度进行明确的规定。

公务员职务与职级并行制度坚持以马克思列宁主义、毛泽东思想、邓小平理论、"三个代表"重要思想、科学发展观、习近平新时代中国特色社会主义思想为指导,贯彻新时代党的组织路线,坚持党管干部原则,坚持德才兼备、以德为先,坚持五湖四海、任人唯贤,坚持事业为上、公道正派,坚持向基层倾斜,坚持严管和厚爱结合、激励和约束并重。

第十八条 公务员领导职务根据宪法、有关法律和机构规格设置。

领导职务层次分为:国家级正职、国家级副职、省部级正职、省部级副职、厅局级正职、厅局级副职、县处级正职、县处级副职、乡科级正职、乡科级副职。

释 义

本条是关于公务员领导职务层次的规定。

公务员领导职务层次是基于职位责任轻重、职位难易程度等,并结合公务员的品德素养、工作业绩和资历等素质条件和工作状况所确定的。根据该条规定,我国确立了十个层次的公务员领导职务,其中,最低领导职务层次为乡科级副职,最高领导职务层次为国家级正职。(1)国家级正职,如中共中央总书记、中共中央政治局常委、国家主席、全国人大常委会委员长、国务院总理、全国政协主席、中国共产党中央军事委员会主席、国家军委主席。(2)国家级副职,如中共中央政治局委员、中共中央书记处书记、中共中央纪委书记、国家副主席、全国人大常委会副委员长、国务院副总理、国务委员、全国政协副主席、中共中央军委副主席、中共中央军委委员、国家军委副主席、国家军委委员,最高人民法院院长、最高人民检察院检察长、国家监察委主任。(3)省部级正职,如省级行政区(省、自治区、直辖市)的党委书记、省长(政府主席、市长)、人大常委会主任、政协主席、特别行政区行政长官、新疆生产建设兵团的政委和司令员等。中共中央各部门、国务院各部委、全国人大和全国政协各委员会正职等。(4)省部级副职,如国务院部委副职干部;各省、自治区、直辖市委常委、人大常委会副主任、政协副主席、直辖市市委副书记;各副省级市政府正职干部等。(5)厅局级正职。如地级市(各自治州及新疆生产建设兵团各师)市委书记、市长、市人大常委会主任、市政协主席;省级下属厅级单位正职;国务院部委各司正职干部等。(6)厅局级副职。如地级市(新疆生产建设兵团各师)市委副书记、市委常委、副市长、市人大常委会副主任、市政协副主席,省级下属厅局级单位副职;国务院部委各司副职干部等。(7)县处级正职。如县(县级市、区、旗及新疆生产建设兵团团级等)委书记、(区)县长、(区)县人大常委会主任、(区)县政协主席、市各单位局长;国务院部委各司所属处室正职干部等。(8)县处级副职。如县(县级市、区、旗、新疆生产建设兵团团级等)委副书记、县(区)委常委、副县(区)长、(区)县人大常委会副主任、(区)县政协副主席、市各单位副局长;国务院部委各司所属处室副职干部等。(9)乡科级正职。如各乡、镇、办事处、新疆生产建设兵团团场各营党委书记、乡长、镇长、办事处主任;县、县级市下属各局正职等。(10)乡科级副职。如各乡、镇、办事处党委副书记、党委委员、副乡长、副镇长、办事处副主任等。

第十九条 公务员职级在厅局级以下设置。

综合管理类公务员职级序列分为:一级巡视员、二级巡视员、一级调研员、二级调研员、三级调研员、四级调研员、一级主任科员、二级主任科员、三级主任科员、四级主任科员、一级科员、二级科员。

综合管理类以外其他职位类别公务员的职级序列,根据本法由国家另行规定。

释 义

本条是关于厅局级以下公务员职级序列的规定。

在推行公务员职务与职级并行制度的背景下,新修订的公务员法取消了非领导职位,建立了职级序列的制度。一是为了解决公务员职务晋升困难、激励不足的问题,因此,职级主要跟待遇挂钩;二是对过去非领导职务设置实践中存在的种种问题的反思,如《国家公务员非领导职务设置办法》(国发〔1993〕78号)确定的目的是精兵简政、提高效率、理顺关系,但非领导职务的"虚职化"现象严重,许多高层非领导职务成为享受高一级职务待遇的"虚职"和领导职务的退路,而且由于"官本位"思想,领导职务和非领导职务的区分实际上明确了二者的差别,导致人们还是挤向领导职务,因此,通过职级序列,弱化原有的领导职位和非领导职位的区别。

根据公务员职位分类的情况,分别设置了不同的职级序列。

一是综合管理类公务员。一级巡视员、二级巡视员、一级调研员、二级调研员、三级调研员、四级调研员、一级主任科员、二级主任科员、三级主任科员、四级主任科员、一级科员、二级科员。根据《公务员职务与职级并行规定》,综合管理类公务员职级对应的级别是:(1)一级巡视员:十三级至八级;(2)二级巡视员:十五级至十级;(3)一级调研员:十七级至十一级;(4)二级调研员:十八级至十二级;(5)三级调研员:十九级至十三级;(6)四级调研员:二十级至十四级;(7)一级主任科员:二十一级至十五级;(8)二级主任科员:二十二级至十六级;(9)三级主任科员:二十三级至十七级;(10)四级主任科员:二十四级至十八级;(11)一级科员:二十六级至十八级;(12)二级科员:二十七级至十九级。

二是专业技术类公务员和行政执法类公务员的职级序列,本法授权国家另行规定,将来可能会出台相应的法规或规章来予以明确。中共中央办公厅、国务院办公厅印发的《专业技术类公务员管理规定(试行)》、《行政执法类公务员管理规定(试行)》的规定可以供我们参考,其规定,"专业技术类公务员职务,分为十一个层次。通用职务名称由高至低依次为:一级总监、二级总监、一级高级主管、二级高级主管、三级高级主管、四级高级主管、一级主管、二级主管、三级主管、四级主管、专业技术员。""行政执法类公务员职务,分为十一个层次。通用职务名称由高至低依次为:督办、一级高级主办、二级高级主办、三级高级主办、四级高级主办、一级主办、二级主办、三级主办、四级主办、一级行政执法员、二级行政执法员。"

《公务员职务与职级并行规定》对此前担任非领导职务公务员、调任人员、军转安置人员的职级确认进行了规定。非领导职务公务员首次确定职级按照有关规定套转。新录用公务员按照有关规定确定一级主任科员以下及相当层次的职级。从国有企业、事业单位、人民团体和群众团体调任的人员,按照公务员调任有关规定,综合考虑其原任职务、调任职位和工作经历确定职级。机关接收的军队转业干部,按照国家军转安置有关规定确定职级。

第二十条 各机关依照确定的职能、规格、编制限额、职数以及结构比例,设置本机关公务员的具体职位,并确定各职位的工作职责和任职资格条件。

释 义

本条是关于公务员职位设置的规定。

职位是指机关或团体中执行一定任务的岗位。职位的设置可以从过程和结果两个层面来理解,一是从过程来看,职位的设置取决于工作职责,即该机关有哪些工作需要多少人来完成,工作职责决定了职位的差异以及多少;二是从结果来看,职位实际是一个工作的岗位,由具体的公务员在不同的岗位执行不同的工作职责。因此,如果脱离了工作职责,随意设置职位,最终不仅可能导致因人设岗、人浮于事;也可能导致人少事多、有事没人干。

该条明确了职务设置的以下三个问题。

一是设置职务的种类,即设置哪些职务?职务设置的主要依据就是职能,即存在哪些行政职能需要有人来承担?我国编制管理机关所确立的"三定方案"——定职责、定机构、定编制,其中,定职责是前提条件,而职责与职责之间的差异也将为内设机构的设定提供依据。

二是设置职务(岗位)数量。即在定职责、定机构的基础上,根据机关规格的高低、工作任务的多少,确定需要多少人来完成相应的工作,即定编制和职数。此外,考虑到机关内部职责的差异,在确定编制后,会考虑不同类别职位、领导职务和工作人员等的比例结构问题。国务院颁布了《国务院行政机构设置和编制管理条例》以及《地方各级人民政府机构设置和编制管理条例》对行政机关的机构设置和编制总额的确定都作出了规定。如根据《人力资源和社会保障部职能配置、内设机构和人员编制规定》,人社部内设包括办公厅、政策研究司、法规司等机构，共有行政编制 516 名。设部长 1 名，副部长 4 名，司局级领导职数 80 名（含机关党委专职副书记 2 名、离退休干部局领导职数 4 名）。①

三是任职资格条件。工作职责明确具体岗位的具体工作任务，而任职资格条件则明确哪些人具备从事上述工作职责的资格。根据人事管理的规则，机关应该制定规范的职位说明书，包括职位名称、工作职责、任职条件、上下级关系、职业发展方向等。

《公务员职务与职级并行规定》对综合管理类公务员职级设置与职数比例做了明确规定。

一是第十条规定，综合管理类公务员职级按照下列规格设置：（1）中央机关，省、自治区、直辖市机关设置一级巡视员以下职级；（2）副省级城市机关设置一级巡视员以下职级，副省级城市的区领导班子设置一级、二级巡视员；（3）市（地、州、盟）、直辖市的区领导班子设置一级巡视员，市（地、州、盟）、直辖市的区机关设置二级巡视员以下职级，副省级城市的区机关设置一级调研员以下职级；（4）县（市、区、旗）领导班子设置二级巡视员、一级调研员、二级调研员、三级调研员，县（市、区、旗）、乡镇机关设置二级调研员以下职级。

二是第十一条规定，职级职数按照各类别公务员行政编制数量的一定比例核定。综合管理类公务员职级职数按照下列比例核定：（1）中央机关一级、二级巡视员不超过机关综合管理类职位数量的 12%，其中，正部级单位一级巡视员不超过一级、二级巡视员总数的 40%，副部级单位一级巡视员不超过一级、二级巡视员总数的 20%；一级至四级调研员不超过机关综合管理类职位数量的 65%。（2）省、自治区、直辖市机关一级、二级巡视员不超过机关综合管理类职位数量的 5%，其中一级巡视员不超过一级、二级巡视员总数的 30%；一级至四级调研员不超过机关综合管理类职位数量的 45%。（3）副省级城市机关一级、二级巡视员不超过机关综合管理类职位数量的 2%，其中一级巡视员不超过一级、二级巡视员总数的 30%；一级至四级调研员不超过机关综合管理类职位数量的 43%，其中一级调研员不超过一级至四级调研员总

---

① 参见《人力资源和社会保障部职能配置、内设机构和人员编制规定》，载人力资源和社会保障部网站，http://www.mohrss.gov.cn/SYrlzyhshbzb/dongtaixinwen/shizhengyaowen/201901/t20190128_309849.html。

数的20%。(4)市(地、州、盟)、直辖市的区领导班子一级巡视员不超过领导班子职数的15%。市(地、州、盟)、直辖市的区机关二级巡视员不超过机关综合管理类职位数量的1%;一级至四级调研员不超过机关综合管理类职位数量的20%,其中一级、二级调研员不超过一级至四级调研员总数的40%,一级调研员不超过一级、二级调研员总数的50%;一级至四级主任科员不超过机关综合管理类职位数量的60%,其中一级、二级主任科员不超过一级至四级主任科员总数的50%。(5)副省级城市的区领导班子一级、二级巡视员不超过领导班子职数的15%,其中一级巡视员不超过一级、二级巡视员总数的40%;副省级城市的区机关一级调研员以下职级职数,按照第四项规定执行。(6)县(市、区、旗)领导班子二级巡视员不超过领导班子职数的10%,一级、二级调研员不超过领导班子职数的20%。县(市、区、旗)、乡镇机关二级调研员不超过机关综合管理类职位数量的2%;三级、四级调研员不超过机关综合管理类职位数量的10%,其中三级调研员不超过三级、四级调研员总数的40%;一级至四级主任科员不超过机关综合管理类职位数量的60%,其中一级、二级主任科员不超过一级至四级主任科员总数的50%。中央和地方各级机关中个别情况特殊需要调整职级比例的,应当报中央公务员主管部门审批。中央机关和省级公务员主管部门根据工作需要和实际,可以对前款规定中未作区分的各职级层次的比例予以细化。

三是第十二、十三、十四条规定,中央和省级机关垂直管理的机构、市地级以上机关的直属单位或者派出机构,根据机构规格,参照上述规定,设置职级和核定职数。直辖市的县领导班子和县、乡镇机关,副省级城市的乡镇机关,根据机构规格,由省级公务员主管部门参照上述规定,研究确定职级设置和比例。

职级职数一般按照各机关分别核定。职数较少或者难以按照各机关分别核定的职级,由县级以上地方党委及其公务员主管部门根据实际情况和职级晋升审批权限,分级统筹核定和使用。市(地、州、盟)、直辖市的区、县(市、区、旗)的领导班子与所属部门职级职数分开统筹核定和使用。省、自治区、直辖市党委可以统筹使用若干名一级巡视员职数,用于激励少数特别优秀的县(市、区、旗)党委书记。中央机关及其直属机构职级设置方案,报中央公务员主管部门备案;省级以下机关及其直属机构职级设置方案的审批或者备案程序,由省级公务员主管部门规定。

四是第三十一条规定，机关应当严格执行公务员职务与职级并行制度，不得违反规定设置职级，不得超职数配备职级，不得随意放宽职级任职资格条件，不得违反规定提高或者降低职级待遇标准。对违反相关规定的，由县级以上党委或者公务员主管部门按照管理权限，区别不同情况，分别予以责令纠正或者宣布无效；对负有责任的领导人员和直接责任人员，根据情节轻重，给予批评教育、组织处理或者处分。

第二十一条　公务员的领导职务、职级应当对应相应的级别。公务员领导职务、职级与级别的对应关系，由国家规定。

根据工作需要和领导职务与职级的对应关系，公务员担任的领导职务和职级可以互相转任、兼任；符合规定资格条件的，可以晋升领导职务或者职级。

公务员的级别根据所任领导职务、职级及其德才表现、工作实绩和资历确定。公务员在同一领导职务、职级上，可以按照国家规定晋升级别。

公务员的领导职务、职级与级别是确定公务员工资以及其他待遇的依据。

释　义

本条是关于公务员领导职务、职级与级别对应的规定。

一、级别的意义

公务员除了职务、职级外，还有级别。级别是根据所任领导职务、职级及其德才表现、工作实绩和资历确定。一是随着公务员资历、工作业绩的累计，尽管其领导职务无法晋升或者职级无法提高，但是可以通过晋升级别，来反映其工作才能、品行、业绩等提升，实现激励作用；二是级别是确定公务员工资和其他待遇的重要依据。

二、领导职务、职级与级别的对应关系

第一，领导职务和职级可以互相转任、兼任。随着公务员职务与职级并

行制度的推行,以及本法第五十条关于公务员的职务、职级能上能下规定的实施,根据工作的需要以及公务员的个人的品行、才能、业绩等多种因素的考量,会出现领导职务和职级的互相转任、兼任,一方面,当担任领导职务的公务员因为个人工作能力或者工作需要时,可以免除领导职务,而转任对应职级;相反,不具有领导职务而具有相应的职级的公务员,因为工作需要,可以转任相应的领导职务;另一方面,当公务员领导职务无法晋升时,为了强化激励,以使得其待遇能够反映其工作责任的繁重、工作业绩的优良和工作能力的突出,则可以兼任相应的职级,通过职级的提高来为其提供更高的报酬。

《公务员职务与职级并行规定》第二十八条规定:"担任领导职务且兼任职级的公务员,主要按照领导职务进行管理。不担任领导职务的职级公务员一般由所在机关进行日常管理。公务员晋升至所在机关领导成员职务对应的职级,不作为该机关领导成员管理。"第二十九条规定:"根据工作需要和领导职务与职级的对应关系,公务员担任的领导职务和职级可以互相转任、兼任;符合规定资格条件的,可以晋升领导职务或者职级。"

第二,领导职务、职级与级别的对应关系。根据《公务员职务与级别管理规定》,公务员级别由低至高依次为二十七级至一级。公务员领导职务层次与级别的对应关系是:(1)国家级正职:一级;(2)国家级副职:四级至二级;(3)省部级正职:八级至四级;(4)省部级副职:十级至六级;(5)厅局级正职:十三级至八级;(6)厅局级副职:十五级至十级;(7)县处级正职:十八级至十二级;(8)县处级副职:二十级至十四级;(9)乡科级正职:二十二级至十六级;(10)乡科级副职:二十四级至十七级。副部级机关内设机构、副省级市机关的司局级正职对应十五级至十级,司局级副职对应十八级至十二级。

本法确立了公务员分类管理,并取消了非领导职务制度,建立了职级制度,其中,《公务员职务与职级并行规定》第八条规定:"公务员领导职务、职级对应相应的级别。领导职务对应的级别,按照国家有关规定执行。综合管理类公务员职级对应的级别是:(一)一级巡视员:十三级至八级;(二)二级巡视员:十五级至十级;(三)一级调研员:十七级至十一级;(四)二级调研员:十八级至十二级;(五)三级调研员:十九级至十三级;(六)四级调研员:二十级至十四级;(七)一级主任科员:二十一级至十五级;(八)二级主任科员:二十二级至十六级;(九)三级主任科员:二十三级至十七级;(十)四级主任科员:二十四级至十八级;(十一)一级科员:二十六级至十八级;(十二)二级科员:二十七级至十九级。"第九条规定:"厅局级以下领导职务对应的综合管理类公务员最低职级是:(一)厅局级正职:一级巡视员;(二)厅局级副职:二级巡视员;(三)县处级正职:二级调研员;(四)县处级副职:四级调研员;(五)乡科级正职:二级主任科员;(六)乡科级副职:四级主任科员。"厅局级以下领导职务与综合管理类公务员最低职级以及级别的对应关系如下图:

厅局级以下领导职务与综合管理类公务员最低职级、级别对应表

厅局级以下领导职务	职　　级	级　　别
厅局级正职	一级巡视员	十三级至八级
厅局级副职	二级巡视员	十五级至十级
县处级正职	二级调研员	十八级至十二级
县处级副职	四级调研员	二十级至十四级
乡科级正职	二级主任科员	二十二级至十六级
乡科级副职	四级主任科员	二十四级至十八级

从上述综合类公务员的职务、职级、级别的对应表可看出,为了解决领导职务有限,尤其是高级别的领导职务更为有限情形,导致公务员职务晋升困难、激励不足的问题,通过职务、职级与级别的对应,确立三种制度的差异化定位,充分发挥各自的特点,因此,领导职位的层级较少,而职级的层次则更多,而级别的层级最多,且级别跨度较大,可能出现县处级副职领导的级别与厅局级副职领导的级别相同的情况,从而强化级别的激励作用,形成规范的差异化公务员激励机制。

对于专业技术类公务员和行政执法类公务员的职务、职级与级别的对应关系目前尚不明确。《专业技术类公务员管理规定(试行)》和《行政执法类公务员管理规定(试行)》的相关规定可为我们提供部分参考。

一是《专业技术类公务员管理规定(试行)》第九条规定:"专业技术类公务员职务与级别的对应关系是:(一)一级总监:十三级至八级;(二)二级总监:十五级至十级;(三)一级高级主管:十七级至十一级;(四)二级高级主管:十八级至十二级;(五)三级高级主管:十九级至十三级;(六)四级高级主管:

二十级至十四级;(七)一级主管:二十一级至十五级;(八)二级主管:二十二级至十六级;(九)三级主管:二十三级至十七级;(十)四级主管:二十四级至十八级;(十一)专业技术员:二十六级至十八级。"

二是《行政执法类公务员管理规定(试行)》第十条规定:"行政执法类公务员职务与级别的对应关系是:(一)督办:十五级至十级;(二)一级高级主办:十七级至十一级;(三)二级高级主办:十八级至十二级;(四)三级高级主办:十九级至十三级;(五)四级高级主办:二十级至十四级;(六)一级主办:二十一级至十五级;(七)二级主办:二十二级至十六级;(八)三级主办:二十三级至十七级;(九)四级主办:二十四级至十八级;(十)一级行政执法员:二十六级至十八级;(十一)二级行政执法员:二十七级至十九级。"

《公务员职务与职级并行规定》第三十条规定:"综合管理类、专业技术类、行政执法类等不同职位类别公务员之间可以交流,根据不同职位类别职级的对应关系确定职级。"

三、职务、职级与级别与待遇的确定

《公务员职务与职级并行规定》第二十四、二十五、二十六、二十七条规定,领导职务与职级是确定公务员待遇的重要依据。公务员根据所任职级执行相应的工资标准,享受所在地区(部门)相应职务层次的住房、医疗、交通补贴、社会保险等待遇。担任领导职务且兼任职级的公务员,按照就高原则享受有关待遇。

公务员晋升职级,不改变工作职位和领导指挥关系,不享受相应职务层次的政治待遇、工作待遇。因不胜任、不适宜担任现职免去领导职务的,按照其职级确定有关待遇,原政治待遇、工作待遇不再保留。

公务员因公出国出差的交通、住宿标准以及办公用房标准等待遇,不与职级挂钩。

县处级副职以上领导成员因换届不再提名、机构改革等原因免去领导职务转任职级的,保留原待遇,不改变干部管理权限。

综上,我们建立了职务、职级与级别的管理体制,然而,修法过程中,有委员提出,级别作为一个激励机制我们始终没有用好。……要研究解决加大级别激励的问题。因此,在后续的制度完善过程中,除了关注职务、职级与级

别的对应关系外,还应该关注三者的差异性问题,如何能够通过制度设置,使得三者各有所侧重,充分发挥各自的优势,形成各有所长、优势互补。

第二十二条 国家根据人民警察、消防救援人员以及海关、驻外外交机构等公务员的工作特点,设置与其领导职务、职级相对应的衔级。

释 义

本条是关于特定类型公务员衔级制度的规定。

基于公务员分类管理的原则,对于职位有特殊性的,除了本法所规定的领导职务、职级的规定外,根据其工作的需要,对于人民警察、消防救援人员、海关工作人员以及驻外外交机构公务员等设立了衔级制度。衔级制度的建立具有以下目的:一是高效履职的需要。与一般公务员相比,建立衔级制度的公务员具有较为明显的特点,如人民警察、海关等行政执法单位,需要纪律严明、指挥统一、政令顺畅,因此,实行专门的衔级制度,有利于明确指挥层级、指挥关系和指挥责任,保证政令畅通、指挥高效。二是严格队伍管理的需要。实行衔级制度,有利于区分这些公务员的等级和身份,有利于建立严明的纪律,确保队伍的规范有序。三是增强职业荣誉的需要。建立衔级制度的公务员职业存在较大的职业风险,因此,需要党和国家在政治上给予特殊关怀。实行专门衔级制度,体现的是党和国家给予这些公务员的崇高荣誉,对于提高他们的责任感、使命感,激励队伍忠诚履职具有重要作用。

一、人民警察的警衔制度

人民警察警衔是区分人民警察等级、表明人民警察身份的称号和标志,是国家给予人民警察的荣誉。1992 年 7 月 1 日,第七届全国人大常委会第二十六次会议审议通过了《中华人民共和国人民警察警衔条例》,正式建立了人民警察警衔制度。根据《中华人民共和国人民警察警衔条例》规定,人民警察实行警察职务等级编制警衔。警衔高的人民警察对警衔低的人民警察,警衔高的为上级。当警衔高的人民警察在职务上隶属于警衔低的人民警察时,职务高的为上级。公安部主管人民警察警衔工作。

人民警察警衔设下列五等十三级：（一）总警监、副总警监；（二）警监：一级、二级、三级；（三）警督：一级、二级、三级；（四）警司：一级、二级、三级；（五）警员：一级、二级。担任专业技术职务的人民警察的警衔，在警衔前冠以"专业技术"。担任行政职务的人民警察实行下列职务等级编制警衔：（一）部级正职：总警监；（二）部级副职：副总警监；（三）厅（局）级正职：一级警监至二级警监；（四）厅（局）级副职：二级警监至三级警监；（五）处（局）级正职：三级警监至二级警督；（六）处（局）级副职：一级警督至三级警督；（七）科（局）级正职：一级警督至一级警司；（八）科（局）级副职：二级警督至二级警司；（九）科员（警长）职：三级警督至三级警司；（十）办事员（警员）职：一级警司至二级警员。

担任专业技术职务的人民警察实行下列职务等级编制警衔：（一）高级专业技术职务：一级警监至二级警督；（二）中级专业技术职务：一级警督至二级警司；（三）初级专业技术职务：三级警督至一级警员。

二、消防救援衔制度

2018 年 3 月，根据第十三届全国人民代表大会第一次会议批准的国务院机构改革方案，中华人民共和国应急管理部设立。原来的公安消防部队转制后，由应急管理部管理。基于工作管理的需要，在军衔、警衔、关衔、外交衔之后，我国设立新的消防救援人员衔。2018 年 10 月 26 日，《中华人民共和国消防救援衔条例》由中华人民共和国第十三届全国人民代表大会常务委员会第六次会议通过。

消防救援衔是专门为国家综合性消防救援队伍设立，是表明消防救援人员身份、区分消防救援人员等级的称号和标志，是国家给予消防救援人员的荣誉和相应待遇的依据。消防救援衔高的人员对消防救援衔低的人员，消防救援衔高的为上级。消防救援衔高的人员在职务上隶属于消防救援衔低的人员时，担任领导职务或者领导职务高的为上级。

消防救援衔按照管理指挥人员、专业技术人员和消防员分别设置。管理指挥人员消防救援衔设下列三等十一级：（一）总监、副总监、助理总监；（二）指挥长：高级指挥长、一级指挥长、二级指挥长、三级指挥长；（三）指挥员：一级指挥员、二级指挥员、三级指挥员、四级指挥员。专业技术人员消防救援衔设下列二等八级，在消防救援衔前冠以"专业技术"：（一）指挥长：高级指挥长、一级指挥长、二级指挥长、三级指挥长;(二)指挥员:一级指挥员、二级指挥员、三级指挥员、四级指挥员。消防员消防救援衔设下列三等八级:(一)高级消防员:一级消防长、二级消防长、三级消防长;(二)中级消防员:一级消防士、二级消防士;(三)初级消防员:三级消防士、四级消防士、预备消防士。

管理指挥人员按照下列职务等级编制消防救援衔:(一)国务院应急管理部门正职:总监;(二)国务院应急管理部门消防救援队伍领导指挥机构、森林消防队伍领导指挥机构正职:副总监;(三)国务院应急管理部门消防救援队伍领导指挥机构、森林消防队伍领导指挥机构副职:助理总监;(四)总队级正职:高级指挥长;(五)总队级副职:一级指挥长;(六)支队级正职:二级指挥长;(七)支队级副职:三级指挥长;(八)大队级正职:一级指挥员;(九)大队级副职:二级指挥员;(十)站(中队)级正职:三级指挥员;(十一)站(中队)级副职:四级指挥员。

专业技术人员按照下列职务等级编制消防救援衔:(一)高级专业技术职务:高级指挥长至三级指挥长;(二)中级专业技术职务:一级指挥长至二级指挥员;(三)初级专业技术职务:三级指挥长至四级指挥员。

消防员按照下列工作年限编制消防救援衔:(一)工作满二十四年的:一级消防长;(二)工作满二十年的:二级消防长;(三)工作满十六年的:三级消防长;(四)工作满十二年的:一级消防士;(五)工作满八年的:二级消防士;(六)工作满五年的:三级消防士;(七)工作满二年的:四级消防士;(八)工作二年以下的:预备消防士。

三、海关关衔

关衔是区分海关工作人员等级、表明海关工作人员身份的称号、标志和国家给予海关工作人员的荣誉。海关工作人员实行职务等级编制关衔。关衔高的海关工作人员对关衔低的海关工作人员,关衔高的为上级。当关衔高的海关工作人员在职务上隶属于关衔低的海关工作人员时,职务高的为上级。海关总署主管关衔工作。2003年2月28日第九届全国人大常委会第三十二次会议通过了《中华人民共和国海关关衔条例》。

海关关衔设下列五等十三级:(一)海关总监、海关副总监;(二)关务监督:一级、二级、三级;(三)关务督察:一级、二级、三级;(四)关务督办:一级、二级、三级;(五)关务员:一级、二级。海关工作人员实行下列职务等级编制关衔:(一)署级正职:海关总监;(二)署级副职:海关副总监;(三)局级正职:一级关务监督至二级关务监督;(四)局级副职:二级关务监督至三级关务监督;(五)处级正职:三级关务监督至二级关务督察;(六)处级副职:一级关务督察至三级关务督察;(七)科级正职:二级关务督察至二级关务督办;(八)科级副职:三级关务督察至三级关务督办;(九)科员职:一级关务督办至一级关务员;(十)办事员职:二级关务督办至二级关务员。

四、驻外外交机构公务员的衔级

外交人员的衔级是国家为了明确驻外使馆的外交衔级与外交职务,增强驻外外交人员的荣誉感和责任感而实施的制度。2009 年 10 月 31 日第十一届全国人民代表大会常务委员会第十一次会议通过《中华人民共和国驻外外交人员法》,该法对外交人员衔级做出相关规定。

驻外外交人员实行外交衔级制度。外交衔级设七级:大使衔、公使衔、参赞衔、一等秘书衔、二等秘书衔、三等秘书衔、随员衔。驻外外交人员的外交衔级,根据其在驻外外交机构中担任的职务、公务员职务级别和外交工作需要确定。外交职务与外交衔级的基本对应关系为:(一)特命全权大使:大使衔;(二)代表、副代表:大使衔、公使衔、参赞衔;(三)公使、公使衔参赞:公使衔;(四)参赞:参赞衔;(五)一等秘书:一等秘书衔;(六)二等秘书:二等秘书衔;(七)三等秘书:三等秘书衔;(八)随员:随员衔。领事职务与外交衔级的基本对应关系为:(一)总领事:大使衔、公使衔、参赞衔;(二)副总领事:参赞衔;(三)领事:参赞衔、一等秘书衔、二等秘书衔;(四)副领事:三等秘书衔、随员衔;(五)领事随员:随员衔。

第四章 录 用

录用是遴选公务员的重要途径。招考录用的公务员职位是低级别、入门层级的岗位。领导职位和高序列职级的公务员岗位因为责任更为重大,对任职者的品行、能力和经验等有更高要求,因此,通常通过内部晋升、选任或者委任等方式产生,对其任职资格有更高的要求,因此,录用公务员应该符合法定的条件。随着干部人事管理公开性、透明度和公平性的提高,公务员的录用应当遵循公开招考、公平竞争和择优录取的原则。

第二十三条 录用担任一级主任科员以下及其他相当职级层次的公务员,采取公开考试、严格考察、平等竞争、择优录取的办法。

民族自治地方依照前款规定录用公务员时,依照法律和有关规定对少数民族报考者予以适当照顾。

释 义

本条是关于公务员录用基本办法的规定。

一、公务员录用的范围

公务员录用的范围限于一级主任科员以下及其他相当职级层次的公务员。本法第十九条规定,综合管理类公务员职级序列分为:一级巡视员、二级巡视员、一级调研员、二级调研员、三级调研员、四级调研员、一级主任科员、二级主任科员、三级主任科员、四级主任科员、一级科员、二级科员。因此,综合管理类公务员的录用范围就是一级主任科员、二级主任科员、三级主任科员、四级主任科员、一级科员、二级科员。而其他相当职级层次的公务员则是指专业技术类公务员、行政执法类公务员职级层次中与综合管理类公务员一级主任科员以下职级相当职级的公务员。

对于录用范围以外职级和领导职务的公务员,由于其岗位更加重要,对公务员的工作能力、业绩、品行等有更高的要求,因此,主要通过内部晋升、选任和调任的方式产生。

二、公务员录用的办法

1.公开考试。公务员录用应该采取考试的方式进行选拔,考试相关信息应该公开,具体包括:(1)职位信息公开,包括招考部门、职位、任职资格条件、录取人数等。(2)考试信息公开,包括报名时间、方式、条件;考试时间、地点等;本法第二十八条规定:"录用公务员,应当发布招考公告。招考公告应当载明招考的职位、名额、报考资格条件、报考需要提交的申请材料以及其他报考须知事项。招录机关应当采取措施,便利公民报考。"(3)录用程序公开。(4)考试成绩、体检、录用结果公开。本法第三十二条规定:"招录机关根据考试成绩、考察情况和体检结果,提出拟录用人员名单,并予以公示。公示期不少于五个工作日。"

2.严格考察。公务员的录用要经过严格的考察程序,而考察结果是录用的重要依据。国家公务员局《关于做好公务员录用考察工作的通知》(国公局发〔2013〕2号)以及各地颁布的公务员录用考察文件对此做出了明确的规定。

3.平等竞争。一是指合理设置录用条件,不得就业歧视。《中华人民共和国宪法》第三十三条规定:"中华人民共和国公民在法律面前一律平等。"因此,招录机关应该根据岗位的职责合理地设定招录条件,避免就业歧视。二是指录用规则的公平性。基于录用规则的公平性,以及公开考试的原则,应该根据考试成绩的高低来确定考察入围的人选,而最终的录用人选的确立应该是基于报考者个人表现以及工作需要,而其他无关因素不得影响考察结果。

4.择优录取。由于公务员代表国家履行公职,其对职业操守、品行和能力有着更高的要求,因此,公务员录用的开考和面试入围都原则上采取差额制,优中选优,从而确保公务员队伍整体的高质量。

三、民族自治地方公务员录用的特殊规定

民族区域自治制度是我国宪法所明确的基本政治制度。《中华人民共和

国民族区域自治法》第二十二条第二款规定:"民族自治地方的自治机关录用工作人员的时候,对实行区域自治的民族和其他少数民族的人员应当给予适当的照顾。"2007年《公务员录用规定(试行)》第六条规定:"民族自治地方录用公务员时,依照法律和有关规定对少数民族报考者予以适当照顾。具体办法由省级以上公务员主管部门确定。"目前采取的照顾措施如少数民族考生笔试加分等。

第二十四条 中央机关及其直属机构公务员的录用,由中央公务员主管部门负责组织。地方各级机关公务员的录用,由省级公务员主管部门负责组织,必要时省级公务员主管部门可以授权设区的市级公务员主管部门组织。

释 义

本条是关于公务员录用主管机关的规定。

我国虽然为单一制国家,但是,一方面国家幅员辽阔,社会经济发展不均衡,存在较大的地区差异;另一方面中央职权和地方职权有较为明确的划分,其二者存在差异,因此,《中华人民共和国宪法》第三条第四款规定:"中央和地方的国家机构职权的划分,遵循在中央的统一领导下,充分发挥地方的主动性、积极性的原则。"在公务员的录用方面,也因此进行划分。中央机关及其直属机构公务员的录用,由中央公务员主管部门——国家公务员局负责组织。地方各级机关公务员的录用,由省级公务员主管部门负责组织。由于各个省、自治区、直辖市内部也存在发展和工作需要的差异,为了切实保障公务员录用贴近各地的实际需求,因此,本法规定必要时省级公务员主管部门可以授权设区的市级公务员主管部门组织。

第二十五条 报考公务员,除应当具备本法第十三条规定的条件以外,还应当具备省级以上公务员主管部门规定的拟任职位所要求的资格条件。

国家对行政机关中初次从事行政处罚决定审核、行政复议、行政裁决、法律顾问的公务员实行统一法律职业资格考试制度,由国务院司法行政部门商有关部门组织实施。

释 义

本条是关于公务员报考资格条件的规定。

公务员报考的资格条件可分为以下三类:一是一般性的条件,即本法第十三条规定的条件,如国籍、年龄等;二是拟任职位要求的资格条件,即因为履职的需要,不同的职位其任职资格条件存在差异,如计算机相关的职位,需要报考者具备计算机专业相关的学历或者工作经历等;三是特殊资格条件。如本条行政机关中初次从事行政处罚决定审核、行政复议、行政裁决、法律顾问的公务员实行统一法律职业资格考试制度。2018 年 4 月,司法部颁布了《国家统一法律职业资格考试实施办法》,该办法第二条规定:"国家统一法律职业资格考试是国家统一组织的选拔合格法律职业人才的国家考试。初任法官、初任检察官,申请律师执业、公证员执业和初次担任法律类仲裁员,以及行政机关中初次从事行政处罚决定审核、行政复议、行政裁决、法律顾问的公务员,应当通过国家统一法律职业资格考试,取得法律职业资格。法律、行政法规另有规定的除外。"

第二十六条 下列人员不得录用为公务员:

(一)因犯罪受过刑事处罚的;

(二)被开除中国共产党党籍的;

(三)被开除公职的;

(四)被依法列为失信联合惩戒对象的;

(五)有法律规定不得录用为公务员的其他情形的。

释 义

本条是关于公务员录用条件的禁止性规定。

本条是关于公务员录用的否定性的规定,由于公务员负有较高的勤勉义务和职业操守,因此,对具有下列情形的人,不得录用为公务员。

一是因犯罪受过刑事处罚的。因为故意或者过失犯罪,而遭受刑事处罚的。按照我国刑法的规定,刑事处罚包括主刑和附加刑两部分。主刑有:管制、拘役、有期徒刑、无期徒刑和死刑。附加刑有:罚金、剥夺政治权利和没收财产。行为人同时符合以下两个条件的:(1)构成犯罪;(2)并因此受过刑事处罚,不得录用为公务员。如果仅符合第(1)个条件,构成犯罪,但被免于起诉或者免于刑事处罚的,仍然不属于禁止录用为公务员的对象。

二是被开除中国共产党党籍的。根据《中国共产党纪律处分条例》规定,存在严重违纪行为,被给予开除党籍纪律处分的人,不得录用为公务员。

三是被开除公职的。行为人因为违法或者违纪行为,曾被国家机关、事业单位予以开除处分。根据《行政机关公务员处分条例》以及《事业单位工作人员处分暂行规定》,对于严重违纪的,可以予以开除处分。

四是被依法列为失信联合惩戒对象的。党的十八届三中全会提出,"建立健全社会征信体系,褒扬诚信,惩戒失信。"为此,2014 年 1 月 16 日,中央文明办、最高人民法院、公安部等八部门和企业宣布会签了《"构建诚信、惩戒失信"合作备忘录》,明确:"信用惩戒对象为最高人民法院失信被执行人名单库中所有失信被执行人,以及被人民法院发出限制高消费令的其他被执行人。失信被执行人为自然人时,即为被执行人本人;失信被执行人为单位时,还包括其法定代表人、主要负责人、影响债务履行的直接责任人。"2016 年 1 月 20 日,最高人民法院等 44 家单位联合签署了《关于对失信被执行人实施联合惩戒的合作备忘录》对失信被执行人进行更加严格的联合惩戒。公务员应具有更高的品行要求,为社会起到模范和表率作用。违背诚信守法而被列为失信联合惩戒的人员,不得录用为公务员。

五是有法律规定不得录用为公务员的其他情形的。该规定是兜底性规定,有法律规定其他情形的,不得录用为公务员。

第二十七条 录用公务员,应当在规定的编制限额内,并有相应的职位空缺。

释 义

本条是关于公务员录用定编、定岗的规定。

本条是关于公务员录用计划编制限制的规定,即为了避免机关规模的不断膨胀,以及因人设岗、人浮于事状况的出现,公务员录用计划应该受到以下两方面的限制:一是编制限额,即机关公务员的总数不得超过编制管理部门批准的编制限额,应该进行总量的控制;二是职位空缺的限制,即录用的公务员必须是基于职位空缺的需要,工作需要由人来完成,因岗进人,而非因人设岗。

第二十八条 录用公务员,应当发布招考公告。招考公告应当载明招考的职位、名额、报考资格条件、报考需要提交的申请材料以及其他报考须知事项。

招录机关应当采取措施,便利公民报考。

释 义

本条是关于公务员录用公开招考的规定。

基于公开考试录用公务员的方式,公务员招考应该遵循以下原则:一是公开原则。公务员录用应该发布招考公告,该公告应该载明以下内容:招考的职位、名额、报考资格条件、报考需要提交的申请材料以及其他报考须知事项。

二是便利原则,即招考信息的获取以及报考程序应该便利于公民。通过网络等多种方式发布招考公告,以便于公民获取招考信息,并且采取网络等方式报名,使得报考流程简便、高效、易于操作。

第二十九条 招录机关根据报考资格条件对报考申请进行审查。报考者提交的申请材料应当真实、准确。

释 义

本条是关于报考资格审查的规定。

招录机关应该对报考者的资格条件进行审查,一是确认其所提交的申请材料是否真实、准确,如学历的真假等;二是审查报考者是否符合招考职位所需条件。目前招录机关的报考资格条件的审查通常分为两个阶段:一是报名阶段的网络审查,由于多采取网络报名的方式,因此,该阶段主要采取初步的审查为主,由报考者确认诚信承诺人,确保资料的真实性和准确性,并承担提供虚假资料取消报考资格等相应后果;二是面试阶段的现场审查。通过考试进入面试名单的报考者,按照要求提供相应的资料进行现场的查验、核对,确保资料的真实、准确。

第三十条 公务员录用考试采取笔试和面试等方式进行,考试内容根据公务员应当具备的基本能力和不同职位类别、不同层级机关分别设置。

释 义

本条是关于考试方式、内容的规定。

公务员录用考试采取笔试和面试等方式,且分为两个阶段,二者的成绩各占一定的比重。笔试为第一阶段的考试方式。笔试对机关工作人员所必须具备的知识、能力等进行测试,考试内容包括政治、行政学、法律、公文写作与处理。面试为第二阶段的考试方式,即通过对考生的面对面交谈与观察,由表及里测评考生的知识、能力、道德等,目前采用较多的面试形式是结构化面试和无领导小组讨论。

第三十一条 招录机关根据考试成绩确定考察人选,并进行报考资格复审、考察和体检。

体检的项目和标准根据职位要求确定。具体办法由中央公务员主管部门会同国务院卫生健康行政部门规定。

释 义

本条是关于公务员录用考察、体检的规定。

根据考试成绩择优确定考察人选,并进行以下程序:

一是报考资格复审。公务员录用不仅涉及为国选才的质量,而且涉及党和国家的公信力,为了确保录用程序规范、有效,对于考察人选的报考资格应该在报考审查的基础上进行资格复审,以确保他们符合报考条件,并且报考材料真实、准确。

二是考察。根据国家公务员局《关于做好公务员录用考察工作的通知》（国公局发〔2013〕2号）以及各地颁布的公务员录用考察文件，考察包括以下几方面：（1）考察原则。坚持实事求是、客观公正的原则，按照德才兼备、以德为先的用人标准，遵循注重实绩、突出能力的正确用人导向，录用考察结果要做到全面、客观、真实、准确。（2）考察内容。录用考察的重点是了解掌握考察对象在政治思想、道德品质、能力素质、遵纪守法、廉洁自律、职位匹配等方面的情况以及学习工作和报考期间的表现，同时要核实考察对象是否符合规定的报考资格条件，提供的报考信息和相关材料是否真实、准确，是否具有报考回避的情形等方面的情况。在政治思想方面，主要是考察政治立场、政治态度、政治纪律等方面的表现，重点了解坚定理想信念，忠于国家、忠于人民、忠于党，以及遵守国家法律法规等情况。在道德品质方面，主要考察遵守社会公德、职业道德、个人品德、家庭美德等方面的情况，重点了解考生在践行社会主义核心价值体系、模范遵守社会公共道德，抵制各种不文明行为，在敬业奉献、诚实守信、清正廉洁、情趣健康等方面的表现。（3）考察程序。组织考察时，应成立考察组，每个考察组由2名以上工作人员组成。考察工作要依靠考察对象所在单位（学校、社区）的组织和群众，采取个别谈话、座谈、查阅档案等方式进行，还可以通过与考察对象面谈等方式作进一步了解。根据需要也可到考察对象曾经工作或学习过的单位进行延伸考察。考察时，可请考察对象所在单位或有关部门提供其日常表现情况的鉴定或证明。考察前，可在考察对象所在单位进行考察公告。考察结束后考察组应当如实写出书面考察报告，提出考察意见。考察报告由考察组全体成员签名。考察报告所附的证明材料应当注明出处，并由相关证明人签名或加盖公章。考察结果作为确定录用人选的依据之一。考察对象对考察结果有异议时，考察工作的组织实施部门（单位）应当进行复核，并做出复核结论。考察工作应当在省级以上公务员主管部门规定的期限内完成。中央机关可实行差额考察，原则上考察比例不高于1∶2。省级以下直属机构和省级以下机关实行等额考察。

三是体检。本法第十三条规定，公务员应该具有正常履行职责的身体条件和心理素质，因此，录用的公务员应该符合公务员录用体检标准，体检的项目和标准根据职位要求确定，具体办法授权中央公务员主管部门会同国务院卫生健康行政部门规定。人力资源和社会保障部、国家卫生计生委、国家公务员局制定了《公务员录用体检通用标准(试行)》《公务员录用体检操作手册(试行)》。

第三十二条 招录机关根据考试成绩、考察情况和体检结果,提出拟录用人员名单,并予以公示。公示期不少于五个工作日。

公示期满,中央一级招录机关应当将拟录用人员名单报中央公务员主管部门备案;地方各级招录机关应当将拟录用人员名单报省级或者设区的市级公务员主管部门审批。

释 义

本条是关于公务员录用公示的规定。

根据公务员录用公开考试的方式,录用人员名单公示是公开的重要内容,是提高公务员录用的公开透明度,接受社会大众监督的重要形式。公示期不少于5个工作日。公示内容包括招录机关名称、拟录用人员姓名、性别、准考证号、毕业院校或者工作单位、监督电话以及省级以上公务员主管部门规定的其他事项。公示的方式可以采取网络公示等多种方式。

公示期内,招录单位接受社会对拟录用人员及相关问题反映,因此,公示期满后,存在以下三种可能的结果:(1)办理审批或备案手续。对没有问题或者反映问题不影响录用的,按照规定程序办理审批或备案手续。中央一级招录机关应当将拟录用人员名单报中央公务员主管部门备案;地方各级招录机关应当将拟录用人员名单报省级或者设区的市级公务员主管部门审批。(2)不予录用。对有严重问题并查有实据的,不予录用;(3)暂缓录用。对反映有严重问题,但一时难以查实的,暂缓录用,待查实并做出结论后再决定是否录用。

第三十三条 录用特殊职位的公务员,经省级以上公务员主管部门批准,可以简化程序或者采用其他测评办法。

释 义

本条是关于录用特殊职位的公务员的规定。

公务员录用以公开考试为原则,但是,由于某些特殊职位,如涉及国家安全、保密或者专业技术很强的职位,不适宜采取公开招考,或者笔试和面试等方式无法测评该职位所需的专业技能的,在经省级以上公务员主管部门批准后,可相应的采取简化程序和其他测评办法。

目前的特殊职位主要是以下两类:一是职位性质特殊,不宜公开招考的,如涉及国家安全或者重要机密的岗位;二是职位职责特殊,需要特定的专业知识和能力,难以公开竞争的,且传统的笔试和面试难以测评职位所需的专业知识和能力的,如涉及小语种的职位或者外语高级翻译职位等。

第三十四条 新录用的公务员试用期为一年。试用期满合格的,予以任职;不合格的,取消录用。

释 义

本条是关于新录用公务员试用期的规定。

试用期是指新录用的公务员在录用职位上的考察磨合期,以进一步考察、确认录用人员的品行、知识、能力等能够满足职位的需求,避免出现“高分低能”的情形。2011 年 5 月 25 日,中共中央组织部、人力资源和社会保障部颁布《新录用公务员试用期管理办法(试行)》(人社部发〔2011〕62 号)对新录用公务员的试用期管理作出了明确规定。

第一,试用期期限为一年。该期限不得缩短。

第二,试用期满实施考核。

(1)考核时间。考核应当在试用期满后三十日内进行,遇有不可抗力无法按期考核的,应当在相应情形消除之后的三十日内进行。

(2)考核内容。对新录用公务员的德、能、勤、绩、廉进行全面考核。新录用公务员参加初任培训的情况,应作为试用期满考核的内容。

(3)考核程序。新录用公务员进行个人总结,并在一定范围内述职;所在部门或者单位对新录用公务员进行考核,并写出评语,提出考核结果建议;招录机关根据平时考核、年度考核、试用期满考核等情况,确定试用期满考核等次;将考核结果及时反馈新录用公务员。

(4)考核结果及其运用。考核合格的,招录机关应当及时按照有关规定任职定级。任职定级时间从试用期满之日起计算。考核不合格的,取消录用。

第三,试用期顺延。新录用公务员有下列情形的,试用期顺延,顺延期满后再行考核。(1)因病、事假累计超过40个工作日不在职的,试用期顺延至补足其不在职的工作日后考核,在报到后一年半仍未补足的,视为考核不合格。女性在孕期、产假、哺乳期内不在职的,试用期顺延至补足其不在职的工作日后考核。(2)被立案审查尚未结案的,待结案后按照有关规定处理。(3)受到记大过以下处分尚在处分期内的,试用期顺延至处分期满后考核。(4)法律、法规规定影响试用期满考核正常进行的其他情形,按照法律法规规定执行。

第五章 考 核

考核是公务员管理的重要环节。一方面,考核是检验录用有效性的重要方式;另一方面,考核结果是确定公务员职位、职级以及相应待遇的重要依据,并且是进行晋升、惩戒的依据。为了切实强化考核的作用,通常会采取多种考核方式相结合——平时考核、专项考核和定期考核等,定期的年度考核则以平时考核和专项考核为基础。考核的科学性和规范性对于提升公务员队伍的专业性和效能具有重要意义。

第三十五条 公务员的考核应当按照管理权限,全面考核公务员的德、能、勤、绩、廉,重点考核政治素质和工作实绩。考核指标根据不同职位类别、不同层级机关分别设置。

释 义

本条是关于公务员考核内容的基本规定。

一、考核的意义

考核是指享有相应管理权限的机关,根据岗位职责和工作目标,采用科学方法从德、能、勤、绩、廉方面对公务员的履职情况进行评定,并将评定结果反馈给公务员的过程。考核是公务员管理的重要环节。一是考核将有助于优化公务员职位设置,并提升公务员录用的有效性。公务员的管理涉及多个环节,其中最初就是职位设置和录用环节,通过考核能够了解职位设置是否合理,并且了解公务员录用是否有效,即录用的公务员符合任职条件的比率情况,进而可以优化职位设置(调整工作任务的分配),以及优化录用的方法和流程。二是考核结果将作为奖惩依据,有助于优化公务员队伍。为了保持公务员队伍的工作能力和竞争力,考核结果将作为奖惩依据,对于考核不合格的,将给予相应的处理,对于考核合格和优秀的,通过工资增长、职位晋升等方式予以激励。通过考核形成"奖优罚劣"的用人导向,督促公务员们能够不断提升。

考核作为公务员管理的重要手段,具有强制性。除另有规定外,所有公务员都需参加考核,无正当理由不参加年度考核的公务员,经教育后仍然拒绝参加的,直接确定其考核结果为不称职等次。

二、考核的内容

根据本法第三十七条的规定,对于非领导成员公务员和领导成员的考核程序存在差异。2007 年 1 月 4 日,中共中央组织部、人事部就非领导成员公务员的考核颁布了《公务员考核规定(试行)》。2009 年 7 月 16 日,中共中央组织部就领导成员的考核颁布了《党政领导班子和领导干部年度考核办法(试行)》(中组发〔2009〕13 号)。在考核的内容方面,均包括全面考核德、能、勤、绩、廉。

(1)德,是指思想政治素质及个人品德、职业道德、社会公德等方面的表现。

(2)能,是指履行职责的业务素质和能力。

(3)勤,是指责任心、工作态度、工作作风等方面的表现。

(4)绩,是指完成工作的数量、质量、效率和所产生的效益。

(5)廉,是指廉洁自律等方面的表现。

此外,本章对公务员的重点考核的内容作了修改,包括:一是政治素质。新修改的公务员法最大的亮点是吸收了党的十八大以来全面从严治党、党要管党的经验。本法第四条的基本原则增加了"公务员制度坚持中国共产党领导",第十三条关于公务员应当具备的条件也包括:"拥护中国共产党领导和社会主义制度""具有良好的政治素质和道德品行",因此,新法将公务员政治素质的考核作为重点考核的内容,而政治素质的核心是拥护党的领导和社会主义制度。二是工作实绩。即工作所取得的实实在在的业绩。强调工作实事求是,脚踏实地地把工作抓实、做实,突出"实"字,避免弄虚作假。

三、考核的指标

考核是用岗位职责和工作任务作为标尺来评价实际的工作表现情况,因此,考核指标的确定必然存在机关层级的差异、职位的差异,应根据不同职位类别、不同层级机关分别设置,但考虑到公务员的基本条件和履职的要求,可能在部分指标上也存在共同性,如政治素质指标、廉洁纪律指标等。

四、关于考核的特殊规定

为了确保考核的科学性和准确性,能够切实反映考核对象的工作能力和业绩,考核通常会要求考核对象切实履行职务,并且有一定的周期,因此,当考核对象存在特殊情形时,为了确保考核的科学性和客观性,而对其考核予以特别规定,包括:

1.新录用的公务员在试用期内参加年度考核,不确定等次,只写评语,作为任职、定级的依据。

2.调任或者转任的公务员,由其调任或者转任的现工作单位进行考核并确定等次。其调任或者转任前的有关情况,由原单位提供。

3.挂职的公务员,在挂职期间由挂职单位进行考核并确定等次。不足半年的,由派出单位进行考核。

4.单位派出学习、培训的公务员,由派出单位进行考核,主要根据学习、培训表现确定等次。其学习、培训的相关情况,由所在学习、培训单位提供。

5.病、事假累计超过考核年度半年的公务员,不进行考核。

6.公务员涉嫌违法违纪被立案调查尚未结案的,参加年度考核,不写评语、不定等次。结案后,不给予处分或者给予警告处分的,按规定补定等次。

7.受处分公务员的年度考核,按下列规定办理:受警告处分的当年,参加年度考核,不得确定为优秀等次;受记过、记大过、降级、撤职处分的期间,参加年度考核,只写评语,不定等次。在解除处分的当年及以后,其年度考核不受原处分影响。

第三十六条 公务员的考核分为平时考核、专项考核和定期考核等方式。定期考核以平时考核、专项考核为基础。

释 义

本条是关于公务员考核方式的规定。

考核方式是考核科学性和准确性的重要保障。公务员的考核方式包括:

（1）平时考核，重点考核公务员完成日常工作任务、阶段工作目标情况以及出勤情况，可以采取被考核人填写工作总结、专项工作检查、考勤等方式进行，由主管领导予以审核评价。（2）专项考核，是以公务员工作中所承担的特定的事项进行考核，如关键工作和重点项目等，该公务员在完成专项工作所体现出的工作态度、工作能力、工作方法以及工作成绩进行考核。（3）定期考核，采取年度考核的方式，在每年年末或者翌年年初进行。定期考核可采取工作总结、个人述职等方式。

上述三种考核方式具有密切联系。一是定期考核以平时考核、专项考核为基础。定期考核并非凭空产生，而是基于平时考核以及专项考核的结果来进行综合的评定，因此，做好平时考核和专项考核工作，将为定期的年度考核提供更加确实的依据。二是定期考核要为平时考核、专项考核明确方向、提供指引。定期的年度考核的周期较长，能够更加全面地反映考核对象的政治素质和工作表现，但是为了确保长周期的工作目标的实现，应该要注重平时的检查、督促和落实，因此，应该要将定期的年度考核的指标，融入到具体的平时考核和专项考核中，使得平时考核、专项考核的点滴累计，能够促进定期的年度考核目标的实现。

第三十七条 非领导成员公务员的定期考核采取年度考核的方式。先由个人按照职位职责和有关要求进行总结，主管领导在听取群众意见后，提出考核等次建议，由本机关负责人或者授权的考核委员会确定考核等次。

领导成员的考核由主管机关按照有关规定办理。

释 义

本条是关于公务员考核程序的规定。

由于岗位职责和工作任务的差异，我国对非领导成员公务员和领导成员考核进行了区别，这也符合本法第三十五条所确立的考核指标根据不同职位类别、不同层级机关分别设置的原则。

一是非领导成员公务员的定期考核程序。（1）个人总结，即被考核公务员对自己本年度德、能、勤、绩、廉五方面进行全面的自我总结，详细介绍完成的工作任务、取得的工作实绩,以及客观评估自己工作中的不足,并提出改进的意见。(2)听取群众意见。主管领导应该采取多种方式,听取群众对被考核公务员的意见,包括单独或小组谈话、群众反映等,通过听取群众意见,更加全面地了解被考核对象的情况,也是对被考核公务员的个人总结情况进行核实和确认。(3)主管领导提出考核等次建议。主管领导在平时考核和专项考核的基础上,结合被考核公务员的个人总结以及听取群众意见的结果,提出被考核公务员的考核等次建议。(4)本机关负责人或者经授权的考核委员会确定考核等次。机关负责人或者授权的考核委员会根据主管领导的建议确定考核等次。

二是领导成员的考核授权主管机关规定。2009 年 7 月 16 日,中共中央组织部就领导成员的考核颁布了《党政领导班子和领导干部年度考核办法(试行)》(中组发〔2009〕13 号)。根据该办法领导成员的考核包括领导班子年度考核和领导个人年度考核两个方面。

第三十八条　定期考核的结果分为优秀、称职、基本称职和不称职四个等次。

定期考核的结果应当以书面形式通知公务员本人。

释　义

本条是关于公务员考核结果的规定。

公务员定期考核的结果分为以下四个等次:

一是优秀。确定为优秀等次须具备下列条件:思想政治素质高;精通业务,工作能力强;工作责任心强,勤勉尽责,工作作风好;工作实绩突出;清正廉洁。

二是称职。确定为称职等次须具备下列条件:思想政治素质较高;熟悉业务,工作能力较强;工作责任心强,工作积极,工作作风较好;能够完成本职工作;廉洁自律。

三是基本称职。公务员具有下列情形之一的,应确定为基本称职等次:思想政治素质一般;履行职责的工作能力较弱;工作责任心一般,或工作作风方面存在明显不足;能基本完成本职工作,但完成工作的数量不足、质量和效率不高,或在工作中有较大失误;能基本做到廉洁自律,但某些方面存在不足。

四是不称职。公务员具有下列情形之一的,应确定为不称职等次:思想政治素质较差;业务素质和工作能力不能适应工作要求;工作责任心或工作作风差;不能完成工作任务,或在工作中因严重失误、失职造成重大损失或者恶劣社会影响;存在不廉洁问题,且情形较为严重。

通常而言,为了确定考核结果等次分布的合理性,避免主管领导担任"老好人",不能发挥考核的效果,法律、法规对于优秀等次的比例会做严格限制。《公务员考核规定(试行)》第十一条规定:"公务员年度考核优秀等次人数,一般掌握在本机关参加年度考核的公务员总人数的百分之十五以内,最多不超过百分之二十。"

定期考核的结果应当以书面形式通知公务员本人,一是充分发挥考核的作用,实现奖优罚劣的功能。考核的作用是为了激励先进,提醒不足,对于表现优秀的,通过考核结果予以肯定,使其知道自己的优点,能够继续保持;对于不足之处,通过考核结果,对其提出提醒,甚至予以惩戒,以督促其改进完善。二是以书面形式通知,表明考核的重要性以及考核程序的规范性和严谨性。

第三十九条 定期考核的结果作为调整公务员职位、职务、职级、级别、工资以及公务员奖励、培训、辞退的依据。

释 义

本条是关于公务员考核结果应用的规定。

考核的目的是为了使得考核对象能够有明确的前进方向,考核结果应该要应用到日常的管理,并且与考核对象自身的工作、职位、待遇等相挂钩,使得他们能够感受到工作好了有奖励、工作差了有惩罚,从而使得考核能够充分发挥正向的导向作用。因此,定期考核的结果作为调整公务员职位、职务、职级、级别、工资以及公务员奖励、培训、辞退的依据。

一是年度考核被确定为称职以上等次公务员的奖励。(1)累计两年被确定为称职以上等次的,在所定级别对应工资标准内晋升一个工资档次;(2)累计五年被确定为称职以上等次的,在所任职务对应级别范围内晋升一个级别;(3)确定为称职以上等次,且符合规定的其他任职资格条件的,具有晋升职务的资格;连续三年以上被确定为优秀等次的,晋升职务时优先考虑;(4)被确定为优秀等次的,当年给予嘉奖;连续三年被确定为优秀等次的,记三等功;(5)享受年度考核奖金。

二是年度考核被确定为基本称职等次公务员的后果。(1)对其诫勉谈话,限期改进;(2)本考核年度不计算为按年度考核结果晋升级别和级别工资档次的考核年限;(3)一年内不得晋升职务;(4)不享受年度考核奖金。

三是年度考核被确定为不称职等次公务员的后果。(1)降低一个职务层次任职;(2)本考核年度不计算为按年度考核结果晋升级别和级别工资档次的考核年限;(3)不享受年度考核奖金;(4)连续两年年度考核被确定为不称职等次的,予以辞退。

此外,公务员主管部门和公务员所在机关应根据考核情况,有针对性地对公务员进行培训。尤其是对于考核中发现的不足,应该有针对性地安排培训,帮助相关公务员改进、提升,提升工作本领。

第六章　职务、职级任免

任免是指公务员领导职务或职级获得和丧失的方式。领导职务、职级通常的任用方式包括选任制、委任制和聘任制,而任职终止的方式与任用方式有密切联系,如出选举产生的领导职务公务员,其任期通常在新一届领导选举产生时终止。为了切实保障公务员履行职责,提升行政效能,公务员的任用受到编制和职数的限制,不得因人设岗,且兼职受到严格限制。

第四十条　公务员领导职务实行选任制、委任制和聘任制。

公务员职级实行委任制和聘任制。

领导成员职务按照国家规定实行任期制。

释　义

本条是关于公务员任用方式的规定。

一、公务员任用的含义

公务员的任用,是指在法定的权限内,依照法定程序在行政等机关内任用某人担任某一领导职务或者职级。根据本法第二十三条关于公务员录用对象的范围规定——担任一级主任科员以下及其他相当职级层次的公务员,职务、职级任用与公务员录用之间有密切联系:一是对于已录用的公务员,他们通过公开考试已经获得公务员身份,则根据工作需要和他们的工作表现,通过相应的任用方式,使得他们能够担任某个领导职务,或者确定其职级;二是对于不具有公务员身份的人,则根据工作需要和他们的工作表现,可以通过相应的任用方式,使得他们获得公务员身份,并且担任相应的领导职务或者确定相应的职级。

二、公务员任用方式

（一）选任制

选任制是依照法定程序通过民主选举方式产生公务员的制度。选任制产生的公务员通常是党政等机关的主要领导。如《地方各级人民代表大会和地方各级人民政府组织法》第八条规定："县级以上的地方各级人民代表大会行使下列职权：……选举省长、副省长，自治区主席、副主席，市长、副市长，州长、副州长，县长、副县长，区长、副区长……"

（二）委任制

委任制是指任免机关在其任免权限范围内，依法直接确定并委派某人担任一定职位或者职级而产生公务员的制度。委任制通常适用于党政等机关内设机构的领导人员和其他公务员。

（三）聘任制

聘任制是指通过社会公开招聘，择优竞争上岗，以合同形式聘任产生公务员的制度。聘任制公务员主要面向专业性较强的职位，以及辅助性职位，但涉及国家秘密的职位不实行聘任制。由于聘任制公务员的特殊性，其薪酬通常较高。聘任制公务员制度的实施是我国推动公务员制度改革的重要举措，2017 年 7 月 19 日由中央全面深化改革领导小组第三十七次会议审议通过了《聘任制公务员管理规定(试行)》。

三、任期制

任期制是保持领导干部任职的相对稳定，增强干部队伍的活力，促进社会主义民主的重要制度。任期制具有重要意义：一是担任领导成员职务的人员，除非特定例外，应当任满一个任期，以确保干部队伍和工作方向的稳定性；二是对于任期届满的领导成员，应该调整其职位，以确保干部队伍的活力。2006 年 6 月 10 日，中共中央办公厅颁布《党政领导干部职务任期暂行规定》。(1)任期制的适用对象为领导成员。本法第一百一十一条规定："本法所称领导成员，是指机关的领导人员，不包括机关内设机构担任领导职务的人员。"任期制主要适用于选任制产生的公务员，并适用于部分委任制产生的领导人员。(2)任期制的含义是指主要领导职务的任职期限有限制，且任职的次数也存在限制。党政领导干部通常在同一职位上连续任职达到两个任期，不再推荐、提名或者任命担任同一职务。(3)任期届满后的职务免除方式。由于领导成员职务产生方式的差异,任期届满后职务免除方式也不同。选任制产生的领导成员在新一届领导班子选举产生时,原任领导职务自然解除。而委任制的领导成员任期届满不再连任的,由任免机关按照规定下达免职通知,免去其担任的领导职务。

第四十一条 选任制公务员在选举结果生效时即任当选职务;任期届满不再连任或者任期内辞职、被罢免、被撤职的,其所任职务即终止。

释 义

本条是关于选任制公务员任免的规定。

一、选任制公务员的当选

选任制公务员在选举结果生效时即当选职务,但是根据宪法、法律的规定,选任制公务员选举结果生效时间分为以下三种情形:

一是选举结果宣布时生效。如国家主席、副主席,全国和地方人大常委会组成人员,地方人民政府正副职领导人员,人民法院院长等职务,在本级人民代表大会主席团宣布选举结果时生效。二是选举结果在任职命令颁布时生效。如宪法规定,中华人民共和国主席根据全国人民代表大会的决定和全国人民代表大会常务委员会的决定……任免国务院总理、副总理、国务委员、各部部长、各委员会主任、审计长、秘书长……因此,全国人大或者常委会选举上述领导后,国家主席会签署主席令,任命相关人员当选相应的职位。三是选举结果在获得上级机关批准时生效。如根据《地方各级人民代表大会和地方各级人民政府组织法》规定,选出的本级人民检察院检察长,须报经上一级人民检察院检察长提请该级人民代表大会常务委员会批准,因此,地方各级人民检察院检察长必须在获得上一级人大常委会批准后方能当选职务。

二、选任制公务员的任职终止

1.任期届满不再连任。选任制产生的领导成员在新一届领导班子选举产生时,原任领导职务自然解除。

2.辞职。本法规定公务员享有辞职的权利,因此,选任制公务员依法向有关机关提出辞职,并获得批准的,可以终止任职。

3.被罢免。罢免是指当选任制公务员有严重违法、违纪行为时,由选举机关通过投票方式予以免除职务的行为。如《中华人民共和国宪法》第六十三条规定:"全国人民代表大会有权罢免下列人员:(一)中华人民共和国主席、副主席;(二)国务院总理、副总理、国务委员、各部部长、各委员会主任、审计长、秘书长;(三)中央军事委员会主席和中央军事委员会其他组成人员;(四)国家监察委员会主任;(五)最高人民法院院长;(六)最高人民检察院检察长。"第一百零一条规定:"地方各级人民代表大会分别选举并且有权罢免本级人民政府的省长和副省长、市长和副市长、县长和副县长、区长和副区长、乡长和副乡长、镇长和副镇长。县级以上的地方各级人民代表大会选举并且有权罢免本级监察委员会主任、本级人民法院院长和本级人民检察院检察长。选出或者罢免人民检察院检察长,须报上级人民检察院检察长提请该级人民代表大会常务委员会批准。"

4.被撤职。即因为违法或违纪行为,撤销其担任的职务处分类型。如《地方各级人民代表大会和地方各级人民政府组织法》第四十四条规定:"县级以上的地方各级人民代表大会常务委员会行使下列职权:……(十二)在本级人民代表大会闭会期间,决定撤销个别副省长、自治区副主席、副市长、副州长、副县长、副区长的职务;决定撤销由它任命的本级人民政府其他组成人员和人民法院副院长、庭长、副庭长、审判委员会委员、审判员,人民检察院副检察长、检察委员会委员、检察员,中级人民法院院长,人民检察院分院检察长的职务"。

第四十二条 委任制公务员试用期满考核合格,职务、职级发生变化,以及其他情形需要任免职务、职级的,应当按照管理权限和规定的程序任免。

释 义

本条是关于委任制公务员任免的基本规定。

委任制公务员职务、职级的任免是指他们享有的相应的权力、承担的相应的职责,因为任命而获得,因免职而丧失。2008 年,中组部颁布了《公务员职务任免与职务升降规定(试行)》,对委任制公务员的任免作出了明确规定。

一、委任制公务员任免的情形

1.委任制公务员的任职。公务员具有下列情形之一的,应予任职:(1)新录用公务员试用期满经考核合格的;(2)通过调任、公开选拔等方式进入公务员队伍的;(3)晋升或者降低职务的;(4)转任、挂职的;(5)免职后需要新任职务的;(6)其他原因需要任职的。

2.委任制公务员的免职。公务员具有下列情形之一的,应予免职:(1)晋升职务后需要免去原任职务的;(2)降低职务的;(3)转任的;(4)辞职或者调出机关的;(5)非组织选派,离职学习期限超过一年的;(6)退休的;(7)其他原因需要免职的。

公务员有下列情形之一的,其职务自然免除,可不再办理免职手续,由所在单位报任免机关备案:(1)受到刑事处罚或者劳动教养的;(2)受到撤职以上处分的;(3)被辞退的;(4)法律、法规及有关章程有其他规定的。

二、委任制公务员任免的权限及程序

1.委任制公务员任免权限。该权限取决于被任免公务员的职务层次和职级序列,如国务院各部委副职由国务院来任免。

2.委任制公务员任免程序。一是任职程序。(1)按照有关规定提出拟任职人选;(2)根据职位要求对拟任职人选进行考察或者了解;(3)按照干部管理权限集体讨论决定;(4)按照规定履行任职手续。

二是免职程序。(1)提出免职建议;(2)对免职事由进行审核;(3)按照干部管理权限集体讨论决定;(4)按照规定履行免职手续。

第四十三条　公务员任职应当在规定的编制限额和职数内进行,并有相应的职位空缺。

释　义

本条是关于公务员任职限制的规定。

为了控制公务员队伍的规模,确保队伍的高效、踏实,公务员的任职受到以下三方面的限制:一是编制限额;二是职数限制;三是职位空缺。如根据中共中央办公厅、国务院办公厅印发的《文化和旅游部职能配置、内设机构和人员编制规定》,文化和旅游部机关行政编制 514 名,设部长 1 名,副部长 4 名;司局级领导职数 54 名(含机关党委、机关纪委、离退休干部局司局级领导职数)。上述规定明确限定了文化和旅游部的编制总额和司局级的领导职数,因此,该部的公务员任职不得超过上述编制和职数的限制。

第四十四条　公务员因工作需要在机关外兼职,应当经有关机关批准,并不得领取兼职报酬。

释　义

本条是关于公务员兼职的规定。

公务员是由国家财政负担工资福利依法履行公职的工作人员。一方面,为了使得公务员能够全心全意做好本职工作,切实履行相关职责,避免兼职分散时间、精力;另一方面,为了避免利益冲突,防止公务员利用自身的权力,通过兼职为他人服务,为自己谋取相应的不当利益,因此,本法对公务员在机关外兼职的原则上采取限制的态度。2013 年,中共中央组织部印发《关于进一步规范党政领导干部在企业兼职(任职)问题的意见》(中组发〔2013〕18 号)。

一是机关外兼职需经有关机关批准。公务员在机关外兼职的,应该申报相关事项,并且经过有关机关批准。

二是不得领取兼职报酬。为了避免不当的利益交换,因此,机关外兼职不得取酬。这里的报酬包括薪酬、奖金、津贴等,也不得获取股权和其他额外利益。《关于进一步规范党政领导干部在企业兼职(任职)问题的意见》还要求,现职和不担任现职但未办理退(离)休手续的党政领导干部不得在企业兼职。

《中国共产党纪律处分条例》第九十四条规定,党员干部在经济组织、社会组织等单位中兼职,或者经批准兼职但获取薪酬、奖金、津贴等额外利益的,情节较轻的,给予警告或者严重警告处分;情节较重的,给予撤销党内职务或者留党察看处分;情节严重的,给予开除党籍处分。

第七章　职务、职级升降

职务、职级升降是保持公务员队伍秩序和灵活性的重要方式。为了确保公务员队伍的稳定和秩序，应该明确晋升条件、原则以及程序，以避免随意提拔，影响干部人事制度的公平性，打击其他公务员积极性。为了切实增强干部管理体制的灵活性，对于一定级别以下的领导职务可以面向社会公开选拔人选，并且在公务员职务和职级上采取能上能下的原则，对于不适宜或者不能胜任工作的，可以予以降低职务或者职级层次。

第四十五条　公务员晋升领导职务，应当具备拟任职务所要求的政治素质、工作能力、文化程度和任职经历等方面的条件和资格。

公务员领导职务应当逐级晋升。特别优秀的或者工作特殊需要的，可以按照规定破格或者越级晋升。

释　义

本条是关于公务员晋升领导职务的基本规定。

一、公务员晋升领导职务的条件和资格

公务员晋升领导职务，应该符合以下条件：一是政治素质。（1）自觉坚持以马克思列宁主义、毛泽东思想、邓小平理论、"三个代表"重要思想、科学发展观和习近平新时代中国特色社会主义思想为指导，努力用马克思主义立场、观点、方法分析和解决实际问题，坚持讲学习、讲政治、讲正气，思想上、政治上、行动上同党中央保持高度一致，经得起各种风浪考验。（2）具有共产主义远大理想和中国特色社会主义坚定信念，坚决执行党的基本路线和各项方针

政策,立志改革开放,献身现代化事业,在社会主义建设中艰苦创业,树立正确政绩观,做出经得起实践、人民、历史检验的实绩。(3)坚持解放思想,实事求是,与时俱进,求真务实,认真调查研究,能够把党的方针政策同本地区本部门实际相结合,卓有成效开展工作,讲实话,办实事,求实效,反对形式主义。(4)有强烈的革命事业心和政治责任感,有实践经验,有胜任领导工作的组织能力、文化水平和专业知识。(5)正确行使人民赋予的权力,坚持原则,敢抓敢管,依法办事,清正廉洁,勤政为民,以身作则,艰苦朴素,勤俭节约,密切联系群众,坚持党的群众路线,自觉接受党和群众批评和监督,加强道德修养,讲党性、重品行、作表率,带头践行社会主义核心价值观,做到自重、自省、自警、自励,反对官僚主义,反对任何滥用职权、谋求私利的不正之风。(6)坚持和维护党的民主集中制,有民主作风,有全局观念,善于团结同志,包括团结同自己有不同意见的同志一道工作。二是工作能力。主要是具有担当精神,掌握工作方法,取得了较好的工作业绩。三是文化程度。具有与履行领导职位相适应的文化程度。四是任职经历。经过一定的工作锻炼,掌握了一定的工作方法。

2008年,中组部颁布的《公务员职务任免与职务升降规定(试行)》,2019年修订的《党政领导干部选拔任用工作条例》,均对公务员晋升领导职务的具体条件有所规定。如,晋升乡科级领导职务的公务员,应当符合下列资格条件:(1)具有大学专科以上文化程度;(2)晋升乡科级正职领导职务的,应当担任副乡科级职务两年以上;(3)晋升乡科级副职领导职务的,应当担任科员级职务三年以上;(4)具有正常履行职责的身体条件;(5)其他应当具备的资格。

二、逐级晋升原则

优秀领导干部的培养不是一朝一夕能够完成的,需要经过长时间、不同职位的锻炼,增长见识、积累经验;不同层次的领导职务对任职公务员的要求和挑战不同,逐级晋升有利于相关公务员的成长提供了不同的经验;公务员队伍相对稳定,晋升机会的公平性和有序性将有助于维护整个队伍的稳定性,因此,公务员晋升领导职位应该遵循逐级晋升的原则。

三、破格或越级晋升规定

破格晋升是指对特别优秀的或者工作特殊需要的,可以突破上述晋升条件和资格的限制,如突破学历的限制。越级晋升是指对特别优秀的或者工作特殊需要的,可以突破逐级晋升的限制。因此,破格晋升或越级晋升的前提条件是特别优秀或者工作特殊需要,《党政领导干部选拔任用工作条例》第九条规定,破格提拔的特别优秀干部,应当政治过硬、德才素质突出、群众公认度高,且符合下列条件之一:在关键时刻或者承担急难险重任务中经受住考验、表现突出、作出重大贡献;在条件艰苦、环境复杂、基础差的地区或者单位工作实绩突出;在其他岗位上尽职尽责,工作实绩特别显著。因工作特殊需要破格提拔的干部,应当符合下列情形之一:领导班子结构需要或者领导职位有特殊要求的;专业性较强的岗位或者重要专项工作急需的;艰苦边远地区、贫困地区急需引进的。破格提拔干部必须从严掌握,不得突破本条例第七条规定的基本条件和第八条第一款第七项规定的资格要求。任职试用期未满或者提拔任职不满一年的,不得破格提拔。不得在任职年限上连续破格。不得越两级提拔。

此外,《党政领导干部选拔任用工作条例》第三十五条对破格晋升或越级晋升的程序做了严格限制,以防止被滥用。"对拟破格提拔的人选在讨论决定前,必须报经上级组织(人事)部门同意。越级提拔或者不经过民主推荐列为破格提拔人选的,应当在考察前报告,经批复同意后方可进行。"

第四十六条　公务员晋升领导职务,按照下列程序办理:

(一)动议;

(二)民主推荐;

(三)确定考察对象,组织考察;

(四)按照管理权限讨论决定;

(五)履行任职手续。

释 义

本条是关于公务员晋升领导职务程序的规定。

职务晋升程序,是指公务员晋升职务必须经历的法定工作流程,其是领导职务晋升的重要保障。具体程序如下:

1.动议。即党委(党组)或者组织(人事)部门按照干部管理权限,根据工作需要和领导班子建设实际,提出启动干部选拔任用工作意见。组织(人事)部门综合有关方面建议和平时了解掌握的情况,对领导班子进行分析研判,就选拔任用的职位、条件、范围、方式、程序等提出初步建议。初步建议向党委（党组）主要领导成员报告后，在一定范围内进行酝酿，形成工作方案。

2.民主推荐。民主推荐使得相关部门对晋升领导职务的人选能够获得广泛的意见，从而对于人选的确认和考察能够更加客观、合理、科学，避免了可能出现的"长官意志"和"弄虚作假"。民主推荐包括会议推荐和个别谈话推荐，推荐结果作为选拔任用的重要参考，在一年内有效。

3.确定考察对象，组织考察。确定考察对象，应当根据工作需要和干部德才条件，将民主推荐与平时考核、年度考核、一贯表现和人岗相适等情况综合考虑，充分酝酿，防止把推荐票等同于选举票、简单以推荐票取人。对于群众公认度不高的；近三年年度考核结果中有被确定为基本称职以下等次；或有跑官、拉票行为等情形的，不得列为考察对象。

4.按照管理权限讨论决定。即根据领导干部的管理权限，讨论决定相应的晋升人选，并且根据具体情况来确定讨论决定的权限及程序。如党政领导职务拟任人选，在讨论决定或者决定呈报前，应当根据职位和人选的不同情况，分别在党委（党组）、人大常委会、政府、政协等有关领导成员中进行酝酿。

5.履行任职手续。根据晋升领导职位的任免方式——选任制、委任制和聘任制，履行相应的任职手续。

第四十七条 厅局级正职以下领导职务出现空缺且本机关没有合适人选的，可以通过适当方式面向社会选拔任职人选。

释 义

本条是关于面向社会选拔任职人选的规定。

党的十七届四中全会首次明确提出了竞争性选拔干部。党的十八大报告指出，要"完善竞争性选拔干部方式"。党的十八届三中全会进一步提出"改进竞争性选拔干部办法"。因此，本条对面向社会选拔任职人选进行了规定，并相对原有规定有了较大的修改。

第一，面向社会选拔任职人选对于公务员管理具有重要意义。一是扩大领导干部的选才面。面向全社会，人才的数量更多、部分质量更高，使得有更多合适的人选能够有机会担任领导职位，为人民服务，从而扩大了选才面。二是增加领导干部用人机制的灵活性。多数情形下领导干部的晋升机制较为规范、严格,尽管确保了晋升的公平性,但同时也把诸多高水平的人才排除在外了,使得用人面临很多制约不利于"不拘一格用人才",而面向社会选拔人才则打破了传统的领导晋升机制,能够根据工作需要和入选人选的情况灵活调配,增强用人机制的灵活性。三是增强领导干部队伍的竞争性。面向社会选拔任职的人选,使得更多、更优秀的人才能够参与领导职位的竞争,从而增加了队伍的竞争性,使得在职的公务员需要更加认真地工作,以确保自己能够在领导职位晋升中保持足够的竞争力。

第二,考虑到高层次的领导职位对公务员的要求,以确保他们能够胜任相应工作,保证职责履行的规范性、有序性,因此,面向社会选拔任职的领导职位限于厅局级正职以下领导职务。向社会选拔任职人选的条件是领导职务出现空缺且本机关没有合适人选。

第三,面向社会选拔任职人选的程序包括:(1)报名与资格审查;(2)笔试、面试;(3)组织考察,审核干部档案,核实个人有关事项报告信息;(4)讨论决定;(5)公示;(6)办理任职手续。

然而,本条在实践中的适用仍存在一些要素有待细化明确。第一,本条规定为"可以"面向社会选拔人选,性质上为任意性规范,如何能够与党不断强化"竞争性选拔干部"的改革方向相适应,并且能够切实在制度层面落实该意见;第二,面向社会选拔人选的范围如何?目前除了法院、检察院等机关在专业性较强的岗位采取真正意义上的面向社会选拔人选外,行政机关面向社会选拔还整体上限定在"体制内具有公务员身份"的人;第三,面向社会选拔人选的条件和资格如何?能否突破担任职务或级别的相关条件、资格的限制?如果无法突破,那实际上所谓的面向社会选拔,最终还是会被限定在"体制内具有公务员身份"的人;第四,何谓"适当方式"?需要进一步明确。总之,需要通过配套机制办法的出台完善,确保条文有效实施。

第四十八条　公务员晋升领导职务的,应当按照有关规定实行任职前公示制度和任职试用期制度。

释　义

本条是关于任职前公示制度和任职试用期制度的规定。

一、任职前公示制度

任职前公示制度是公务员管理公开原则的应有之义。任职前的公示使得晋升程序公开透明,能够得到社会监督,避免暗箱操作。2000 年中央组织部颁布了《关于推行党政领导干部任前公示制的意见》(中组发〔2000〕18 号)。《党政领导干部选拔任用工作条例》第四十二条规定:"实行党政领导任职前公示制度。提拔担任厅局级以下领导职务的,除特殊岗位和在换届考察时已进行过公示的人选外,在党委(党组)讨论决定后、下发任职通知前,应当在一定范围内进行公示。公示内容应当真实准确,便于监督,涉及破格提拔的,还应当说明破格的具体情形和理由。公示期不少于五个工作日。公示结果不影响任职的,办理任职手续。"参考上述规定,根据本条规定,任职前公示制度具体包括:

1.公示对象。根据本条规定晋升领导职务的公务员都应该按照规定实行任职前公示,另有规定的除外。

2.公示范围。党政领导班子及党政工作部门领导成员的选拔任用应向社会公示;部门内设机构中层领导干部的选拔任用,原则上在其所在的工作部门(单位)或系统内进行公示,也可根据岗位特点在更大范围内公示;易地交流提拔任职的干部,在原工作所在地或单位公示。

3.公示内容。公示内容一般包括公示对象的姓名、性别、出生年月、籍贯、学历学位、政治面貌、现任职务等自然情况和工作简历。

4.公示方式。需向社会公示的,一般通过报纸、电视、广播等新闻媒体发布公告;在部门(单位)或系统内公示的,可采取发公示通知或会议公布、张榜公告等形式进行。无论采取哪种方式,都要让群众及时了解公示内容,并为群众广泛参与创造条件。

5.公示时间。5 个工作日以上。

任职前公示期间,应该要认真做好群众反映意见的调查处理工作,干部管理部门应该明确人民群众反映意见的联系电话等方式,并安排专人负责。对反映的问题应该登记建档,根据情况进行调查核实,并根据调查核实的结果,作出任用、暂缓任用和不予任用的决定。

二、任职试用期制度

任职试用期适用于考察确认该公务员是否能够胜任新晋升的领导职位要

求的期限制度。

《党政领导干部选拔任用工作条例》第四十三条规定："实行党政领导干部任职试用期制度。提拔担任下列非选举产生的厅局级以下领导职务的,试用期为一年:(一)党委、人大常委会、政府、政协工作部门副职和内设机构领导职务;(二)纪委监委机关内设机构、派出机构领导职务;(三)法院、检察院内设机构的非国家权力机关依法任命的领导职务。试用期满后,经考核胜任现职的,正式任职;不胜任的,免去试任职务,一般按试任前职级或者职务层次安排工作。"因此,一是试用期的期限为一年;二是试用期满后要经过考核,考核结果将影响其是否能够正式任职。

第四十九条　公务员职级应当逐级晋升,根据个人德才表现、工作实绩和任职资历,参考民主推荐或者民主测评结果确定人选,经公示后,按照管理权限审批。

释　义

本条是关于公务员职级晋升的规定。

本条对公务员职级晋升制度做了明确规定。《公务员职务与职级并行规定》对公务员职级升降进一步作了规定。

第一,逐级晋升原则。最初的修改稿草案中并未明确职级的逐级晋升。有委员提出,领导职务晋升要遵守逐级晋升原则,且本法规定"公务员的领导职务和职级可以互相转任、兼任"。在法律修改过程中有意见认为,这里可能存在一个矛盾……领导职务需要一级级来的,而职级没有说一定要一级来,但是二者可互相转任,因此,最终增加了职级需逐级晋升的规定。

第二,职级晋升依据。以个人的德才表现、工作实绩和任职资历为主,参考民主推荐或者民主测评结果。《公务员职务与职级并行规定》对职级晋升问题作了更为明确的规定。

一是公务员的职级依据其德才表现、工作实绩和资历确定。非领导职务公务员首次确定职级按照有关规定套转。新录用公务员按照有关规定确定一级主任科员以下及相当层次的职级。从国有企业、事业单位、人民团体和群众团体调任的人员,按照公务员调任有关规定,综合考虑其原任职务、调任职位和工作经历确定职级。机关接收的军队转业干部,按照国家军转安置有关规定确定职级。

二是公务员晋升职级,应当在职级职数内逐级晋升,并且具备下列基本条件:(1)政治素质好,拥护中国共产党的领导和社会主义制度,坚决维护习近平总书记核心地位,坚决维护党中央权威和集中统一领导;(2)具备职位要求的工作能力和专业知识,忠于职守,勤勉尽责,勇于担当,工作实绩较好;(3)群众公认度较高;(4)符合拟晋升职级所要求的任职年限和资历;(5)作风品行好,遵纪守法,自觉践行社会主义核心价值观,清正廉洁。

三是公务员晋升职级,应当具备下列基本资格:(1)晋升一级巡视员,应当任厅局级副职或者二级巡视员4年以上;(2)晋升二级巡视员,应当任一级调研员4年以上;(3)晋升一级调研员,应当任县处级正职或者二级调研员3年以上;(4)晋升二级调研员,应当任三级调研员2年以上;(5)晋升三级调研员,应当任县处级副职或者四级调研员2年以上;(6)晋升四级调研员,应当任一级主任科员2年以上;(7)晋升一级主任科员,应当任乡科级正职或者二级主任科员2年以上;(8)晋升二级主任科员,应当任三级主任科员2年以上;(9)晋升三级主任科员,应当任乡科级副职或者四级主任科员2年以上;(10)晋升四级主任科员,应当任一级科员2年以上;(11)晋升一级科员,应当任二级科员2年以上。公务员晋升职级应当根据工作需要、德才表现、职责轻重、工作实绩和资历等因素综合考虑,不是达到最低任职年限就必须晋升,也不能简单按照任职年限论资排辈,体现正确的用人导向。

公务员晋升职级所要求任职年限的年度考核结果均应为称职以上等次,其间每有1个年度考核结果为优秀等次的,任职年限缩短半年;每有1个年度考核结果为基本称职等次或者不定等次的,该年度不计算为晋升职级的任职年限。

第三,公务员晋升职级按照下列程序办理:(1)党委(党组)或者组织(人事)部门研究提出工作方案。(2)对符合晋升职级资格条件的人员进行民主推荐或者民主测评,提出初步人选。(3)考察了解并确定拟晋升职级人选。中央机关公务员晋升一级、二级巡视员,应当进行考察;晋升其他职级可以综合考虑民主推荐、民主测评与平时考核、年度考核、一贯表现等情况确定人选。省级以下机关公务员晋升职级的考察了解方式,由省级公务员主管部门结合实际研究确定。(4)对拟晋升职级人选进行公示,公示期不少于5个工作日。

（5）审批。中央机关公务员晋升职级由本机关党组（党委）及其组织（人事）部门审批，一级、二级巡视员职级职数使用等情况按年度报中央公务员主管部门备案。省级以下机关公务员晋升职级的审批权限，由省级公务员主管部门提出意见，报省、自治区、直辖市党委审定。各级机关中未限定职数比例的职级，其晋升程序可以适当简化。

第四，《公务员职务与职级并行规定》第二十一条规定："公务员具有下列情形之一的，不得晋升职级：（一）不符合本规定第十七条、第十八条规定的；（二）受到诫勉、组织处理或者处分等影响期未满或者期满影响使用的；（三）涉嫌违纪违法正在接受审查调查尚未作出结论的；（四）影响晋升职级的其他情形。"

将本条规定的公务员职级晋升与本法第四十五、四十六条关于公务员领导职务晋升规定比较，可发现二者存在以下区别：第一，职级晋升严格遵守逐级晋升原则，没有越级晋升的例外性规定；第二，关于晋升依据，民主推荐或者民主测评结果仅为职级晋升的参考，其重要性并不明确，而在领导职务晋升中民主推荐则是重要参考；第三，关于晋升方式以及审批机关，由于领导职位晋升存在选任制、委任制以及聘任制的方式差异，且享有相应的任用权限的机关不同，因此，晋升的方式及其任命机关不同，而对于职级晋升则都是由有管理权限的机关审批。

第五十条 公务员的职务、职级实行能上能下。对不适宜或者不胜任现任职务、职级的，应当进行调整。

公务员在年度考核中被确定为不称职的，按照规定程序降低一个职务或者职级层次任职。

释 义

本条是关于公务员的职务、职级能上能下的规定。

一、职务、职级能上能下原则的意义

本法首次明确了公务员职务、职级能上能下的规定，这对于推进我国干部人事制度改革具有重大的历史性意义。第一，为打破公务员只升不降的僵化

体制提供了法律依据。我国进行了多年的干部人事制度改革,取得了很多成绩,但仍然面临很多难点和痛点,其中,领导干部只升不降的僵化体制就是改革需要攻坚克难的关键,此次新修订的公务员法首次明确规定公务员职务、职级实行能上能下,为后续推进干部人事制度改革,推行公务员职务、职级的调整提供了法律依据。第二,有助于增强公务员队伍的活力。通过建立能上能下的制度,通过体系内部的上下调配以及体系内的淘汰,实现"流水不腐,户枢不蠹",既有利于激活公务员队伍的动力,更有利于释放公共服务效能,整体上提升公务员队伍治国理政的能力。第三,有助于强化监督,解决公务员中存在的问题。此前由于缺乏职务和职级能上能下的督促机制,使得部分公务员形成了"干好干坏一个样、干与不干一个样"的不作为、不担当问题,而通过能上能下制度将干工作的态度、数量和效果跟职位和职级的升降挂钩,督促公务员能够敢作为、会作为、能作为。

二、职务、职级能上能下原则的适用情形

公务员职务或职级的调整的情形包括:

一是不适宜或者不胜任现任职务、职级的。公务员因为个人等情况出现变化,如家庭成员与个人所任职务或职级存在利益上的冲突等,或者个人身体健康状况无法满足现任职务或者职级的工作需要的,则属于不适宜现任职务、职级的情形。如果公务员因为个人知识、能力、经验等问题,无法完成所任职务、职级的工作的,则属于不能胜任现任职务、职级的情形,对于上述两种情形,有关管理机关都可以对其职务或职级进行调整,而调整的方式应该包括:(1)调整到其他适宜或能够胜任的平级的职务或者职级工作;(2)安排到适宜的或能够胜任的低级别的职务或职级工作。

二是公务员在年度考核中被确定为不称职的,按照规定程序降低一个职务或者职级层次任职。2008 年,中组部颁布《公务员职务任免与职务升降规定(试行)》,第二十六条规定:"公务员降职,一般降低一个职务层次。"第二十七条规定:"公务员降职,按照下列程序进行:(一)提出降职建议;(二)对降职事由进行审核并听取拟降职人的意见;(三)按照干部管理权限集体讨论决定;(四)按照规定办理降职手续。"

三是降低职级。《公务员职务与职级并行规定》第二十二条规定,公务员职级实行能上能下,具有下列情形之一的,应当按照规定降低职级:(一)不能

胜任职位职责要求的；（二）年度考核被确定为不称职等次的；（三）受到降职处理或者撤职处分的；（四）法律法规和党内法规规定的其他情形。

四是降职的其他规定。《公务员职务任免与职务升降规定（试行）》关于降职的规定可以参考：

1.降职后与级别的对应。《公务员职务任免与职务升降规定（试行）》第二十八条规定："公务员被降职的，其级别超过新任职务对应的最高级别的，应当同时降至新任职务对应的最高级别。"

2.降职后晋升的规定。《公务员职务任免与职务升降规定（试行）》第二十九条规定："降职的公务员，在新的职位工作一年以上，德才表现和工作实绩突出，经考察符合晋升职务条件的，可晋升职务。其中，降职时降低级别的，其级别按照规定晋升；降职时未降低级别的，晋升到降职前职务层次的职务时，其级别不随职务晋升。"2015年中共中央办公厅颁布的《推进领导干部能上能下若干规定（试行）》第十一条规定："因不适宜担任现职调离岗位、改任非领导职务、免职的，一年内不得提拔；降职的，两年内不得提拔。影响期满后，对德才表现和工作实绩突出，因工作需要且经考察符合任职条件的，可以提拔任职。"

三、职务、职级能上能下原则规定的适用的理解

本法首次明确公务员能上能下原则。然而，该规定仍然有以下问题值得探讨：

一是能上能下原则适用的理解及其定位。公务员的领导职务、职级能上能下主要是解决能下的问题，即如何实现公务员领导职务、职级的灵活、有序的调整，不能只上不下。但是，从本条规定以及2015年中共中央办公厅颁布的《推进领导干部能上能下若干规定（试行）》的规定来看，"能下"主要是用来作为督促领导干部勤勉履职、廉洁奉公的重要手段，因为，该规定突出其适用对象为"不适宜或者不胜任现任职务、职级的"。《推进领导干部能上能下若干规定（试行）》第二条明确规定："……着力解决为官不正、为官不为、为官乱为等问题，促使领导干部自觉践行'三严三实'要求，推动形成能者上、庸者下、劣者汰的用人导向和从政环境。"因此，我国将公务员能上能下原则（主要是能下）作为公务员督促、惩戒机制，其适用对象主要是"不能满足职位要求"的公务员。然而，从公共部门的人力资源管理来看，能上能下是保持公务员队伍流动性和灵活性，提升行政效能的重要方式。干部管理制度强调"以岗定

人"和"择优录取",现实中存在因为公务员队伍人才济济,而领导职位、职级有限或者机构改革编制、职位缩减的情形下,由于"能者上"的竞争,导致其他公务员的职务或职级调整的情形,因此,可以从更宽泛的角度理解公务员能上能下的原则及其定位。

二是能上能下原则适用情形。该规定第一款前半句明确"能上能下原则",后半句表述为"对不适宜或者不胜任现任职务、职级的,应当进行调整"。因此,该原则的适用是否仅限于"不适宜或者不胜任现任职务、职级的"情形?除此之外,是否还包括其他情形?根据《推进领导干部能上能下若干规定(试行)》的规定,还可包括:(1)到龄免职(退休)。干部达到任职年龄界限或者退休年龄界限的,按照有关规定程序办理免职(退休)手续。(2)任期届满。本法第四十条第二款规定:"领导成员职务按照国家规定实行任期制。"任期年限、届数和最高任职年限,一般不得延长。任期内考核认定不适宜继续任职的,应当中止任期、免去现职,不得以任期未满为由继续留任。

三是"不适宜或者不胜任现任职务、职级"具体包括哪些情形?其具体情形包括:(1)年度考核中被确定为不称职。(2)《推进领导干部能上能下若干规定(试行)》第八条规定:"对不适宜担任现职的干部应当进行调整。不适宜担任现职,主要指干部的德、能、勤、绩、廉与所任职务要求不符,不宜在现岗位继续任职。干部具有下列情形之一,经组织提醒、教育或者函询、诫勉没有改正,被认定为不适宜担任现职的,必须及时予以调整:(一)不严格遵守党的政治纪律和政治规矩,不坚决执行党的基本路线和各项方针政策,不能在思想上政治上行动上同党中央保持高度一致的;(二)理想信念动摇,在重大原则问题上立场不坚定,关键时刻经不住考验的;(三)违背党的民主集中制原则,独断专行或者软弱涣散,拒不执行或者擅自改变党组织作出的决定,在领导班子中闹无原则纠纷的;(四)组织观念淡薄,不执行重要情况请示报告制度,或者个人有关事项不如实填报甚至隐瞒不报的;(五)违背中央八项规定精神,不严格遵守廉洁从政有关规定的;(六)不敢担当、不负责任,为官不为、庸懒散拖,干部群众意见较大的;(七)不能有效履行职责、按要求完成工作任务,单位工作或者分管工作处于落后状态,或者出现较大失误的;(八)品行不端,违背社会公德、职业道德、家庭伦理道德,造成不良影响的;(九)配偶已移居国(境)外,或者没有配偶但子女均已移居国(境)外,不适宜担任其所任职务的;(十)其他不适宜担任现职的情形。"

第八章 奖 励

公务员奖励制度,有助于调动公务员工作的积极性,提升工作效能。公务员法专章规定了公务员的奖励,表现出国家对公务员奖励制度的重视。1995年,人事部就出台《国家公务员奖励暂行规定》(人核培〔1995〕68号)。2008年,中组部、人事部出台《公务员奖励规定(试行)》(中组发〔2008〕2号)。国家税务总局、审计署等中央机关出台过公务员奖励的实施办法或细则。一些地方,也出台了公务员奖励的政策文件。本章的规定,充分汲取上述规范性文件的有益探索和经验。本着党中央关于加强正向激励的要求,严管与厚爱相统一的理念,本章健全了公务员的激励保障机制。

第五十一条 对工作表现突出,有显著成绩和贡献,或者有其他突出事迹的公务员或者公务员集体,给予奖励。奖励坚持定期奖励与及时奖励相结合,精神奖励与物质奖励相结合、以精神奖励为主的原则。

公务员集体的奖励适用于按照编制序列设置的机构或者为完成专项任务组成的工作集体。

释 义

本条是关于奖励要件、奖励原则和集体奖励的有关规定。

本条规定与2008年的《公务员奖励规定(试行)》基本一致,主要内容包括以下几个方面:

1.奖励的行为类型。一是在本职工作中表现突出,有显著成绩和贡献的。二是在本职工作之外,有突出事迹的。比如,依照突发事件应对法等规定,公务员参加应急救援工作有突出事迹的,应予以奖励。

2.公务员奖励的原则。精神奖励与物质奖励相结合,精神奖励为主。

精神奖励与物质奖励相结合。人的需求可以分为两个基本方面,即精神需求与物质需求。相应的,公务员奖励也应兼顾精神和物质两个方面,并予以有机统一。精神奖励,是指对受到奖励的公务员,给予荣誉称号、嘉奖等荣誉方面的表彰;物质奖励,是指对受到奖励的公务员,给予奖金、奖品等物质形式的奖励。

以精神奖励为主。一般而言,在经济发展水平较低的条件下,物质需求较为强烈;而到经济发展逐步改善的背景下,精神需求会逐步加大,精神奖励的重要性相对增加,特别是思想境界较高、进取心较强的公务员会更重视精神奖励。公务员的奖励,需坚持以精神奖励为主的原则。邓小平同志曾指出:“我们实行精神鼓励为主、物质鼓励为辅的方针。颁发奖牌、奖状是精神鼓励,是一种政治上的荣誉,这是必要的。但物质鼓励也不能缺少。”公务员应当信念坚定、为民服务,精神奖励为主体现了全心全意为人民服务的根本宗旨,也有利于塑造更好的精神和道德风尚。与此同时,物质奖励也不可或缺,公务员激励制度有必要承认并发挥好物质奖励的功效。

《中共中央纪委办公厅、监察部办公厅对党政干部因引进资金、项目按当地政府政策获取奖金等物质性奖励问题如何处理的答复》(中纪办〔2001〕220号)提出,地方政府为发展经济制定相应的奖励政策,应当充分考虑党和国家对党政干部廉洁从政的要求,并根据这些要求界定适用奖励政策的范围。为发展地方经济积极作出贡献,是党政干部尤其是领导干部的职责和义务,不应获取额外报酬。相应的,党和国家机关、人民团体中的党政干部;具有行政管理职能的事业单位中的党政干部,其他事业单位中相当于县(处)级以上党政领导干部;领导班子由省部级以上党委管理的企业的中层以上领导干部,领导班子由地厅级党委管理的企业的领导班子中的领导干部,不应适用地方政府对引进资金、项目的物质奖励政策。上述干部为当地引进资金、项目做出重要贡献的,可作为年终评优和评选各种先进的参考条件予以鼓励。该答复还明确,今后地方不得制定对党政干部因引进资金、项目予以奖金等物质性奖励的规定。

3.公务员奖励的对象。一是公务员个人。即对符合条件的公务员个人,给予奖励。二是公务员集体。包括按照编制序列设置的机构,以及为完成专项任务组成的工作集体。

第五十二条 公务员或者公务员集体有下列情形之一的,给予奖励:

(一)忠于职守,积极工作,勇于担当,工作实绩显著的;

(二)遵纪守法,廉洁奉公,作风正派,办事公道,模范作用突出的;

(三)在工作中有发明创造或者提出合理化建议,取得显著经济效益或者社会效益的;

(四)为增进民族团结,维护社会稳定做出突出贡献的;

(五)爱护公共财产,节约国家资财有突出成绩的;

(六)防止或者消除事故有功,使国家和人民群众利益免受或者减少损失的;

(七)在抢险、救灾等特定环境中做出突出贡献的;

(八)同违纪违法行为作斗争有功绩的;

(九)在对外交往中为国家争得荣誉和利益的;

(十)有其他突出功绩的。

释 义

本条是关于奖励情形的规定。

本条内容,与公务员法修改前相比,进行了一些内容、措辞方面的调整。主要如下。

第一项增加了"勇于担当"的要求,将"成绩显著"改为"工作实绩显著"。"勇于担当"成为公务员奖励的重要情形。"为官避事平生耻",习近平总书记在系列重要讲话中多次指出,责任担当是领导干部必备的基本素质,并强调干部就要有担当,有多大担当才能干多大事业。突出"勇于担当",有利于树立崇尚担当作为的良好导向。改为"工作实绩",有利于公务员形成务实作风,避免形式主义,形成重实干求实绩的新风尚。公务员法在总则、工资制度、考核晋升制度、交流与回避等多个部分,强调"工作实绩",相应的,公务员奖励也将"工作实绩"作为重要考虑因素。

第二项将"遵守纪律"改为"遵纪守法"。在全面依法治国背景下,国家提出"全民守法"的新要求,公务员理应成为守法典范。相应的,遵纪守法也成为公务员奖励的基础条件要求。从"遵守纪律"到"遵纪守法",体现了严要求、高标准,纪律与法律并重的工作方针,这要求公务员的模范作用不仅体现在对内要遵守纪律,对外更要带头遵守法律。

第五十三条 奖励分为:嘉奖、记三等功、记二等功、记一等功、授予称号。

对受奖励的公务员或者公务员集体予以表彰,并对受奖励的个人给予一次性奖金或者其他待遇。

释 义

本条是关于奖励种类的规定。

公务员法修改时,"授予荣誉称号",被修改为"授予称号";一次性奖金或其他待遇的对象,明确为"受奖励的个人"。一次性奖金或其他待遇,其对象是个人而无法为机构、组织。一次性奖金,即一次性地给予一笔奖金予以奖励;待遇包括特定权益、社会地位等,也体现了精神奖励与物质奖励相结合的理念。

根据中组部办公厅、人社部办公厅、财政部办公厅、国家公务员局综合司联合下发的《关于调整公务员奖励奖金标准的通知》(人社厅发〔2018〕1号)的规定,公务员奖励金标准上调。其中,公务员嘉奖奖金由800元提高至1500元,记三等功奖金由1500元提高至3000元,记二等功奖金由3000元提高至6000元,记一等功奖金由6000元提高至12000元,授予"人民满意的公务员"称号由10000元提高至20000元。

第五十四条 给予公务员或者公务员集体奖励,按照规定的权限和程序决定或者审批。

释 义

本条是关于公务员奖励的权限、程序的规定。

公务员奖励的管理机构与权限,在原则上与公务员奖励的级别相对应。奖励权限取决于两方面因素。一是公务员的管理权限。有关机关只能对自身管辖范围内的公务员奖励予以决定或审批。二是奖励类型的审批权限。一般而言,层次越高的奖励类型,所需要审批机关的层次越高。

公务员奖励的程序。公务员法仅仅进行了原则性的规范,要求按照规定的程序实施。中组部、人事部《公务员奖励规定(试行)》(中组发〔2008〕2号)等规定,给予公务员个人、公务员集体奖励,一般程序包括:一是由所在机关部门在征求群众意见的基础上提出奖励建议;按照规定审批权限上报;审核机关审核后在一定范围内公示,如涉及国家秘密不宜公示的,经审批机关同意可不予公示;审批机关批准,并予以公布;相关审批表格存入档案。

第五十五条　按照国家规定,可以向参与特定时期、特定领域重大工作的公务员颁发纪念证书或者纪念章。

释　义

本条是关于纪念证书、纪念章颁发的规定。

该条适用于参与特定时期、特定领域重大工作的公务员。纪念证书是用于纪念特定事件、活动、工作的证书,既载明公务员参与重大工作的辛勤付出,具有证明价值,也具有一定奖励色彩,体现了精神奖励的理念,且具有较强保存价值。纪念章是用于装饰使用的章形纪念品,纪念章是参与特定时期、特定领域重大工作的见证物,具有材质好、易保存、浓缩特定活动故事的特征,具有很高的收藏价值。环境保护部办公厅于2016年出台《颁发长期从事环保工作纪念章实施办法》(环办人事〔2016〕1号),在每年环境日前后,以环境保护部名义,向在各级环保部门及其所属单位工作满30年的在职和离退休人员颁发从事环保工作三十年纪念章;对于常年在高海拔、边远等艰苦地区从事环保工作满20年的,可以先颁发从事环保工作二十年纪念章。总体上,颁发纪念证书、纪念章,有利于不断提升公务员的职业荣誉感,激发公务员奋发向上。

第五十六条　公务员或者公务员集体有下列情形之一的,撤销奖励:

（一）弄虚作假，骗取奖励的；

（二）申报奖励时隐瞒严重错误或者严重违反规定程序的；

（三）有严重违纪违法等行为，影响称号声誉的；

（四）有法律、法规规定应当撤销奖励的其他情形的。

释 义

本条是关于公务员奖励撤销的规定。

增加了关于"有严重违纪违法等行为，影响称号荣誉的"规范，体现了对公务员的从严管理。制度要素可分解如下。

一是奖励撤销的情形，具体包括：

1.弄虚作假，骗取奖励。即虚构事迹、成果，欺骗奖励机关而获得奖励的情形。对其予以撤销，显然名正言顺。

2.隐瞒严重错误或者严重违反规定程序。申请人曾发生的严重错误，往往造成较大损失或危害，如故意隐瞒，显然属于对组织不忠诚、不老实。严重违反规定程序，势必带来违反公平、公开等的结果。

3.有严重违纪违法等行为，影响称号声誉。在《公务员奖励规定（试行）》（中组发〔2008〕2号）中，其第十六条第三项表述为"获得荣誉称号后，公务员受到开除处分、劳动教养、刑事处罚的，公务员集体严重违法违纪、影响恶劣的"撤销奖励，其指向大体一致。

4.法律、法规规定应当撤销奖励的其他情形。除前述列举的三种情形外，其他情形也可能导致奖励的撤销。本项作为兜底条款，需要其他法律、法规的明确规定。

二是奖励撤销的程序与效力。公务员奖励的撤销，由原审批机关批准，必要时可直接撤销。

奖励被撤销后，其证书、奖章、纪念章，应一并收回；其奖金，应收回，因奖励获得的相关待遇，需予以停止，必要时予以追索。

第九章　监督与惩戒

本章体现了对公务员的从严管理理念。其首要体现在本章名称上，从"惩戒"调整为"监督与惩戒"，增加了公务员监督、公务员应当遵守的纪律等规范，修改完善了回避情形、责令辞职、离职后的从业限制等规范。其中部分内容，考虑了与《中国共产党党内监督条例》《中华人民共和国监察法》等的有机衔接。通过法律修改完善，使得公务员监督更加严密化、制度化、体系化。

　　第五十七条　机关应当对公务员的思想政治、履行职责、作风表现、遵纪守法等情况进行监督，开展勤政廉政教育，建立日常管理监督制度。

　　对公务员监督发现问题的，应当区分不同情况，予以谈话提醒、批评教育、责令检查、诫勉、组织调整、处分。

　　对公务员涉嫌职务违法和职务犯罪的，应当依法移送监察机关处理。

释　义

本条是对公务员的日常管理监督制度的规定。

　　监督的内容包括，公务员的思想政治、履行职责、作风表现、遵纪守法，开展勤政廉政教育等情况。考虑到监督应走向常态化、制度化，这要求建立日常管理监督制度。

　　监督发现问题的处置。区分不同情形，按照其行为情节轻重，分别予以谈话提醒、批评教育、责令检查、诫勉、组织调整，直至公务员处分。各类措施作为公务员日常管理监督的手段，需明确把握其界限和分工。应当说，这些措施在很大程度上借鉴了《中国共产党党内监督条例》等党内法规。在理念上，体现了把纪律挺在前面,严管就是厚爱、抓早抓小的理念。在法律修改过程中,有意见提出"组织调整"建议改为"组织处理",以强化其惩戒色彩。最终考虑到处置方式的多样性、阶梯性与分层次,采取了"组织调整"这种更为中立的表述。2017年《关于对党员领导干部进行诫勉谈话和函讯的暂行办法》出台,对于党员领导干部有轻微违纪问题的,应当对其进行诫勉谈话,由本人作出说明或检讨。

需注意的是,谈会提醒不能替代其他监督手段,对于构成违法违纪的,应当依法予以公务员处分。公务员涉嫌职务违法和职务犯罪的,应当依照《中华人民共和国监察法》等移送监察机关处理。监察机关处理后,对于构成犯罪的,还要移送司法机关追究刑事责任。

第五十八条 公务员应当自觉接受监督,按照规定请示报告工作、报告个人有关事项。

释 义

本条是关于公务员接受监督的义务职责的规定。

1.自觉接受监督。广大公务员特别是领导干部,应当接受人民监督。习近平总书记在中共中央政治局第二十六次集体学习时,明确要求领导干部"从谏如流,自觉接受监督"。

2.依规请示报告工作、报告个人有关事项。2017年,中共中央办公厅、国务院办公厅印发《领导干部报告个人有关事项规定》和《领导干部个人有关事项报告查核结果处理办法》。对于符合条件的公务员,应当报告本人婚姻和配偶、子女移居国(境)外、从业等事项,收入、财产、投资等事项。本人、配偶、共同生活的子女在国(境)外的存款和投资情况,含有单独产权证书的车库、车位、储藏间等,均被包括在内。为确保个人有关事项报告制度的落实,对于无正当理由不按时报告、漏报少报、隐瞒不报或者查核发现有其他违规违纪问题的,要根据情节轻重,给予批评教育、组织调整或者组织处理、纪律处分。

第五十九条 公务员应当遵纪守法,不得有下列行为:

(一)散布有损宪法权威、中国共产党和国家声誉的言论,组织或者参加旨在反对宪法、中国共产党领导和国家的集会、游行、示威等活动；

（二）组织或者参加非法组织，组织或者参加罢工；

（三）挑拨、破坏民族关系，参加民族分裂活动或者组织、利用宗教活动破坏民族团结和社会稳定；

（四）不担当，不作为，玩忽职守，贻误工作；

（五）拒绝执行上级依法作出的决定和命令；

（六）对批评、申诉、控告、检举进行压制或者打击报复；

（七）弄虚作假，误导、欺骗领导和公众；

（八）贪污贿赂，利用职务之便为自己或者他人谋取私利；

（九）违反财经纪律，浪费国家资财；

（十）滥用职权，侵害公民、法人或者其他组织的合法权益；

（十一）泄露国家秘密或者工作秘密；

（十二）在对外交往中损害国家荣誉和利益；

（十三）参与或者支持色情、吸毒、赌博、迷信等活动；

（十四）违反职业道德、社会公德和家庭美德；

（十五）违反有关规定参与禁止的网络传播行为或者网络活动；

（十六）违反有关规定从事或者参与营利性活动，在企业或者其他营利性组织中兼任职务；

（十七）旷工或者因公外出、请假期满无正当理由逾期不归；

（十八）违纪违法的其他行为。

释　义

本条是关于公务员遵纪守法的规定。

公务员应当遵纪守法，不得违纪违法。首先，从遵守纪律修改为应当"遵纪守法"。在标准上，涵盖了纪律和法律。这有利于公务员纪律与法律制度的更好衔接。

本条规定内容，可以划分为以下方面。

（一）政治领域

不得散布有损宪法权威、中国共产党和国家声誉的言论,组织或者参加旨在反对宪法、中国共产党领导和国家的集会、游行、示威等活动。在内容上,一则由于公务员的范围不限于在政府工作的公职人员;二则考虑到维护党的领导,以及党管干部原则;三则考虑到宪法的至高无上权威,公务员在就职时应当进行宪法宣誓的要求。因此,公务员不得散布有损宪法权威、中国共产党和国家声誉的言论;不得组织或参加旨在反对宪法、中国共产党领导和国家的集会、游行、示威等活动。在草案中,最初仅强调了中国共产党和国家声誉,二审中有意见提出,公务员要遵纪守法,但宪法权威、宪法的地位并未得到凸显。通过修改将宪法、中国共产党和国家声誉进行并列强调。

不得组织或者参加非法组织,组织或者参加罢工。组织或参加非法组织,每个公民均不得实施,公务员也不例外。这也是修改后的公务员法将遵守纪律改为"遵纪守法"的考虑因素之一。

不得挑拨、破坏民族关系,参加民族分裂活动或者组织、利用宗教活动破坏民族团结和社会稳定。作为公务员明令禁止的行为,这非常重要。在修订草案中,一度表述为"违反国家的民族和宗教政策,破坏民族团结和社会稳定"。但立法过程中有意见提出,该表述过于笼统,容易被误读,可能导致公务员不敢依法对民族事务和宗教活动进行管理。经研究后,参照《中国共产党纪律处分条例》第六十条、第六十一条的表述,进行完善。在新疆、西藏等地,面对严峻复杂的反恐斗争形势和各族群众打击暴恐犯罪的强烈呼声,需要各民族公务员旗帜鲜明地把讲政治、护团结、反分裂作为重大政治任务和政治责任,作为政治纪律和政治规矩,进而确保国家长治久安。

（二）工作纪律

遵守工作纪律,是公务员有效执行公务,确保办事效率的重要保障。(1)不得不担当,不作为,玩忽职守,贻误工作。强调担当精神。不担当被列入应当惩戒的情形中。(2)不得拒绝执行上级依法作出的决定和命令。(3)不得对批评、申诉、控告、检举进行压制或者打击报复。(4)不得弄虚作假,误导、欺骗领导和公众。

（三）廉政法纪

(1)不得贪污贿赂,利用职务之便为自己或者他人谋取私利。(2)不得违反财经纪律,浪费国家资财。(3)不得违反有关规定从事或者参与营利性活动,在企业或者其他营利性组织中兼任职务。参照《中国共产党纪律处分条例》第九十四条等规定,营利性活动包括经商办企业,拥有非上市公司(企业)的股份或者证券,买卖股票或者进行其他证券投资,从事有偿中介活动,在国(境)外注册公司或者投资入股,以及其他违反有关规定从事营利性活动;兼任职务应予处置的包括违反有关规定在经济组织、社会组织等单位中兼职,或者经批准兼职但获取薪酬、奖金、津贴等额外利益。

(四)职业伦理

不得超越、滥用职权,侵害公民、法人或者其他组织的合法权益。公务员在履行公职过程中,既不得超越职权,也不得滥用职权。2014 年修改后的《中华人民共和国行政诉讼法》第七十条规定,行政行为滥用职权的,人民法院判决撤销或者部分撤销,并可以判决被告重新作出行政行为。因此,公务员不得滥用职权,侵害公民、法人或者其他组织的合法权益。

不得泄露国家秘密或者工作秘密。保守国家秘密和工作秘密,是公务员应当履行的法定义务。《保守国家秘密法》《保守国家秘密法实施条例》,以及《最高人民法院关于审理为境外窃取、刺探、收买、非法提供国家秘密、情报案件具体应用法律若干问题的解释》(法释〔2001〕4 号)、《国家秘密定密管理暂行规定》(中华人民共和国国家保密局令 2014 年第 1 号)等一系列法律法规和司法解释、规范性文件,都对公务员的保密义务,违反保密职责的行政责任、刑事责任进行了规范。有些工作秘密虽然未列入国家秘密的范围,但如果泄露可能给国家利益带来损失,也属于应当保密的范围。

在对外交往中损害国家荣誉和利益。公务员法第十四条第(一)项明确要求,公务员应当"模范遵守、自觉维护宪法和法律",不得有损害国家荣誉和利益的行为,是我国宪法规定的中华人民共和国公民有维护祖国的安全、荣誉和利益的义务,公务员自然也不例外。公务员在对外交往中的言行代表国家形象,更应特别注意,不得损害国家荣誉和利益。

(五)社会公德与家庭美德

公务员法第十四条第(六)项明确要求,公务员应当"带头践行社会主义核心价值观,坚守法治,遵守纪律,恪守职业道德,模范遵守社会公德、家庭美德"。第五十九条第(十三)项至第(十五)项,即为有关要求。

不得参与或者支持色情、吸毒、赌博、迷信等活动。《中华人民共和国治安管理处罚法》对赌博、淫秽表演、参与聚众淫乱、迷信活动已有所规范,公务员作为国家公职人员理应遵守,并应有更高要求,做好社会表率。在规范层面上需注意,公务员不仅不得参与这些活动,也不得为其提供支持,甚至为此类违法活动充当保护伞。在活动类型上除色情、吸毒、赌博、迷信之外,其他严重违反中国特色社会主义核心价值观的活动,也可包括在内。

不得违反职业道德、社会公德和家庭美德。职业道德、社会公德和家庭美德,从软性道德约束层面上升到法律义务层面。在职业道德的要求方面,最高人民法院、最高人民检察院先后出台《法官职业道德基本准则》和《检察官职业道德基本准则》。2016 年,中共中央组织部、人力资源和社会保障部、国家公务员局出台《关于推进公务员职业道德建设工程的意见》(人社部发〔2016〕54 号),要求公务员职业道德建设突出政治性、示范性、约束性和可操作性,以"坚定信念、忠于国家、服务人民、恪尽职守、依法办事、公正廉洁"为主要内容。

在社会公德方面,社会公德是全体公民在社会交往和公共生活中,应当共同遵守的准则,是社会普遍公认的最基本行为规范。弘扬社会公德,倡导文明新风,对于促进精神文明建设具有重要意义。公务员应当模范遵守社会公德,起到带头示范作用。相应的,公务员不得有违反社会公德的行为,否则应承担相应纪律责任和法律责任。

家庭美德的要求,既体现了"治国必先齐家""治国勿忘齐家"的中国传统道德,也彰显了公务员涵养家风的重要性。在内容上,家庭美德包括尊老爱幼、男女平等、夫妻和睦、勤俭持家等内容。近年来,诸多腐败案件的查处表明,一些严重违纪违法案件的背后,往往有着家风不正、家人行为失范的情形;对家庭都不能负责,对亲人也冷漠的为官者,更难做到与群众同甘共苦。

不得违反有关规定参与禁止的网络传播行为或者网络活动。网络言论、行为是公务员言行的重要组成部分,公务员应走好网上群众路线,规范网络行为,促进形成健康向上、风清气正的网络环境。针对个别公务员网络行为失范、缺乏自律的问题,公务员法专门增加本规定,要求公务员应当自觉自律、从严规范自身的网络行为。在法律修改过程中,有意见提出增加"违反有关规定参与网络传播行为或者网络活动"方面的规范,通过增加"禁止的",避免为公务员设定过高或不切实际的义务要求。2017 年,中宣部、中组部、中央网信办联合印发《关于规范党员干部网络行为的意见》(中宣发〔2017〕20 号),要求不得在微博、微信、论坛社区等境内外网络平台上妄议中央大政方针,不得转发淫秽图片或视频,不得编造或散布传播网络谣言,不得违规收受微信红包、支付宝红包等电子红包,不得开网店、做微商等等。

旷工或者因公外出、请假期满无正当理由逾期不归。公务员应当自觉遵守机关请假制度,不得擅离职守。

不得有违纪违法的其他行为。公务员应当遵守的纪律、法律规范很难在公务员法中通过一两条予以罗列穷尽,因此其他相关法律法规、国家规定对公务员行为规范的要求,公务员同样应当一体遵守。

第六十条 公务员执行公务时,认为上级的决定或者命令有错误的,可以向上级提出改正或者撤销该决定或者命令的意见;上级不改变该决定或者命令,或者要求立即执行的,公务员应当执行该决定或者命令,执行的后果由上级负责,公务员不承担责任;但是,公务员执行明显违法的决定或者命令的,应当依法承担相应的责任。

释 义

本条为公务员如何对待上级错误决定命令的规定。

首先,公务员认为上级的决定、命令有错误时,有权提出改正或撤销的意见。这是公务员的权利。其次,上级拒不改变该决定、命令,或要求立即执行的,公务员负有执行职责,且后果由上级负责,公务员不承担责任。再次,对于明显违法的决定或命令,公务员执行的需承担"相应"责任。

第六十一条 公务员因违纪违法应当承担纪律责任的,依照本法给予处分或者由监察机关依法给予政务处分;违纪违法行为情节轻微,经批评教育后改正的,可以免予处分。

对同一违纪违法行为,监察机关已经作出政务处分决定的,公务员所在机关不再给予处分。

释 义

本条是关于公务员违纪违法行为承担责任的规定。

公务员违纪违法应承担纪律责任的,可根据公务员法和《行政机关公务员处分条例》给予公务员处分;也可根据《中华人民共和国监察法》《公职人员政务处分暂行规定》等依法给予政务处分。在对象上,政务处分的对象为所有行使公权力的公职人员。显然公务员法关于公务员的处分,与监察法关于公职人员的政务处分存在重合,应妥善处理好两者关系,并做好衔接。在立法过程中,有意见提出,对同一违纪违法行为,应明确不得重复处分。该意见被立法者吸收,明确了同一违纪违法行为不重复处分原则。相应的,已经受到监察机关政务处分的,公务员所在机关不再给予公务员处分。

还应注意,本条开头表述"公务员因违纪违法应当承担纪律责任的",换言之,如公务员还应承担法律责任乃至刑事责任的,并不因已经受到政务处分或公务员处分而免除。

第六十二条 处分分为:警告、记过、记大过、降级、撤职、开除。

释 义

本条是关于公务员处分类型的规定。

该条内容可划分为三大类:

第一类,精神性惩戒。主要是对公务员荣誉、名誉的惩戒、贬损。主要包括警告、记过、记大过。警告有提醒注意、不致再犯之意,是公务员处分中惩戒色彩最轻的一种,一般适用于轻微的违法违纪行为。记过,记大过,是两类处分形态,均要记入公务员档案中。

第二类,实质性惩戒。包括降级和撤职。降级,一般为降低一个级别层次;撤职,即撤销职务。

须注意到,在域外一些国家,包括降低薪酬在内的物质惩戒,往往是广泛应用的独立处分形态。在我国,由于实施职务与级别相结合的公务员工资制度,降级会导致级别工资的降低,撤职的同时降低级别也带来同样后果。因此,降低薪酬等物质惩戒,并未在我国公务员处分中予以单列。

第三类,开除。开除是公务员处分中最严厉的形态,适用于公务员严重违纪违法的情形。开除处分作出之日起,解除公务员与所在机关的人事关系。

需注意,辞退不同于开除,同时两者有一定关联衔接,对于公务员违法违纪,经教育无转变,不适合继续在机关工作,又不宜给予开除处分的,可以辞退。

第六十三条　对公务员的处分,应当事实清楚、证据确凿、定性准确、处理恰当、程序合法、手续完备。

公务员违纪违法的,应当由处分决定机关决定对公务员违纪违法的情况进行调查,并将调查认定的事实以及拟给予处分的依据告知公务员本人。公务员有权进行陈述和申辩;处分决定机关不得因公务员申辩而加重处分。

处分决定机关认为对公务员应当给予处分的,应当在规定的期限内,按照管理权限和规定的程序作出处分决定。处分决定应当以书面形式通知公务员本人。

释　义

本条是关于公务员处分的合法性要件和处分程序的规定。法律修改后,明确了申辩不加重处分原则。

首先,公务员处分的合法性要件。(1)事实清楚。对于公务员违法违纪的行为事实应当调查清楚,不可随意下结论。(2)证据确凿。证明违法违纪情况的材料要确实可靠,具有真实性、关联性和合法性,能够经得起历史和现实的考验。(3)定性准确。遵照现行法律法规,以事实为依据,以法律为准绳,准确认定违法违纪行为的性质。(4)处理恰当。充分考虑违法违纪行为的性质、危害、责任轻重、主观恶性、认错情况、一贯表现等,不枉不纵,给予适当处理。(5)程序合法。依照法律、法规的要求,进行调查、报告、告知等程序。(6)手续完备。依照法律、法规要求,履行必备手续。

其次,公务员处分的调查程序。公务员的任免机关或监察机关,应当组织人员调查违纪违法的事实,坚持实事求是的原则,本着对组织和公务员本人高度负责的精神,秉公办事,多方认真听取意见,使用合法手段。

再次,公务员的知情权与陈述、申辩权利。应当说,其规定借鉴了行政处罚法关于处罚相对人知情、陈述和申辩权利的有关规范。其要素包括:

处分决定机关应当将调查认定的事实和拟给予处分的依据告知公务员

本人。

公务员有权陈述和申辩。陈述和申辩,是被调查公务员的法定权利,带有程序性权利的属性。

不得因为申辩而加重处分。法谚云:"任何人不得因为行使权利而遭遇更为不利的后果"。如果因申辩加重处分,则被调查公务员势必忧心忡忡,而不能放心大胆进行申辩,这不利于公务员的权利行使,也可能导致冤假错案。

最后,公务员处分决定的作出和告知。公务员处分的调查,不能遥遥无期,而必须在规定期限内完成,按照权限和程序,作出决定。处分决定作出后,应当以书面形式通知本人,由被处分的公务员本人签名,如本人拒绝签名的,可由单位写明情况。

第六十四条 公务员在受处分期间不得晋升职务、职级和级别,其中受记过、记大过、降级、撤职处分的,不得晋升工资档次。

受处分的期间为:警告,六个月;记过,十二个月;记大过,十八个月;降级、撤职,二十四个月。

受撤职处分的,按照规定降低级别。

释 义

本条是关于公务员处分的期间和效力的规定。

公务员受处分期间,一律不得晋升职务、职级和级别。受到除警告以外的处分的,在受处分期间,不得晋升工资档次。

受处分的期间,与处分严重程度成正比。警告的处分期间为六个月,记过为十二个月,记大过为十八个月,降级与撤职为二十四个月。

公务员的职务对应相应的级别,公务员被撤销职务后另任较低职务的,要按照规定降低级别。

第六十五条 公务员受开除以外的处分,在受处分期间有悔改表现,并且没有再发生违纪违法行为的,处分期满后自动解除。

解除处分后,晋升工资档次、级别和职务、职级不再受原处分的影响。但是,解除降级、撤职处分的,不视为恢复原级别、原职务、原职级。

释　义

本条是关于公务员处分期满解除的规定。

除开除处分外，公务员受到其他处分，只要在受处分期间有悔改表现，其没有再次发生违纪违法行为，处分期满均自动解除。

在公务员法修改和监察委成立之前，公务员处分期满后（开除处分除外），由处分决定机关解除处分并以书面形式通知本人。从实践中看，受处分公务员在处分期满后申请解除的，均符合解除条件，再由处分决定机关走一遍程序并书面通知本人，实质意义不大。2018年4月16日中央纪委国家监委印发的《公职人员政务处分暂行规定》（国监发〔2018〕2号）已参照党纪处分期满后自动解除的相关规定，在第十条规定政务处分期满后自动解除，不需要再另行履行处分解除程序。相应的，公务员法在本条作了相应调整，改为凡是除开除以外的，有悔改表现，且没有再发生违法违纪行为的，处分期满后自动解除。

公务员在受处分期间不得晋升职务和级别，其中受记过、记大过、降级、撤职处分的，不得晋升工资档次，公务员处分期满解除后，处分效力终止，相应的，晋升工资档次、级别和职务、职级，都不再受原处分的影响。

但是，解除降级、撤职处分的，不视为恢复原级别、原职务、原职级。其理由在于，处分期满解除，不同于违法处分的撤销，而是在处分经过法定期限后，因公务员有悔改表现且没有发生其他违法违纪行为而处分期满终结，公务员不再因处分而继续受到因处分带来的不利影响，仅具有向后的效力，并不具有溯及力。

第十章 培 训

公务员培训,是指机关根据经济、社会发展的需要,按照职位要求和有关规定,对公务员进行有组织有计划的培养和训练,以开发其潜力,改善其知识结构,提升其政治素养和业务能力。我国公务员法规定了公务员有参加培训的权利。公务员培训是提高公务员素质的重要途径,是促进公务员知识更新和技能提升的重要方法,也是提高管理效能的重要保证。2008 年 6 月 27 日,中共中央组织部、人力资源和社会保障部发布《公务员培训规定(试行)》,该规定明确了公务员培训应当根据经济社会发展和公务员队伍建设需要,根据职位职责要求和不同层次、不同类别公务员特点进行。公务员培训应当遵循理论联系实际、以人为本、全面发展、注重能力、学以致用、改革创新、科学管理的原则。

第六十六条 机关根据公务员工作职责的要求和提高公务员素质的需要,对公务员进行分类分级培训。

国家建立专门的公务员培训机构。机关根据需要也可以委托其他培训机构承担公务员培训任务。

释 义

本条是关于公务员培训的指导原则和机构的规定。

一、公务员培训的指导原则

(一)根据公务员工作职责的要求进行培训

我国的公务员管理制度是一种以职位分类为主导的分类管理制度。职位分类制度要求公务员的能力与职位相统一。机关中的每个职位都是根据机关工作的需要而设置的,每个职位在任务、职责方面都有一定的特殊要求,因此培训应该按照不同职位的要求,有针对性地对公务员进行培训,使他们熟悉职责范围内的业务。同时,公务员的工作职责也不是一成不变的,随着经济社会发展和国家机关职能的变化,公务员的职责也会不断得到调整,只有经过有计划的培训,才可以实现知识结构更新和技术能力提升,从而更好地胜任本职工作。

(二)根据提高公务员素质的需要进行培训

提高公务员素质是进行公务员培训的出发点。从我国的现实情况出发,公务员的素质应包括思想政治素质、法律素质、专业技能素质等。这不仅决定了公务员培训的内容必须多样化,还要求公务员培训应当坚持理论联系实际、以人为本、全面发展、注重能力、学以致用、改革创新、科学管理的原则。

第一,思想政治素质方面的培训。公务员制度坚持中国共产党领导,坚持以马克思列宁主义、毛泽东思想、邓小平理论、"三个代表"重要思想、科学发展观、习近平新时代中国特色社会主义思想为指导,贯彻社会主义初级阶段的基本路线,贯彻新时代中国共产党的组织路线,坚持党管干部原则。因此,对公务员必须进行马克思列宁主义、毛泽东思想、邓小平理论、"三个代表"重要思想、科学发展观、习近平新时代中国特色社会主义思想方面的理论的培训。其中,习近平新时代中国特色社会主义思想是马克思主义中国化最新成果,是党和人民实践经验和集体智慧的结晶,是中国特色社会主义理论体系的重要组成部分,是全党全国人民为实现中华民族伟大复兴而奋斗的行动指南,是党的十八大以来党和国家事业取得历史性成就、发生历史性变革的根本理论指引,应该成为当前公务员培训的重点。

第二,法律素质方面的培训。2018年的宪法修正案将宪法序言"健全社会主义法制"修改为"健全社会主义法治",在宪法层面体现了依法治国理念的新内涵。宪法还规定中华人民共和国实行依法治国,建设社会主义法治国家。公务员作为依法履行公职的人员,他们能否运用法治思维和法治方式想问题、办事情、作决策是我国全面推进依法治国,建设法治中国能否实现的关键所在。因此,法律素养方面的培训对于公务员至关重要。法律素养的培训首先是宪法知识和宪法思维的培训。公务员有义务忠于宪法,理应掌握宪法制度和宪法理论。其次要培养公务员的法治观念,公务员应严格按照法定权限和程序履行职责。最后要培养公务员理解法律的立法宗旨和立法精神的能力,以在实际工作中能够准确理解和正确适用法律法规。

第三,专业技能素质方面的培训,对公务员进行专业知识和技术方面的培训。这方面培训具有较强的针对性和实操性,应根据职位职责要求和不同层次、不同类别公务员特点进行。

第四,其他素质方面的培训。对公务员进行旨在拓宽视野、丰富知识、提高团队合作意识方面的培训。

（三）分类分级进行培训

公务员培训应当分类分级进行,这是根据公务员队伍建设需要和按照职位职责要求进行培训的要求和具体体现。

分类培训即对不同类别的公务员进行有针对性的培训。本法第十六条在横向上将公务员划分为三大职类,即综合管理类、专业技术类和行政执法类。由于专业技术类和行政执法类职位的工作职责对公务员的素质要求具有特殊性,因此对这两类公务员的培训应当区别于综合管理类公务员的培训。在公务员法确立的制度框架下将机关中履行专业技术职责和行政执法职责的公务员划分出来,根据各类别公务员的管理特点进行分类培训,是提高管理效能和科学化水平,促进专业化建设的必由之路。专业技术类公务员,是指专门从事专业技术工作,为机关履行职责提供技术支持和保障的公务员,其职责具有强技术性、低替代性,该类人员的成长周期长,培养成本高。例如,公安部门的法医、外事部门的翻译、各机关负责维护网络更新和网络安全的工作人员等。从培养导向上看,应将该类人员定位成技术能手和技术专家。因此,对他们的培训在时间安排上应当更灵活,培训内容上应包括相应领域中最新技术和知识,以使他们更好地为机关工作提供支持和帮助。行政执法类公务员,是指依照法律、法规对行政相对人直接履行行政许可、行政处罚、行政强制、行政征收、行政收费、行政检查等执法职责的公务员,其职责具有执行性、强制性,主要分布在基层一线。这一类别的公务员是法律的直接执行人员,是政府社会管理与市场监管职能的直接履行者,他们的素质和能力,将对人民群众的切身利益产生直接的影响,并关乎国家机关和公务员队伍的形象。因此,在培训行政执法类公务员时,应当有针对性地增强他们忠于宪法、忠于国家、忠于人民、忠于职守的意识,提高他们按照规定的权限和程序认真履行职责的能力和技巧、与行政相对人沟通的能力及处理紧急事件的能力等。此外,本法第十六条还规定,"根据本法,对于具有职位特殊性,需要单独管理的,可以增设其他职位类别",这为职位类别的增加预留了空间。对于新增设的职位类别,也应对这类公务员有针对性地开展培训,使其各方面能力和素质能够达到职位职责的要求。

分级培训就是根据每个公务员不同的职务职级,进行有针对性的培训。本法明确规定国家实行公务员职务与职级并行制度,重新设置职级序列,规定综合管理类公务员职级序列由高至低依次为一级巡视员、二级巡视员、一级调研员、二级调研员、三级调研员、四级调研员、一级主任科员、二级主任科员、三级主任科员、四级主任科员、一级科员、二级科员。综合管理类以外其他职务类别公务员的职级序列,由国家另行规定。不同的职务和级别对公务员的素质要求各不相同,不能对所有级别的公务员都按照同样的标准来培训,而应具体分析,区别对待。

分类分级进行培训是公务员培训需要遵循的原则,2008 年颁布的《公务员培训规定(试行)》在多个方面体现了这个原则。例如,第十条规定,"法律法规对领导成员、后备领导人员和法官、检察官培训另有规定的,从其规定"。第十一条规定,"公务员培训分为初任培训、任职培训、专门业务培训和在职培训"。

二、公务员培训机构

培训机构是具体落实公务员培训制度的场所和培训教育的实体,是贯彻公务员培训制度的重要保证。本条规定,国家建立专门的公务员培训机构。机关根据需要也可以委托其他培训机构承担公务员培训任务。公务员培训机构具体包括:

(一)国家行政学院。国家行政学院是为适应改革开放和社会主义现代化建设事业的需要,于 1988 年开始筹建,1994 年 9 月正式成立。成立之初至中央党校和国家行政学院的职责整合之前,国家行政学院为国务院直属事业单位,是培训高、中级国家公务员的新型学府和培养高层次行政管理及政策研究人才的重要基地。2018 年 3 月,根据中共中央印发的《深化党和国家机构改革方案》,将中央党校和国家行政学院的职责整合,组建新的中央党校(国家行政学院),实行一个机构两块牌子。

(二)中国高级公务员培训中心。这是人力资源和社会保障部直属事业单位,于 1988 年经国家机构编制委员会批准成立。培训中心在公务员培训方面的重要职责是承担中央国家机关和各省、自治区、直辖市的公务员初任、任职、专门业务、知识更新培训的有关工作;承担全国人事岗位人员的培训;提供培训业务的咨询和服务;为专业技术人员和管理干部提供培训与咨询服务,代为设计课程、聘请教师;组织举办高级研修班和专题研修班;组织国际、国内专题研讨活动;为全国人事系统有关出国(境)培训考察业务提供组织与咨询服务;聘请国外知名专家举办专题讲座;承办有关国际会议等。

(三)地方行政学院。地方行政学院是直属各级政府的事业单位,其主要任务是培训地方中、初级公务员。目前,地方行政学院大部分设在同级党校内,实行的是一套人马两块牌子的体制。

(四)各级各类管理干部学院。管理干部学院是各部委、省级机关干部教育培训机构,主要承担相关系统党政领导干部、管理人才和专业技术人才的教育培训工作。目前,我国各级各类管理干部学院有200多所,部分改制成为普通专科院校,部分改制成为普通本科院校,大多以干部培训与学历教育并举。

(五)法官、检察官院校和其他培训机构。《中华人民共和国法官法》第二十七条规定,国家法官院校和其他法官培训机构按照有关规定承担培训法官的任务。《中华人民共和国检察官法》第三十条规定,国家检察官院校和其他检察官培训机构按照有关规定承担培训检察官的任务。由此可以看出,全国的国家法官学院、国家检察官学院和其他法官、检察官培训机构承担着法官和检察官的培训任务。

(六)其他教育机构。我国公务员培训机构还包括机关委托的其他培训机构,主要有普通高校、科研单位和其他教育机构。普通高校、研究机构一般都有较为悠久的历史,具有雄厚的师资力量、完善的教学设备和丰富的办学经验,委托它们承担培训任务,有利于充分利用各种培训力量和资源,与专门的公务员培训机构实现优势互补。此外,我国还有一些社会培训机构,这些培训机构通过市场运作的方式参与公务员的培训,可以有效地利用社会的力量弥补官方公务员培训的不足,增强公务员培训的灵活性和适应性。

需要注意的是,2008年6月,中共中央组织部、人力资源和社会保障部印发的《公务员培训规定(试行)》对公务员的培训机构及其相互关系作出了专门的规定,即国家根据公务员培训工作需要加强培训机构建设,构建分工明确、优势互补、布局合理、竞争有序的公务员培训机构体系。党校、行政学院和干部学院应当按照职能分工开展公务员培训工作。部门和系统的公务员培训机构,应当按照各自职责,承担本部门和本系统的公务员培训任务。其他培训机构经市(地)级以上组织、人事部门认可,可承担机关委托的公务员培训任务。

第六十七条 机关对新录用人员应当在试用期内进行初任培训;对晋升领导职务的公务员应当在任职前或者任职后一年内进行任职培训;对从事专项工作的公务员应当进行专门业务培训;对全体公务员应当进行提高政治素质和工作能力、更新知识的在职培训,其中对专业技术类公务员应当进行专业技术培训。

国家有计划地加强对优秀年轻公务员的培训。

释 义

本条是关于公务员培训种类和对优秀年轻公务员培训的规定。

一、公务员培训的种类

根据本条的规定,公务员培训包括初任培训、任职培训、专门业务培训和在职培训。2008年颁布的《公务员培训规定(试行)》,对公务员培训的种类和要求作了具体的规定。

(一)初任培训。它是对新录用公务员进行的培训,培训内容主要包括政治理论、依法行政、公务员法和公务员行为规范、机关工作方式方法等基本知识和技能,重点提高新录用公务员适应机关工作的能力。初任培训由组织、人事部门统一组织。专业性较强的机关按照组织、人事部门的统一要求,可自行组织初任培训。初任培训应当在试用期内完成,时间不少于12天。没有参加初任培训或培训考试、考核不合格的新录用公务员,不能任职定级。

(二)任职培训。它是按照新任职务的要求,对晋升领导职务的公务员进行的培训,培训内容主要包括政治理论、领导科学、政策法规、廉政教育及所任职务相关业务知识等,重点提高其胜任领导工作的能力。任职培训应当在公务员任职前或任职后一年内进行。担任县处级副职以上领导职务的公务员任职培训时间原则上不少于30天,担任乡科级领导职务的公务员任职培训时间原则上不少于15天。调入机关任职以及在机关晋升为副调研员以上及其他相当职务层次的非领导职务的公务员,依照前款规定参加任职培训。没有参加任职培训或培训考试、考核不合格的公务员,应及时进行补训。

(三)专门业务培训。它是根据公务员从事专项工作的需要进行的专业知识和技能培训,重点提高公务员的业务工作能力。这里的"专项工作"是指因国家和政府某些工作的需要,从政府机关临时抽调公务员进行的工作,如执法检查、经济普查等。专门业务培训的内容、时间和要求由机关根据需要确定。专门业务培训的目的是使公务员具备拟从事的专门业务工作所需的知识、能力和工作方法,保证公务员能够胜任专项工作的需要。专门业务培训考试、考核不合格的公务员,不得从事专门业务工作。

(四)在职培训。它是对全体公务员进行的以提高政治素质和工作能力、更新知识为目的的培训。在职培训的对象包括全体在职公务员,培训的内容包括政治理论、业务知识和专业技能等。在职培训考试、考核不合格的公务员,年度考核不得确定为优秀等次。

本次法律修订把具有良好的政治素质作为公务员的必备条件,相应的,在公务员在职培训的内容中增加了提高政治素质方面的要求。政治素质是人们从事社会政治活动所必需的基本条件和基本品质,是个人的政治方向、政治立场、政治观念、政治态度、政治信仰、政治技能的综合表现。良好的政治素质主要包括坚定政治信仰,坚持正确的政治方向,坚持政治原则,站稳政治立场,保持政治清醒和政治定力,增强政治敏锐性和政治鉴别力,遵守政治纪律和政治规矩,坚决维护党中央权威和集中统一领导,坚决贯彻党的基本理论、基本路线、基本方略。公务员的在职培训必须把提高政治素质作为首要目的,其次才是提高工作能力和更新知识。

本条对担任专业技术职务的公务员培训单独提出了要求,即进行专业技术培训。进行专业技术培训的主要目的是对其知识和技能进行更新、补充、拓展和提高,进一步完善知识结构,提高创造力和专业技术水平,从而为机关工作提供良好的技术支持和保障。

二、对优秀年轻公务员的培训

年轻公务员是公务员队伍中最活跃的群体,是未来公务员队伍的中坚力量,是建设中国特色社会主义事业的接班人。优秀年轻公务员队伍建设关系到新时代中国特色社会主义建设和实现中华民族伟大复兴是否后继有人和国家的长治久安,必须有计划地加强对他们的培训。因此,本法将国家有计划地加强对优秀年轻公务员的培训单列一款。

优秀年轻公务员的培训,需要提高他们的政治素质和工作能力,帮助他们在工作中成长,在岗位上成才。对优秀年轻公务员的培训要有计划性,即优秀年轻公务员选定后,要确定培养方向,根据培养方向确定培训计划、落实培训措施。从培训的内容来看,要把提高政治素质和工作能力放在首位,提高他们的战略思维、创新思维、辩证思维、法治思维和底线思维能力,提升理论素养,并进行较为系统的政治、经济、历史、文化、科技、法律和相关业务知识培训。优秀年轻公务员的培训方式多种多样,可以结合初任培训、任职培训、专门业务培训和在职培训进行,也可以通过培训机构脱产培训、基层学习锻炼、组织调研或理论研讨等方式进行。

第六十八条 公务员的培训实行登记管理。

公务员参加培训的时间由公务员主管部门按照本法第六十七条规定的培训要求予以确定。

公务员培训情况、学习成绩作为公务员考核的内容和任职、晋升的依据之一。

释 义

本条是关于公务员培训管理的规定。

一、登记管理

登记管理,是指公务员所在机关建立和完善公务员培训档案,对公务员参加培训的种类、内容、时间和考试考核结果等情况进行登记。公务员的培训情况一般由公务员培训机构或培训主办单位记载,并及时反馈公务员所在机关。对公务员培训进行登记管理,对公务员主管部门而言,就是要将公务员培训制度化,分期、分批有针对性地进行培训。对公务员个人而言,就是要保障公务员培训权利的实现,督促公务员履行接受培训的义务,并将公务员培训情况、学习成绩作为公务员考核的内容和任职、晋升的依据之一。

二、时间要求

公务员参加培训的时间由公务员主管部门按照公务员法第六十七条规定的培训要求予以确定,即机关对新录用人员应当在试用期内进行初任培训;对晋升领导职务的公务员应当在任职前或者任职后一年内进行任职培训;对从事专项工作的公务员应当进行专门业务培训;对全体公务员应当进行提高政治素质和工作能力、更新知识的在职培训,其中对专业技术类公务员应当进行专业技术培训。根据《公务员培训规定(试行)》的内容,担任县处级以上领导职务的公务员每5年应当参加党校、行政学院、干部学院或经厅、局级以上单位组织(人事)部门认可的其他培训机构累计3个月以上的培训,其他公务员参加脱产培训的时间一般每年累计不少于12天;初任培训应当在试用期内完成,时间不少于12天;任职培训应当在公务员任职前或任职后一年内进行;担任县、处级副职以上领导职务的公务员任职培训时间原则上不少于30天,担任乡、科级领导职务的公务员任职培训时间原则上不少于15天;专门业务培训的时间由机关根据需要确定;在职培训的时间由各级组织、人事部门和机关根据需要确定。

三、培训与考核以及任职、晋升相挂钩

将公务员培训情况、学习成绩作为公务员考核的内容和任职、晋升的依据之一,可以调动公务员的学习积极性,保证学员珍惜培训机会,让培训真正起到提高公务员素质的作用,有效防止形式主义。

公务员培训情况、学习成绩是公务员考核的重要内容。公务员的考核应当按照管理权限,全面考核公务员的德、能、勤、绩、廉,重点考核政治素质和工作实绩。参加培训既是公务员的权利,也是公务员的义务,义务必须履行,因此,公务员培训情况、学习成绩就是考核本身的要求。根据《公务员培训规定(试行)》的内容,在职培训考试、考核不合格的公务员,年度考核不得确定为优秀等次。此外,培训情况、考试成绩是对公务员培训效果直接客观的反映,将公务员培训情况、学习成绩作为公务员考核内容的目的是督促参加培训的公务员以认真严肃的态度对待培训,通过培训提升其政治素质和工作能力。

公务员培训情况、学习成绩是公务员任职、晋升的依据之一。担任一定职务的公务员晋升为更高级别的公务员,不仅要具有一定的工作经验和工作年

限,而且应当具备一定的素质和工作能力,这在一定程度上需要通过培训才能达到。公务员培训情况、学习成绩也是公务员素质的重要方面,因此成为公务员任职、晋升的依据之一。《公务员培训规定(试行)》明确规定,没有参加初任培训或培训考试、考核不合格的新录用公务员,不能任职定级;没有参加任职培训或培训考试、考核不合格的公务员,应及时进行补训;专门业务培训考试、考核不合格的公务员,不得从事专门业务工作。

第十一章 交流与回避

公务员交流,是指机关根据工作需要或公务员个人意愿,通过调任、转任、挂职等方式变换工作岗位,从而引起公务员职务关系产生、变更和消灭的活动和制度。公务员回避是指为了防止公务员因个人利益和亲属关系等因素对公务活动产生不良影响,而在公务员所在职务、所执行公务和任职地区等方面作出一定的限制,使其避开有关亲属关系和公务的制度。2011 年 12 月,中组部和人社部联合印发了《公务员回避规定(试行)》,规定了任职回避、地域回避和公务回避。

第六十九条　国家实行公务员交流制度。

公务员可以在公务员和参照本法管理的工作人员队伍内部交流,也可以与国有企业和不参照本法管理的事业单位中从事公务的人员交流。

交流的方式包括调任、转任。

释　义

本条是关于公务员交流范围和方式的规定。

一、公务员交流的含义与特征

公务员交流,是指机关根据工作需要或者公务员个人意愿,通过调任、转任的形式变换公务员的工作岗位,从而使公务员工作关系或职务关系得以产生、变更或终止的一种人事管理活动和制度。

1.公务员交流的性质是平级调动。公务员交流是一种横向的平级调动,不涉及公务员职务或级别的升降问题。为了避免因交流活动冲击公务员职务升降制度,任何机关不得以交流程序代替公务员的职务升降程序,不得以交流为手段,变相晋升或者降低公务员的职务或级别。

2.公务员交流的范围具有广泛性。公务员可以在公务员队伍内部交流,也可以与国有企业和不参照本法管理的事业单位中从事公务的人员交流。由此,我国公务员的交流范围包括两种,一是不同职位、不同机关、不同部门、不同地区之间的交流,二是公务员与国有企业和不参照本法管理的事业单位中从事公务的人员交流。

3.公务员交流形式具有多样性。本条规定交流的方式包括调任、转任。在实行文官制度的许多国家中,公务员交流制度均被当作一项重要的管理手段,各种交流方式在多年的实践过程中也被证明是行之有效的,据此我国借鉴国外经验,在《暂行条例》中设专章对公务员的交流制度作出规定。修订前公务员法借鉴《暂行条例》的相关内容,规定交流的方式包括调任、转任和挂职锻炼。本次修订在公务员实践的基础上,吸取有益经验,对交流制度作出进一步改进和完善。考虑到实践中,挂职锻炼的不规范操作,新修订公务员法并未将挂职锻炼作为一种交流的方式,而是将其称为"挂职",其目的也从以往的培养锻炼干部转变为承担专项任务和工作。

二、公务员交流的意义

公务员交流制度对于加强公务员队伍建设和保证公务员队伍的正常运转具有十分重要的意义,该制度是整个公务员运行体系中必不可少的协调机制。

1.公务员的交流有利于机关之间以及机关与国有企业和不参照本法管理的事业单位之间互通人才有无,调剂人才余缺。

2.公务员的交流有利于调动公务员工作的积极性,促进机关内部人才的合理配置。例如,公务员可以根据个人成长和发展的需要,或者根据专业背景和知识结构,申请调转至适合自己的工作岗位,从而发挥最大能量。

3.开创新的工作局面,进而激发整个公务员队伍的活力。通过交流熟悉不同地区、不同行业和不同部门的工作,开阔视野,丰富阅历,增长才干,避免因长期在某一岗位任职而造成的目光狭窄、僵化保守、因循守旧等不良工作状态。

4.公务员的交流有利于克服官僚主义,加强廉政建设,防止公务员腐化。交流也可以有效避免因长期在一个地区、一个部门或者一个职位上任职形成的各种裙带关系以及以权谋私的条件。

三、公务员交流的范围

根据本条规定,公务员可以在不同机关之间交流,也可以与国有企业和不参照本法管理的事业单位中从事公务的人员交流。"从事公务",是指代表国家机关、国有企业等履行组织、领导、监督、管理等职责,具有两个特点。一是具有代表性,不是代表某个人、某个集体、某个团体的行为,而是代表国家的行为,是国家权力或其派生权力的一种体现。二是职责范围是公共事务,包括国家事务和社会事务。例如,政治、经济、文化、军事、体育、卫生、科技以及同社会秩序有关的其他各项事务。

国有企业的资本全部或者主要是由国家投入并维持运转,这些单位中从事公务的人员,实际上属于国家委派经管国有资产或者管理公共事务的人员,他们的活动会影响到国家管理职能,在工作性质上与公务员比较接近。因此本条规定公务员可以与之进行交流。

此外,公务员还可以和不参照本法管理的事业单位中从事公务的人员进行交流。例如,高等院校、科研院所等。

四、公务员交流的方式

交流的方式包括调任和转任。与修订前的公务员法相比,本次修订将"挂职锻炼"从交流方式中删除。

第七十条　国有企业、高等院校和科研院所以及其他不参照本法管理的事业单位中从事公务的人员,可以调入机关担任领导职务或者四级调研员以上及其他相当层次的职级。

调任人选应当具备本法第十三条规定的条件和拟任职位所要求的资格条件,并不得有本法第二十六条规定的情形。调任机关应当根据上述规定,对调任人选进行严格考察,并按照管理权限审批,必要时可以对调任人选进行考试。

释　义

本条是关于调任条件及程序的规定。

为拓宽选人渠道,优化公务员队伍结构,本法将调任纳入交流方式。调任是机关与其外部系统之间人员交流的主要形式,具体是指机关以外的工作人员调入机关担任领导职务或者四级调研员以上及其他相当层次的职级,以及公务员调出机关任职。2008 年颁布的《公务员调任规定(试行)》,对公务员调任的内容作了具体规定。

从全球视角来看,当职位出现空缺时,各国通常采用内升制和外补制两种方式来补缺。通过在职的低级公务员依次补充的做法称为内升制,通过外部选拔人员来补充的做法称为外补制,两种制度各有利弊。其中,内升制容易滋生暮气沉沉、因循守旧的不良工作状态,但是却可让在职公务员晋升有望,从而保持机关工作的稳定性和连续性。外补制让在职公务员感到晋升无望、发展前途有限而降低工作热情,但是却可以吸收外部优秀人才,从而增添公务员队伍的朝气。从我国目前的实际情况来看,应该允许机关以外的优秀人才通过调任的方式进入机关任职,即在采取内升制为主的同时,充分考虑能够吸收优秀人才,激活公务员队伍活力的外补制的运用。

一、调入

(一)调入的条件和要求

1.调入机关的人员应当具备本法第十三条规定的条件,还应当具备良好的政治、业务素质、工作能力强、勤奋敬业、实绩突出,具有拟调任职位要求相当的工作经历和任职资质,并不得有本法第二十六条规定的情形。

2.调任必须在规定的编制限额内进行,并且调任机关要有相应的职位空缺。任何机关不得超编接受人员,未纳入国家行政编制序列的人员,即使履行公职,也不能认定为公务员。

3.调入机关的人员只限于担任领导职务或者四级调研员以上及其他相当层次的职级。由于四级调研员以下的公务员,多采取公开考试,择优录用的办法引入,因此不能从机关外部调入人员担任四级调研员以下职务的人员,以免冲击正常的考试录用和晋升制度。

4.调任条件必须严格,并确是因工作需要。只有这样才能保证机关内部人员的正常升迁发展,避免挫伤内部人员的工作积极性,进而从整体上提升行政管理的连续性和行政效率。

此外,《公务员调任规定(试行)》第六条规定,调任人选还应当具有拟调任职位要求相当的工作经历和任职资历;具备公务员法及其配套法规规定的晋升至拟任职务累计所需的最低工作年限。专业技术人员调入机关任职的,应当担任副高级专业技术职务 2 年以上,或者已担任正高级专业技术职务。调入中央机关、省级机关任职的,应当具有大学本科以上文化程度;调入市(地)级以下机关任职的,应当具有大学专科以上文化程度。调任厅局级职务的,原则上不超过 55 周岁;调任县(市)领导班子成员职务的,原则上不超过 50 周岁,调任其他处级职务的,原则上不超过 45 周岁;调任科级领导职务的,原则上不超过 40 周岁。因工作特殊需要,需要适当调整的,市(地)级以下机关应当按照干部管理权限报上一级公务员主管部门批准同意,省级以上机关应当按照干部管理权限报同级公务员主管部门批准同意。

(二)调入程序

根据《公务员调任规定(试行)》第九条的规定,调任应该按照以下程序进行:(一)根据工作需要确定调任职位及调任条件;(二)提出调任人选;(三)征求调出单位意见;(四)组织考察;(五)集体讨论决定;(六)调任公示;(七)报批或者备案;(八)办理调动、任职和公务员登记手续。

根据调任职位的要求,调任人选一般通过推荐方式产生。必要时,可以对调任人选进行考试。对调任人选应当进行严格考察,并形成书面考察材料。考试内容包括调任人选的德、能、勤、绩、廉等方面的表现。考察时,应听取调任人选所在单位有关领导、群众和干部人事部门、纪检监察机构的意见。所在单位应予积极配合,并提供客观、真实反映调任人选现实表现和廉政情况的材料。

根据考察情况集体讨论决定拟调任人员,并按照任前公示制有关规定在调出、调入单位予以公示。公示期满,对没有反映问题或者反映问题不影响调任的,按规定程序进行审批或备案;对反映有严重问题未经查实的,待查实并做出结论后再决定是否调任。

按照干部管理权限确定调任人员后,调入机关按照规定的权限办理审批或者备案。地方省级以下机关调任公务员须报市(地)级以上公务员主管部门审批。呈报审批、备案的材料应当包括请示、公务员调任审批(备案)表、考察材料、调出单位意见和纪检监察机构提供的廉政情况;按规定需要进行离任审计或者经济责任审计的人员,应当对其进行审计,并提供审计机关的审计结论。调任人员审批、备案后,办理调动手续,并按有关规定进行公务员登记。

调任人员的级别和有关待遇,根据其调任职务,结合本人原任职务、工作经历、文化程度等条件,比照调入机关同等条件人员确定。

二、调出

调出,是指公务员离开公务员队伍到国家机关以外的单位任职。对调出程序,本法没有作出限制性要求,但是调出人员必须经原任免机关批准,并要办理调动手续,完成公务交接,必要时还应当接受财务审计。

公务员调出机关后,不再保留公务员的身份,不再适用于本法,其权利义务内容由接收单位按照有关规定执行。但是根据《公务员调任规定(试行)》第七条的规定,公务员调出机关后再调入机关担任高于调出机关时所任职务的,应当具备从调出机关时所任职务晋升至拟调任职务所需的任职资格年限。

第七十一条　公务员在不同职位之间转任应当具备拟任职位所要求的资格条件,在规定的编制限额和职数内进行。

对省部级正职以下的领导成员应当有计划、有重点地实行跨地区、跨部门转任。

对担任机关内设机构领导职务和其他工作性质特殊的公务员,应当有计划地在本机关内转任。

上级机关应当注重从基层机关公开遴选公务员。

释　义

本条是关于转任条件和程序的规定。

一、转任的含义

转任,是指公务员在机关内部交流,是实现公务员合理流动的有效渠道。具体包括两种情形,即公务员根据工作需要或者其他正当理由,既可以在本系统内部不同职位之间进行平级调动,也可以跨系统、跨部门、跨地区交流。

为加强公务员队伍的廉政建设,强化对公务员领导骨干的培养和锻炼,《暂行条例》将"轮换"规定为一种交流方式。但是轮换与转任有许多共同之处,均是不改变公务员的身份,仅变更行政职务关系,因此将轮换单独作为一种交流方式的意义并不大,2005 年出台的公务员法将轮换与转任合并,统称为转任。

二、转任的原因和种类

1.因工作需要的转任。根据实际工作需要或者其他正当理由,机关需要通过适用转任制度加大或强化某一地区、某一部门或某一方面的工作。此外,为了培养公务员的综合能力和素质或者为了防止滋生腐败问题,机关需要通过转任的方式有计划、有组织、有目的地对人员结构进行必要调整。

2.因回避需要的转任。本法要求公务员必须按照法定范围实行任职回避和地域回避。遇有回避情形时,机关可通过转任方式对相关人员的职位进行调整,以此符合回避制度的要求。

3.因机构改革的转任。随着经济社会的发展,机构可能会面临着被调整、撤销、合并等情况,从而引起编制和职数的变化。在这一过程中,有些单位出现职位空缺而需要补充人员,有些单位则出现编余人员而需要裁减人员,需要通过转任这种方式来调剂公务员队伍内部的人才余缺。

4.因个人原因的转让。有的公务员所在职位并非与其所学专业和工作经验相匹配,为了更好地发挥作用,充分发挥自身特长,可以向机关申请转任,机关也可以借此合理配置人才。有的公务员因工作原因使其在生活上面临一些实际困难,导致其难以安心工作,需要通过转任方式更好地平衡工作和家庭的关系,从而提升工作质效。例如,夫妻两地分居、居家上班交通不便等。

三、转任的条件与要求

转任作为交流的一种重要方式,虽然有很多好处,但如果不加以规范和限制导致其被滥用,也会带来很多弊端。因此规定转任应当在规定的编制限额范围内进行,转任机关必须有空缺的职数,转任人员应当具备拟任职位所要求的资格条件。

1.转任应当在规定的编制限额范围内进行。国家编制是机关根据宪法和各级人民政府组织法所确立的组织原则,根据机关部门的结构、职能和工作量下达的工作人员的编制额度,该限额具有法律约束力,任何单位和个人都不得违法超额流动。

2.转任机关必须有空缺的职数。转任的性质是转任人员与拟任职工作形成长期固定的职务关系,如果没有职数空缺,将无法满足转任制度的要求。

3.转任人员应当具备拟任职位所要求的资格条件。为保证机关工作的质量和效率,调任机关应当根据职位要求对拟转任者进行全面严格考核,考核内容应当包括专业知识、工作经验、能力性格等各个方面,从而确保转任人员能够胜任拟任职位的工作。

四、领导成员的转任

为培养锻炼各级领导干部,避免领导成员在某些要害部门任职时间过长产生问题,本条第二款规定,对省部级正职以下的领导成员应当有计划、有重点地实行跨地区、跨部门转任。在实际工作中,有的地方存在滥用转任制度的问题。例如,刚刚经过选举、任命的干部在任期未满的情况下频繁调动,该问题一方面不利于有关地方和部门工作的稳定性,另一方面也是对权力机关的不尊重。因此,有关部门在贯彻执行该条规定制订和实施转任计划时,应充分考虑民意、任期等相关因素,确需转任的,应当尽可能在任期届满时予以安排。

五、机关内部的转任

为了培养提拔公务员骨干、防止不良人事关系网的形成,本条第三款规定了机关内部的转任,即对担任机关内设机构领导职务和其他工作性质特殊的公务员,应当有计划地在本机关内转任。机关内部转任作为一种特殊的转任方式,其突出的特点是具有较强的计划性,其不是根据工作的个别需要,也不是根据公务员的个人申请,而是机关从大局考量有计划地进行。机关为培养提拔公务员骨干和防范廉政风险,通过该种方式使相关人员全面熟悉业务工作、丰富领导经验,或者将相关人员调离领导岗位、特殊岗位,避免因长期担任某一职务而产生的弊端。

六、遴选

遴选,是指上级机关直接向下级机关选人。公务员遴选一般指市(地)级以上机关从下级机关公开择优选拔任用内设机构公务员。遴选分为中央遴选和地方遴选,2013 年,中组部发布的《公务员公开遴选办法(试行)》对公开遴选考试的方式进行了明确规定。遴选可以跨政府层级、跨工作部门(系统)进行,中央机关遴选面向全国公开,各级机关公务员和参照公务员法管理机关

（单位）中的工作人员，只要符合报名条件，都可以报名参加遴选。

遴选是公务员队伍内部竞争性转任和选拔，是公务员队伍中"二次择优"的制度创新。通过公务员遴选制度，可以把政治素质好、工作实绩突出、具有丰富基层工作经验、与人民群众关系密切、群众公认的基层优秀人才选拔到上级机关。本条第四款规定，上级机关应当注重从基层机关公开遴选公务员。该规定彰显了我国重视基层一线、倾斜基层一线的干部工作导向。遴选机制具有重要意义，有利于打通基层上升的途径，对于实现中央机关公务员队伍中的领导来自基层、干部出于基层，优化公务员队伍的结构有重要作用。自2015年中共中央组织部、国家公务员局规定了"在职公务员、参照公务员法管理机关（单位）工作人员不能报名参加中央机关公务员录用考试。中央层级以下公务员进入中央和国家机关一般只能通过遴选进入"以后，遴选成为基层干部通过考试方式上升的主要通道。遴选制度从干部结构上保证党政领导机关与人民群众的血肉联系，有利于增强上级机关政策的执行力，上级机关大多肩负制定相关政策的重大使命，让掌握基层实际、经过基层历练、熟悉群众工作的同志参加制定过程，有利于让文件更加接地气，让方案更加实际。

第七十二条　根据工作需要，机关可以采取挂职方式选派公务员承担重大工程、重大项目、重点任务或者其他专项工作。

公务员在挂职期间，不改变与原机关的人事关系。

释　义

本条是关于公务员挂职的规定。

一、挂职的目的

挂职是指机关有计划地选派在职公务员在一定时间内到下级机关或上级机关、其他地区机关以及其他单位担任一定职务的活动。随着社会经济、政治、文化的不断发展，机关的管理工作也日趋复杂、多变，岗位要求相关人员不仅要具备较好的思想政治水平和专业知识结构，而且还需要具备丰富的实践经验和灵活的应变能力。但是目前的公务员队伍，大多公务员的工作经历比较简单，有的是从大中专院校毕业后直接进入机关从事相关工作，有的则长期在高层次机关任职,往往因缺乏各种工作经验以及处理复杂工作的应变能力,难以适应岗位日益增长的能力需要,很难较好地完成本职工作。基于工作的需要和培养锻炼公务员的需要,机关可以采取挂职方式选派公务员承担重大工程、重大项目、重点任务或者其他专项工作,一方面保证工作的顺利开展,另一方面也让相关人员得以丰富经验,增长才干。

二、挂职的范围

根据本条的规定,挂职的范围是重大工程、重大项目、重点任务或者其他专项工作。与《暂行条例》和修订前公务员法的规定不同,本次修订将挂职的范围限于具体工作。实践中,挂职锻炼取得非常好的效果,但是也存在一些弊端,基于工作需要将范围限定于具体事项,有利于保证人力资源的充分利用和公务员的快速成长。

三、挂职与其他交流方式的区别

1.挂职与调任、转任不同,调任和转任通常会调离原机关,与新机关形成长期固定的职务关系。挂职是临时更换工作岗位,等到重大工程、重大项目、重大任务或者其他专项工作结束后,仍回原机关工作。

2.挂职作为一种特殊的交流方式,被选派的公务员不因挂职而改变其与原机关的人事关系,档案和编制仍在原机关,亦不会引起公务员法律身份的产生、消灭或职务关系的变化,其只是根据工作需要,挂职到重大工程、重大项目、重大任务或者其他专项工作中,在具体业务上受接收单位的领导,其他方面仍受原单位管理。

第七十三条　公务员应当服从机关的交流决定。

公务员本人申请交流的,按照管理权限审批。

释　义

本条规定公务员有服从机关交流决定的义务。

机关作出的交流决定,包括调任、转任,是一种行政命令,对所有的公务员均具有约束力。决定一旦作出,相关人员有义务服从。如果不服从,机关可以对其进行批评教育,甚至还可以对其进行纪律处分。为了更好地做好行政管理工作,更好地发挥交流人员和交流制度的作用,避免因交流给公务员个人在工作上、生活上造成困难和不便,从而影响其工作积极性,实践中,交流机关一般会采取服从工作需要与照顾公务员个人意愿和具体困难相结合的原则。在作出决定前,通常会与交流人员进行沟通,充分了解其个人意愿,充分考虑其提出的合理要求和意见。如果交流人员提出的合理要求一时难以满足而工作又确实需要,机关通常会做好有关人员的思想工作,说服其服从组织安排,以工作为重。如果交流人员趁交流之机提出不合理要求的,机关会明确予以拒绝,并对其进行批评教育。

本条第二款规定的依个人申请的交流,是指公务员个人根据自身实际情况主动提出交流申请,机关依据其理由作出是否批准的决定。这种交流方式具有三个要素,一是公务员个人有合法且合理的正当理由,二是公务员本人提出申请,三是由机关按照管理权限审批后决定是否交流。在实践中,机关在作出审批决定时,如果申请人的申请符合法定的申请理由和条件,且不与实际工作相冲突的,通常会作出予以批准的决定,并为申请者及时办理交流手续。如果申请人的申请不符合法律和政策规定,或者与实际工作相冲突,机关通常会作出不予批准的决定,并及时与申请人取得联系,告知其结果并详细说明理由。

第七十四条 公务员之间有夫妻关系、直系血亲关系、三代以内旁系血亲关系以及近姻亲关系的,不得在同一机关双方直接隶属于同一领导人员的职位或者有直接上下级领导关系的职位工作,也不得在其中一方担任领导职务的机关从事组织、人事、纪检、监察、审计和财务工作。

公务员不得在其配偶、子女及其配偶经营的企业、营利性组织的行业监管或者主管部门担任领导成员。

因地域或者工作性质特殊,需要变通执行任职回避的,由省级以上公务员主管部门规定。

释 义

本条是关于公务员任职回避的规定。

为加强对公务员的管理和监督,保证公务员依法、公正执行公务,促进机关廉政建设,本法规定了回避制度,具体包括任职回避、地域回避和公务回避。2011 年颁布的《公务员回避规定(试行)》,对公务员回避的种类和要求作了具体的规定。本条对公务员任职回避进行了规定。

一、任职回避的概念

任职回避,是指对具有法定近亲属关系的公务员,在从事某些关系比较密切的职务工作时作出的限制。公务员是代表国家从事公务,工作具有依法、公正、严肃、认真等特征,而近亲属之间具有高度的人身依附性,如果在任职方面不作出回避的规定,很容易产生廉政风险。因此,任职回避制度设计的目的就是在相关职位上将工作关系与亲属关系分开,保障公务员之间仅仅是简单和谐的工作关系。

二、任职回避中的亲属关系

实际生活中,亲属范围非常广泛,但是并不是所有的亲属关系均足以对执行职务产生实际影响。为了最大限度地保证公务员在人事选拔、执行公务等方面排除亲情干扰、秉公执法、不偏不倚,本条规定职务回避中的亲属关系包括夫妻关系、直系血亲关系、三代以内旁系血亲关系以及近姻亲关系。夫妻关系,是指男女二人结成的合法婚姻关系。直系血亲关系,是指生育自己或自己生育的上下各代血亲,具体包括祖父母、外祖父母、父母、子女、孙子女、外孙子女。三代以内旁系血亲,是指与己同源于父母或祖父母、外祖父母的旁系血亲,具体包括伯叔姑舅姨、兄弟姐妹、堂兄弟姐妹、表兄弟姐妹、侄子女、甥子女。近姻亲关系具体包括配偶的父母、配偶的兄弟姐妹及其配偶、子女的配偶及子女配偶的父母、三代以内旁系血亲的配偶。

三、任职回避中应回避职务的范围

为有效发挥相关职位之间的监督管理作用,最大限度地防止腐败,本条规定任职回避的范围包括三种,一是不得在同一机关双方直接隶属于同一领导人员的职位,其中直接隶属是指具有直接上下级领导关系,同一领导人员包括同一级领导班子成员。二是不得在同一机关双方有直接上下级领导关系的职位工作,其中直接上下级领导关系包括上一级正副职与下一级正副职之间的领导关系。三是不得在其中一方担任领导职务的机关从事组织、人事、纪检、监察、审计和财务工作。

四、任职回避的办理程序

公务员任职回避按照以下程序办理：（1）本人提出回避申请或者所在机关提出回避建议。（2）任免机关组织人事部门按照管理权限进行审核，并提出回避意见报任免机关。在报任免机关决定前，应当听取公务员本人及相关人员的意见。（3）任免机关作出决定。需要回避的，予以调整。职务层次不同的，一般由职务层次较低的一方回避；职务层次相同的，根据工作需要和实际情况决定其中一方回避。

五、任职回避的变通规定

在实践中，有些工作因为具备地域或者工作性质的特殊性，例如边远地区，就业、生活等条件很不方便，若严格实行任职回避制度，可能导致夫妻关系不和谐等实际问题。出于工作需要或者外交管理，外交部的某些派出机构一般允许具有夫妻关系的公务员在同一个机构工作。因此任职回避制度存在一些变通和例外，但是为了保证公务员队伍的清正廉洁和干净纯洁，突破任职回避需经省级以上公务员主管部门规定，以此避免该制度因被滥用而带来的各种弊端。

第七十五条　公务员担任乡级机关、县级机关、设区的市级机关及其有关部门主要领导职务的，应当按照有关规定实行地域回避。

释　义

本条是关于公务员地域回避的规定。

地域回避由来已久，清朝的时候就有官员不得在本籍500里之内任职的规定，原因在于每个人都具有社会属性，均生活在一定的社会关系中，与身边的人和事产生广泛而复杂的关系。如果允许公务员在其出生地任职或者长期在某地任职，其形成的社会关系势必会影响公权力的公正规范行使。因此，为避免亲属、宗族、友情等关系对公务工作产生干扰,本条规定公务员担任乡级机关、县级机关、设区的市级机关及其有关部门领导职务的,应当按照有关规定实行地域回避。

地域回避具体包括三种情形,一是公务员担任县、乡党委、政府正职领导成员的,应当实行地域回避,一般不得在本人成长地担任市(地、盟)党委、政府正职领导成员。二是公务员担任县级纪检机关、组织部门、人民法院、人民检察院、公安部门正职领导成员的,应当实行地域回避,一般不得在本人成长地担任市(地、盟)纪检机关、组织部门、人民法院、人民检察院、公安部门正职领导成员。三是民族自治地方的少数民族领导干部的地域回避按照有关法律规定并结合本地实际执行。因为少数民族地区具有特殊的民俗和特点,非本地区生长的人很难了解当地的实际情况和风俗习惯,因此严格实行地域回避不利于当地工作的开展。地域回避按照《公务员回避规定(试行)》第六条规定的任职回避程序办理。

第七十六条 公务员执行公务时,有下列情形之一的,应当回避:

(一)涉及本人利害关系的;

(二)涉及与本人有本法第七十四条第一款所列亲属关系人员的利害关系的;

(三)其他可能影响公正执行公务的。

释 义

本条是关于公务员公务回避的规定。

为消除各种利害关系可能对执行公务产生影响,保证公务处理程序和实体处理结果的公正性,实现秉公执法,本条规定了公务回避,即凡与所处理事务有利害关系的公务员,均应依法终止职务行为而由其他公务员来行使相应的职权。

根据《公务员回避规定(试行)》第十条的规定,公务员应当回避的公务活动包括:(一)考试录用、调任、职务升降任免、考核、考察、奖惩、交流、出国审批;(二)监察、审计、仲裁、案件审理;(三)税费稽征、项目资金审批、监管;

(四)其他应当回避的公务活动。

根据《公务员回避规定(试行)》第十一条的规定,具有以下三种情形之一的,应当回避,不得参加有关调查、讨论、审核、决定,也不得以任何方式施加影响。第一,涉及本人利害关系。具体包括两种情形,一是本人是事务当事人,二是公务本身与自己有千丝万缕的关系。俗话说"自己不能做自己的法官",原因在于人具有趋利避害的本性,凡事涉及本人利益时,往往不能站在客观的立场,从而依法作出公平公正的判断和决定。因此,凡涉及本人利害关系的均应该适用公务回避。第二,涉及法定亲属关系人员的利害关系。这里的亲属关系人员包括夫妻关系、直系血亲关系、三代以内旁系血亲以及近姻亲关系的亲属。这些亲属与公务员之间关系比较好、联系比较紧密,如果不实行回避,公务员可能会受其影响而作出包庇、偏袒等违法违规行为。第三,其他可能影响公正执行公务的。该项是一个兜底条款,只要可能会影响到公务员公正执行公务,均应当执行公务回避制度。例如,师生关系、战友关系等。

第七十七条 公务员有应当回避情形的,本人应当申请回避;利害关系人有权申请公务员回避。其他人员可以向机关提供公务员需要回避的情况。

机关根据公务员本人或者利害关系人的申请,经审查后作出是否回避的决定,也可以不经申请直接作出回避决定。

释 义

本条是关于公务员回避方式的规定。

为让回避制度更具可操作性,本条将公务员的回避方式类型化,具体分为自行回避、申请回避以及决定回避三种。《公务员回避规定(试行)》,对公务员回避的程序和要求作了具体的规定。

一、自行回避

自行回避,是指公务员在处理公务时,认为自己与所处理事务之间存在利害关系可能影响到公正履职,按照规定的程序主动提出回避申请,有关责任人对该申请进行全面审查,并及时作出是否回避的决定。具体来说,自行回避的程序包括三个步骤:一是提出申请。公务员在执行公务结束前,发现自己具备回避的法定情形的,以书面或者口头形式提出回避申请。二是审查申请。有权机关收到回避申请时,应及时对申请依法进行审查。三是作出决定。申请理由符合法律规定情形的,应当及时作出回避的决定,并指定其他公务员处理相关工作。申请理由不符合法律规定情形的,作出不予回避的决定,通知申请人并详细说明理由。

二、申请回避

申请回避,是指公务的利害关系人在公务执行结束前,认为处理公务的公务员可能具备法律规定的回避情形的,依照法律规定向相关机关提出回避申请,要求终止该公务员的公务行为,并指定其他公务员处理该公务,相关机关审查回避申请并作出是否回避的决定。申请回避具有以下特点:一是申请主体是公务的利害关系人。例如,人事考核中的被考核人、行政处罚中的被处罚人及受害人,诉讼中的原、被告等。非公务的利害关系人不适用本程序,但是可以向机关提供公务员需要回避的情况。二是申请时间特定。利害关系人可以在公务执行开始至执行完毕期间申请,不得对未开始执行和已执行完毕的公务提出申请。三是审查时间法定。有关机关在收到申请后,应及时对申请进行审查,并在规定时间内作出是否回避的决定。四是利害关系人拥有救济途径。对于有关机关作出的是否回避的决定不服的,利害关系人有权申请复核。

三、决定回避

决定回避,是指有关机关根据掌握的情况,认为公务员存在法律规定的回避情形的,可以在公务员本人未主动提出回避申请以及公务利害关系人亦未提出回避申请的情况下,直接作出回避决定。

决定回避具有以下特点:一是提出主体是有权机关。根据公务性质的不同,相应的有权机关也不同。二是适用范围主要是任职回避和地域回避。该种回避方式充分体现上下级公务员之间的领导关系,符合法理,也非常必要。

第七十八条 法律对公务员回避另有规定的,从其规定。

释　义

本条是关于公务员回避的法律适用规定。

本法第二条规定,公务员是指依法履行公职、纳入国家行政编制、由国家财政负担工资福利的工作人员,包括监察官、法官、检察官等。本法规定的内容适用于所有公务员,但是有一些特殊岗位的公务员,由于岗位的特殊性,国家设有专门的规定对其进行规范。按照特殊法优先于一般法的法律适用原则,对特殊岗位的公务员应优先适用于特殊法。例如,与行政机关中的公务员不同,法官和检察官行使的是司法权,具体的职能范围和管理内容也有所不同,相应的体制并不一致,因此本法第三条规定法律对法官和检察官等的义务、权利和管理另有规定的,从其规定。

具体到回避制度,法官法和检察官法关于回避制度规定的基本架构与本法一致,但是在某些细节方面,比如任职回避具体职务的要求、公务回避的范围和程序等规定均与本法不一致。《中华人民共和国法官法》第十六条规定:"法官之间有夫妻关系、直系血亲关系、三代以内旁系血亲以及近姻亲关系的,不得同时担任下列职务:(一)同一人民法院的院长、副院长、审判委员会委员、庭长、副庭长;(二)同一人民法院的院长、副院长和审判员、助理审判员;(三)同一审判庭的庭长、副庭长、审判员、助理审判员;(四)上下相邻两级人民法院的院长、副院长。"第十七条规定:"法官从人民法院离任后二年内,不得以律师身份担任诉讼代理人或者辩护人。法官从人民法院离任后,不得担任原任职法院办理案件的诉讼代理人或者辩护人。法官的配偶、子女不得担任该法官所任职法院办理案件的诉讼代理人或者辩护人。"再如,《中华人民共和国刑事诉讼法》第二十九条规定:"审判人员、检察人员、侦查人员有下列情形之一的,应当自行回避,当事人及其法定代理人也有权要求他们回避:(一)是本案的当事人或者是当事人的近亲属的;(二)本人或者他的近亲属和本案有利害关系的;(三)担任过本案的证人、鉴定人、辩护人、诉讼代理人的;(四)与本案当事人有其他关系,可能影响公正处理案件的。"第三十条规定:"审判人员、检察人员、侦查人员不得接受当事人及其委托的人的请客送礼,不得违反规定会见当事人及其委托的人。审判人员、检察人员、侦查人员违反前款规定的,应当依法追究法律责任。当事人及其法定代理人有权要求他们回避。"第三十一条规定:"审判人员、检察人员、侦查人员的回避,应当分别由院长、检察长、公安机关负责人决定;院长的回避,由本院审判委员会决定;检察长和公安机关负责人的回避,由同级人民检察院检察委员会决定。对侦查人员的回避作出决定前,侦查人员不能停止对案件的侦查。对驳回申请回避的决定,当事人及其法定代理人可以申请复议一次。"考虑到法官、检察官、监察官的特殊性,本条规定:"法律对公务员回避另有规定的,从其规定。"也即,对监察法、法官法、检察官法等特别法中有关回避的规定与本法规定不一致的,优先适用特别法,特别法中没有规定的,则适用于本法的相关规定。

第十二章 工资、福利与保险

工资、福利和保险制度涉及公务员的切身利益,是满足公务员物质需求、保证其安心工作的重要制度。同时,公务员的工资、福利和保险待遇与企业事业单位存在差异,一直为社会各方所关注。党的十六大就提出"完善干部职务与职级相结合的制度,建立干部激励和保障机制"。如何确定科学、合理的公务员工资福利制度,让公务员的工资和福利合法、公平、透明,既能为公务员履职提供物质基础,又能体现社会分配公平,是公务员法面临的重要任务。

第七十九条 公务员实行国家统一规定的工资制度。

公务员工资制度贯彻按劳分配的原则,体现工作职责、工作能力、工作实绩、资历等因素,保持不同领导职务、职级、级别之间的合理工资差距。

国家建立公务员工资的正常增长机制。

释 义

本条是关于公务员工资制度的规定。

工资是公务员根据国家法律规定和按劳分配原则所获得的货币形式的收入。工资是保证公务员本人及其赡养人员基本生活的重要条件,也是合理配置公务员队伍的调节器。公务员的工资制度是整个社会收入分配制度的重要组成部分,公务员的工资收入分配是否科学合理,关乎整个公务员队伍建设及政府工作效率。

一、公务员工资制度改革回顾

中华人民共和国成立以来我国公务员工资制度的改革经历了五个重要阶段：

（一）第一阶段：改供给制为工资制

1955年8月31日，国务院发布《关于国家机关工作人员全部实行工资制和改行货币工资制的命令》（〔55〕国秘字第171号），要求将革命战争时期国家机关工作人员实行的供给（包干）制改为工资制待遇，并且在国家机关及所属事业单位废除以工资分折合粮、油、盐、煤、布等实物的办法，改为货币工资制。

（二）第二阶段：建立职务等级工资制

1956年6月16日，国务院全体会议通过了《国务院关于工资改革的决定》（〔56〕国议周字第53号），确定了国家机关实行职务等级工资制，将国家机关行政人员的工资共分为30个等级，11个工资区类别，330个工资标准。六类工资区最低级23元，最高级644元，平均级差19.19元。1956年7月6日，国务院颁布了关于国家机关工作人员工资方案的通知，制定了国家机关工作人员工资标准表以及各地区适用工资标准种类和生活费补贴表，明确了国家、地方国家机关工作人员工资级别审核程序。

（三）第三阶段：完善结构工资制

1985年6月4日，中共中央、国务院发布了《关于国家机关和事业单位工作人员工资制度改革问题的通知》（中发〔1985〕9号），以贯彻按劳分配为原则，国家机关行政人员、专业技术人员改为以职务工资为主要内容的结构工资制，按照工资的不同职能，分为基础工资、职务工资、工龄津贴和奖励工资四个部分。从领导干部到一般工作人员均执行相同的基础工资。职务工资按照工作人员的职务高低、责任大小、工作繁简和业务技术水平确定，每一职务设几个等级的工资标准，上下职务之间的工资适当交叉。工作人员按实际职务确定相应的职务工资，并随职务的变动而变动。工龄津贴按照工作人员的工作年限逐年增长，每工作一年每月发5角。计发工龄津贴的工作年限，从参加革命工作和社会主义建设工作时开始计算，到本人离、退休时为止，但领取工龄津贴的工作年限最多不超过40年。奖励工资则用于奖励在工作中有突出贡献的工作人员。

中央和省级国家机关行政人员基础工资、职务工资标准（1985）

职务	基础工资（元）	职务工资标准						
			1	2	3	4	5	6
主席、副主席、总理	40			490	410	340		
副总理、国务委员	40			340	300	270		
部长、省长	40	315	300	270	240	215	190	165
副部长、副省长	40	270	240	215	190	165	150	140
局、厅长	40		190	165	150	140	130	120
副局、厅长	40		150	140	130	120	110	100
处长	40		130	120	110	100	91	82
副处长	40		110	100	91	82	73	65
科长、主任科员	40		91	82	73	65	57	49
副科长、副主任科员	40		73	65	57	49	42	36
科员	40		57	49	42	36	30	24
办事员	40		42	36	30	24	18	12

（四）第四阶段：实行职级工资制

1993年11月15日，国务院发布《关于机关和事业单位工作人员工资制度改革问题的通知》（国发〔1993〕79号），在总结和吸收前两次工资制度改革经验的基础上，结合机构改革和公务员制度的推行，建立符合机关工作特点的职务级别工资制度，以便进一步调动机关工作人员的积极性，提高工作效率。这次改革以按劳分配为原则，对机关实行与企业和事业单位不同的工资制度。机关工作人员（工勤人员除外）实行职级工资制，工资按不同职能分为职务工资、级别工资、基础工资和工龄工资四个部分，其中，职务工资和级别工资是职级工资构成的主体。

1.职务工资。职务工资按工作人员的职务高低、责任轻重和工作难易程度确定，是职级工资制中体现按劳分配的主要内容。在职务工资标准中，每一职务层次设若干工资档次，最少为三档，最多为八档。工作人员按担任的职务确定相应的职务工资，并随职务及任职年限的变化而变动。

2.级别工资。级别工资按工作人员的资历和能力确定，也是体现按劳分配的主要内容。机关工作人员的级别共分为十五级，一个级别设置一个工资标准。

3.基础工资。基础工资按大体维持工作人员本人基本生活费用确定，数额为每人每月90元。各职务人员均执行相同的基础工资。

4.工龄工资。工龄工资按工作人员的工作年限确定。工作年限每增加1年，工龄工资增加1元，一直到离退休当年止。

机关工作人员考核优秀和称职的，每两年可在本职务工资标准内晋升一个工资档次，考核不称职的，不得晋升工资档次。工资随工作人员职务、级别的晋升和工作年限的增长相应增加。晋升级别的工作人员，均可相应增加级别工资。工作人员在原级别任职期间连续五年考核称职或连续三年考核优秀的，在本职务对应的级别内晋升一个级别。副部长及以上人员，任职超过五年的，晋升一个级别。工作人员的级别达到本职务最高级别后，不再晋升。

（五）第五阶段：依法完善职级工资制

2006年6月14日，国务院发布了《关于改革公务员工资制度的通知》（国发〔2006〕22号），以贯彻落实党的十六大关于"完善干部职务与职级相结合的制度，建立干部激励和保障机制"的精神和公务员法为背景，实行国家统一的职务与级别相结合的公务员工资制度。将公务员基本工资构成由职务工资、级别工资、基础工资和工龄工资四项调整为职务工资和级别工资两项，取消基础工资和工龄工资。

职务工资主要体现公务员的工作职责大小，一个职务对应一个工资标准，领导职务和相当职务层次的非领导职务对应不同的工资标准。公务员按所任职务执行相应的职务工资标准。级别工资主要体现公务员的工作实绩和资历。每一职务层次对应若干个级别，每一级别设若干个工资档次。公务员根据所任职务、德才表现、工作实绩和资历确定级别和级别工资档次，执行相应的级别工资标准。级别与工资等待遇适当挂钩。厅局级副职及以下职务层次的公务员，任职时间和级别达到规定条件后，经考核合格，可以享受上一职务层次非领导职务的工资等待遇。

二、确定公务员工资制度的基本原则

公务员法并未具体规定公务员工资制度的详细内容，目的是要为公务员工资制度改革留下空间。但本条规定了公务员工资制度应当遵循的基本原则,即按劳分配原则。

所谓按劳分配,即按照劳动者提供的劳动量(数量和质量)分配个人消费品,实行多劳多得,少劳少得。按劳分配是社会主义分配制度的基本原则,我国工资立法中坚持把劳动量作为工资分配的主要尺度。

公务员工资制度中坚持按劳分配原则主要体现在两个方面:(1)同工同酬。在相同职位上完成了相同工作任务的公务员,或者职位不同但职务和级别相同的公务员完成了相同的工作,应当给予相同的报酬。当然同工同酬还需考虑地区差异及所在单位等其他相关因素。(2)合理差距。在劳动力市场充分竞争的条件下,工资差距是劳动力提供的劳动质量差异带来的结果。适当的工资差距对劳动者能够起到激励作用。我国公务员有综合管理、专业技术、行政执法等不同类别,根据公务员职位类别和职责又分为不同的职务层次,相同职务层次的公务员在资历等方面存在差异,因此,保持不同职务级别之间合理的工资差距,有利于公务员队伍建设和发展,从而能够有效提高政府效率。

三、工资增长机制

公务员晋升职务后,执行新任职务的职务工资标准,并按规定晋升级别和增加级别工资。公务员年度考核称职及以上的,一般每五年可在所任职务对应的级别内晋升一个级别,每两年可以在所任级别对应的工资标准内晋升一个工资档次。公务员的级别达到所任职务对应最高级别后,不再晋升级别,在最高级别工资标准内晋升级别工资档次。厅局级副职及以下职务层次的公务员,任职时间和级别达到规定条件后,经考核合格,可以享受上一职务层次非领导职务的工资等待遇。

第八十条 公务员工资包括基本工资、津贴、补贴和奖金。

公务员按照国家规定享受地区附加津贴、艰苦边远地区津贴、岗位津贴等津贴。

公务员按照国家规定享受住房、医疗等补贴、补助。

公务员在定期考核中被确定为优秀、称职的,按照国家规定享受年终奖金。

公务员工资应当按时足额发放。

释 义

本条是关于公务员工资组成和发放要求的规定。

根据 1989 年 9 月 30 日国务院批准的《关于工资总额组成的规定》,各级国家机关的工资总额由计时工资、计件工资、奖金、津贴和补贴、加班加点工资、特殊情况下支付的工资六个部分组成。本法进一步将公务员的工资范围界定为四项:基本工资、津贴、补贴和奖金。

一、基本工资

2005 年开始实施的公务员法将公务员的基本工资由职务工资、级别工资、基础工资和工龄工资四部分简化为职务工资和级别工资两部分。职务工资根据公务员的职务高低、责任大小及工作难易程度确定,主要体现按劳分配原则。级别工资根据公务员的级别确定,公务员的级别主要依据其所任职务、工作绩效、学历、工作年限、任职年限以及德才表现等确定。级别工资可以反映同一职务层次公务员之间在工作年限、工作能力等方面的差别,同时也能使公务员在没有提升职务的情况下也可以享受级别晋升带来的工资待遇提高。一个职务对应一个工资标准,领导职务和相当职务层次的非领导职务对应不同的工资标准。公务员按所任职务执行相应的职务工资标准。公务员的级别共有 27 个,每一职务层次对应若干个级别,每一级别设若干个工资档次。公务员根据所任职务、德才表现、工作实绩和资历确定级别和级别工资档次,执行相应的级别工资标准。

在正常晋升职务工资和级别工资的情况下,国家根据城镇居民生活费用的增长情况以及国民经济发展和企业相当人员工资水平的增长情况,定期调整机关工作人员的工资标准。根据 2018 年人力资源和社会保障部、财政部发布的《关于调整机关工作人员基本工资标准的实施方案》,从 2018 年 7 月 1 日起,职务工资标准由现行的每月 585 元至 7835 元分别提高到每月 640 元至 9280 元;级别工资各级别起点标准由现行的每月 1020 元至 6496 元分别提高到每月 1130 元至 7109 元,其他各级别工资档次标准相应提高。

公务员职务级别工资标准表（2018）　　　　单位:元/月

职务	领导职务	非领导职务	级别	1	2	3	4	5	6	7	8	9	10	11	12	12	14
国家级正职	9280		一	7109	7631	8153	8675	9197	9719								
			二	6546	7003	7460	7917	8374	8831	9288							
国家级副职	7240		三	6028	6445	6862	7279	7596	8113	8530	8947						
			四	5537	5923	5309	6695	7081	7467	7863	8839	8625					
			五	5082	5448	5814	6180	6546	6912	7278	7644	8010	8376				
省部级正职	5670		六	4662	5007	5352	5697	6042	6387	6732	7077	7422	7767	8112			
			七	4296	4609	4922	5235	5548	5861	6174	6487	6800	7113	7426			
省部级副职	4390		八	3982	4264	4546	4828	5110	5392	5674	5956	6238	6520	6802			
			九	3705	3959	4213	4467	4721	4975	5229	5493	5737	5981	6246			
			十	3453	3682	3911	4140	4369	4598	4827	5056	5285	5514	5743			
厅局级正职	3370	3150	十一	3219	3430	3641	3852	4063	4274	4485	4696	4907	5118	5329	5540		
			十二	3000	3197	3394	3591	3788	3985	4182	4379	4576	4773	4970	5167	5364	
厅局级副职	2700	2530	十三	2795	2980	3186	3350	3535	3720	3905	4080	4275	4480	4545	4830	5016	5200
			十四	2603	2777	2951	3125	3299	3473	3647	3821	3995	4169	4343	4517	4691	4865
县处级正职	2100	1950	十五	2424	2588	2752	2916	3080	3244	3408	3572	3736	3900	4064	4228	4392	4555
			十六	2257	2411	2565	2719	2873	3027	3181	3335	3489	3543	3797	3951	4105	4259
			十七	2102	2246	2390	2534	2678	2822	2986	3110	3254	3398	3542	3686	3830	
县处级副职	1630	1510	十八	1959	2093	2227	2351	2495	2629	2763	2897	3031	3165	3299	3433	3557	
			十九	1827	1951	2075	2199	2323	2447	2571	2695	2819	2943	3067	3191		
乡科级正职	1260	1170	二十	1706	1820	1934	2048	2162	2276	2390	2504	2618	2732	2846			
			二十一	1595	1699	1803	1907	2011	2115	2219	2323	2427	2531				
			二十二	1494	1588	1682	1776	1870	1964	2058	2162	2246					
乡科级副职	1010	940	二十三	1403	1487	1571	1655	1739	1823	1907	1991						
			二十四	1322	1396	1470	1544	1618	1692	1766	1840						

续表

职务工资			级别工资														
职务	工资标准		级别	档　次													
	领导职务	非领导职务		1	2	3	4	5	6	7	8	9	10	11	12	12	14
科员		780	二十五	1250	1315	1380	1445	1510	1575	1640							
办事员		640	二十六	1186	1244	1302	1360	1418	1476								
			二十七	1130	1181	1232	1283	1334	1385								

直接从各类学校毕业生中录用的公务员试用期工资标准也相应提高。高中、中等专业学校毕业生每月1460元，大学专科毕业生每月1660元，大学本科毕业生每月1780元，获得双学士学位的大学本科毕业生（含学制为六年以上的大学本科毕业生）、研究生班毕业和未获得硕士学位的研究生每月1940元，获得硕士学位的研究生每月2170元，获得博士学位的研究生每月2400元。

工资调整所需经费，按行政隶属关系和现行行政经费保障渠道解决。对部分地方所需经费，中央财政通过增加均衡性转移支付给予适当补助。省级财政通过完善财政转移支付制度加大对财力薄弱地区的转移支付力度。

二、津贴

1.地区附加津贴

地区附加津贴，是根据各地区经济发展水平和生活费用支出等因素，同时考虑机关工作人员工资水平与企业职工工资水平的差距确定。实行地区附加津贴，使不同地区的机关工作人员工资的提高与经济发展联系起来，允许省、自治区、直辖市运用地方财力安排一些工资性支出，用于缩小机关工作人员工资水平与当地企业职工工资水平的差距，鼓励机关工作人员为国家和本地区的经济发展多做贡献。

2.艰苦边远地区津贴

艰苦边远地区津贴主要是根据自然地理环境、社会发展等方面的差异，对在艰苦边远地区工作生活的工作人员给予适当补偿。艰苦边远地区津贴依据不同地区的地域、海拔高度、气候以及当地物价等因素确定。1993年国务院关于机关工作人员工资制度改革方案将工资区类别补贴、地区生活费补贴、高原地区临时补贴和地区性津贴等归并之后,建立艰苦边远地区津贴,然后划分为四类,各类标准在归并的津贴、补贴基础上再适当予以提高。

根据 2016 年人事部、财政部《关于印发〈完善艰苦边远地区津贴制度实施方案〉的通知》(国人部发〔2006〕61 号),对县级行政区域的艰苦边远程度进行量化评估的指标分为自然地理环境和人文社会发展两个方面。自然地理环境指标包括:(1)海拔,主要反映海拔高度对人体健康的影响。(2)土被系数,主要反映土壤资源状况对生产生活的影响,考虑不同土壤类型的差异及土壤荒漠化和喀斯特地貌等因素。(3)水资源适宜度,主要反映水资源状况,考虑湿润度、降水量和河网密度等因素。(4)地表崎岖度,主要反映地形地貌对工作生活条件的影响。(5)人生气候指数,主要反映气候的适宜度,考虑气温高低、风速大小、太阳辐射强弱等因素。人文社会发展的指标为:(1)边远性指数,主要反映边远程度,考虑交通、通信等因素。(2)人文发展指数,主要反映公共服务的基本条件,考虑医疗卫生、教育文化、财政收入等因素。评估结果作为确定实施艰苦边远地区津贴范围和类别的基本依据。

列入范围的机关事业单位工作人员和离退休人员享受艰苦边远地区津贴。2006 年,艰苦边远地区津贴的类别由 2001 年确定的四类调整为六类,由低到高依次为一类、二类、三类、四类、五类、六类。根据人力资源和社会保障部、财政部《关于调整艰苦边远地区津贴标准的通知》(人社部规〔2018〕1 号),从 2017 年 1 月 1 日起,各类区在职人员津贴标准分别调整为:一类区月人均 210 元,二类区月人均 350 元,三类区月人均 580 元,四类区月人均 1050 元,五类区月人均 1950 元,六类区月人均 3200 元。在各类区平均标准内,不同职务(岗位)人员适当拉开差距。其中,一类区每月 185 元至 370 元,二类区每月 320 元至 585 元,三类区每月 545 元至 1020 元,四类区每月 1000 元至 1880 元,五类区每月 1870 元至 2630 元,六类区每月 3120 元至 4160 元(见下表)。实施艰苦边远地区津贴所需经费由中央财政负担。

机关工作人员艰苦边远地区津贴标准表

职务(技术等级)标准	一类区	二类区	三类区	四类区	五类区	六类区
省部级以上	370	585	1020	1880		
厅局级	325	505	840	1530	2630	4160

续表

职务(技术等级)标准	一类区	二类区	三类区	四类区	五类区	六类区
县处级	280	440	710	1280	2280	3700
乡科级技师以上	235	380	615	1100	2030	3320
科员以下、高级工以下	185	320	545	1000	1870	3120

3.岗位津贴

在特殊岗位工作的人员,实行岗位津贴制度。公务员离开该岗位后,津贴即行取消。

除国务院和国务院授权的相关部门外,任何地区、部门和单位不得自行建立岗位津贴项目或调整岗位津贴实施范围和标准。地区、部门和单位自行建立的岗位津贴以及在国家规定之外自行扩大范围和提高标准的一律取消。

三、补贴

公务员补贴和补助制度主要涉及住房和医疗等领域。

（一）住房补贴制度

1.住房补贴

国家实行住房制度改革之前,公务员的住房主要采取实物分房的形式,1998 年 7 月,国务院发布《关于进一步深化城镇住房制度改革加快住房建设的通知》(国发〔1998〕2 号),全面停止住房实物分配,实行住房分配货币化。各地区、各单位补助办法不一,有的是在职工购买住房时,由单位一次性给予资金补助;有的是由单位建设或购买住房后,再按一定的优惠价格出售给职工。

2.住房公积金

国家还建立了住房公积金制度,由公务员个人和单位按照工资的一定比例缴存,用于公务员购买、建造、翻修、大修自住住房。新参加工作的公务员从参加工作的第二个月开始缴存住房公积金,单位新调入的公务员从调入单位发放工资之日起缴存住房公积金。公务员缴存的住房公积金由所在单位每月从其工资中代扣代缴。单位应于每月发放职工工资之日起 5 日内将单位缴存的和为职工代缴的住房公积金汇缴到住房公积金专户内,由受委托银行记入职工住房公积金账户。

缴存住房公积金的公务员,在购买、建造、翻建、大修自住住房时,可以向住房公积金管理中心申请住房公积金贷款。有下列情形之一的,可以提取住房公积金账户内的存储余额:(1)购买、建造、翻建、大修自住住房的;(2)离休、退休的;(3)完全丧失工作能力,提前退休的;(4)出境定居的;(5)偿还购房贷款本息的;(6)房租超出家庭工资收入的规定比例的。依照前款第(2)、(3)、(4)项规定,提取职工住房公积金的,应当同时注销职工住房公积金账户。

公务员死亡或者被宣告死亡的,公务员的继承人、受遗赠人可以提取公务员住房公积金账户内的存储余额;无继承人也无受遗赠人的,公务员住房公积金账户内的存储余额纳入住房公积金的增值收益。

（二）医疗补助制度

国家公务员医疗补助是在城镇职工基本医疗保险制度的基础上对公务员的补充医疗保障,是保持国家公务员队伍稳定、廉洁,保证政府高效运行的重要措施。根据2000年5月20日国务院办公厅转发《劳动保障部、财政部关于实行国家公务员医疗补助意见的通知》(国办发〔2000〕37号),公务员医疗补助水平要与当地经济发展水平和财政负担能力相适应,保证国家公务员原有医疗待遇水平不降低,并随经济发展有所提高。医疗补助经费主要用于基本医疗保险统筹基金最高支付限额以上,符合基本医疗保险用药、诊疗范围和医疗服务设施标准的医疗费用补助;在基本医疗保险支付范围内,个人自付超过一定数额的医疗费用补助;中央和省级人民政府规定享受医疗照顾的人员,在就诊、住院时按规定补助的医疗费用。补助经费的具体使用办法和补助标准,由各地按照收支平衡的原则作出规定。

四、奖金

1986年国务院工资制度改革小组、劳动人事部、财政部联合发布《关于国家机关工作人员奖励工资问题的通知》(劳人薪〔1986〕60号),规定各级国家机关工作人员的奖励工资全年可按不超过机关工作人员1个月基本工资(含基础工资、职务工资、工龄津贴)的数额发给。奖励工资计入各单位工资总额,列国家预算支出科目"补助工资"目。1988年劳动人事部、财政部发布的《关于国家机关和事业单位工作人员增加奖励工资(奖金)问题的通知》(劳人薪〔1988〕15号)中则规定1987年全年发放奖金在1个月平均基本工资数额

以内的各级国家机关,从 1988 年起,其工作人员的奖金可以由全年不超过
1 个月的平均基本工资提高到 1 个半月。1992 年,人事部、国家计委、财政部
发布《关于适当调整国家机关和部分事业单位工作人员奖励工资(奖金)标准
的通知》(人薪发〔92〕4 号),将各级党政机关、民主党派、人民团体、人大、政
协、人民法院、人民检察院工作人员的奖金标准由全年不超过人均 1 个半月基
本工资,提高到全年不超过人均 3 个月基本工资。根据该通知的要求,党中
央、国务院各部门、各直属机构、各民主党团、人民团体、全国人大常委会、全国
政协、最高人民法院和最高人民检察院也相应调整了奖金标准。人事部、财政
部、国家机关事务管理局联合发布了《关于调整中央国家机关工作人员奖励
工资(奖金)标准的通知》(人薪发〔92〕5 号),通知提出,为有利于今后的工资
制度改革,这次提高中央国家机关工作人员奖金标准,改变过去平均发放的办
法,将奖金与本人的责任大小和实际工作挂起钩来,按担任职务适当拉开差
距。新增发奖金的月标准为:部长 55 元、副部长 47 元、司长 40 元、副司长 35
元、处长 30 元、副处长 26 元、科长 22 元、副科长 19 元、科办员和工人 16 元。

2001 年起,机关事业单位执行发放年终一次性奖金的规定。对年度考核
称职(合格)及以上的工作人员,发放年终一次性奖金,奖金标准为本人当年
12 月份的基本工资,下一年 1 月份兑现。此外,对获得奖励的公务员,按照规
定标准给予一次性奖金。

　　第八十一条　公务员的工资水平应当与国民经济发展相协
调、与社会进步相适应。

　　国家实行工资调查制度,定期进行公务员和企业相当人员工
资水平的调查比较,并将工资调查比较结果作为调整公务员工资
水平的依据。

释　义

本条是关于公务员工资的动态调整机制的规定。

一、与经济社会发展相适应的基本原则

考察发达国家和地区在确定公务员工资水平时主要考虑的因素,诸如社

会同类人员的工资水平、国民财富的增长状况、政府财政状况、社会生产力发展水平、劳动力供给状况、职业价值与传统习俗、公务员的工作条件、物价水平以及社会福利等是具有共性的。多数国家和地区会根据物价变动、政府收入、最低生活费用和劳动力的保障工资额等因素调整公务员工资基数,保障公务员实际工资不因物价上涨而下降。

要广纳群贤、把优秀人才聚集到党和国家的各项事业中来,就应当建立能够吸引人才的激励机制。国家根据国民经济发展和生活费用价格指数的变动,有计划地调整公务员的工资水平,以工资增长率高于物价增长率为原则,保证公务员工资水平随着经济社会的发展而提高,共享经济社会发展成果。

二、以工资调查为基础的工资调整机制

多数发达国家在确定及调整公务员工资水平时都会利用工资调查制度。美国联邦政府每年10月份对部分私营企业专业人员、管理人员和办事人员进行一次全国性薪酬调查,总统工资决策办公室对私营企业各类各级职员的平均薪酬进行加权,得出加权平均数;同时计算出联邦政府各级公务员的加权平均数,用回归法加以调整,得出各等级的薪酬标准;最后将相应的两个平均数对比,得出联邦各等级公务员薪酬调整的幅度。根据本条的规定,国家建立工资调查制度,定期进行公务员和企业相当人员工资收入水平的调查比较,根据调查比较的结果,结合国民经济发展、财政状况、物价水平等情况,适时调整机关工作人员基本工资标准。工资调查制度旨在保证公务员工资水平及增长率与社会保持一致。回顾我国公务员工资制度的发展历程,国家一直强调公务员工资水平以企业工资水平为参照。排除垄断行业以及国有企业限薪的因素,企业的薪酬水平基本是市场机制形成的结果,相对能够体现社会平均劳动生产率及劳动力的价格。因此,与企业工资水平进行比较,有利于保证公务员工资水平的科学性。

公务员是代表国家履行国家公共职能的工作人员,其政治和业务素养以及工作质量关乎政府公信力和执行力。有效的公务员激励和保障机制是建设高素质专业化公务员队伍的基础。因此,公务员工资水平与其他部门工作人员工资水平有差距是合理的。而且,从发达国家的经验来看,公务员平均工资水平多略高于社会平均工资。应考虑如何在工资调查基础上,确定一个合理的差距范围。

第八十二条　公务员按照国家规定享受福利待遇。国家根据经济社会发展水平提高公务员的福利待遇。

公务员执行国家规定的工时制度，按照国家规定享受休假。公务员在法定工作日之外加班的，应当给予相应的补休，不能补休的按照国家规定给予补助。

释　义

本条是关于公务员福利待遇和工时制度的规定。

一、公务员的福利待遇

公务员的福利制度主要包括：

1. 福利费制度。福利费制度是国家为解决公务员的生活困难而建立的一种专项费用制度。

2. 交通补贴制度。交通补贴是国家为减轻公务员上下班交通负担而建立的一种福利性补贴制度。

3. 冬季取暖补贴制度。这是国家为居住在寒冷地区的公务员因宿舍取暖费用支出而建立的一种福利性补贴制度。

4. 年休假制度。国家为保障公务员身体健康，每年安排公务员集中轮休。

5. 探亲假制度。工作满一年的公务员，与配偶或父母不住在一起，又不能在公休假日团聚的，可以享受探亲假。探望配偶的，每年给予一方探亲假一次，假期为 30 天；未婚公务员探望父母，原则上每年给假一次，假期为 20 天，如果因为工作需要，本单位当年不能给予假期，或者工作人员愿意两年探亲一次，可以两年给假一次，假期为 45 天；已婚公务员探望父母的，每四年给假一次，假期为 20 天。上述假期均包括公休假日和法定节日在内。

二、公务员的工时制度

根据《国务院关于职工工作时间的规定》（1995 年）以及《国家机关、事业单位贯彻〈国务院关于职工工作时间的规定〉的实施办法》，国家机关工作人员实行每日工作 8 小时、每周工作 40 小时的工时制度，星期六和星期日为周休息日。与人民群众的安全、保健及其他日常生活密切相关的机关，需要在国家规定周休息日和节假日继续工作的,需要调整好人员和班制,保证星期六和星期日照常工作,方便人民群众。

本次修订之前,公务员法第七十六条规定,公务员在法定工时之外加班的,应当给予相应的补休。立法过程中对于公务员加班未能补休的是否要发给加班工资的问题曾有争议,有观点认为公务员加班是为人民服务,不宜发给加班工资。各地人事部门的意见也不统一。四川省人事厅、省财政厅《关于机关和事业单位工作人员加班及其待遇问题答复意见的通知》(川人工〔1995〕10号)规定:国家机关、事业单位职工由于需要完成紧急任务加班加点的,应及时安排同等时间的补休,不实行发加班工资的办法。《北京市人事局关于机关、事业单位支付工作人员加班工资办法的通知》(1995年)则规定:机关、事业单位的工作人员,原则上不在法定标准工作时间以外安排加班。确须加班的,经单位领导批准,可以安排加班。加班后要安排补休。对于因工作需要无法安排补休的,经单位领导批准,可支付加班工资。本次修订,明确规定公务员加班不能补休的,按照国家规定给予补助。具体补助办法是参照劳动法第四十四条执行,还是另有规定,有待进一步明确。

第八十三条 公务员依法参加社会保险,按照国家规定享受保险待遇。

公务员因公牺牲或者病故的,其亲属享受国家规定的抚恤和优待。

释 义

本条是关于公务员社会保险及优抚制度的规定。

实行公务员制度的国家普遍建立了公务员的保险制度。本法2018年修订之前,我国的公务员保险制度是独立于社会保险制度之外的。原公务员保险制度的项目和内容包括:(1)养老保险:公务员退休后享受退休费、公费医疗、车旅费、安家补助费、住房、取暖补助、丧葬补助费等待遇。退休金由财政保障,根据公务员的工作年限及工资的一定比例计发。(2)医疗保险:公务员患病就医时,除部分贵重药品和滋补药品及挂号费由本人负担外,其他医药费由国家报销。(3)伤残保险:因公伤残的公务员,完全丧失工作能力的,可以提前退休并发给因公伤残抚恤费,部分伤残的,发给本人标准工资一定比例的护理费。因公伤残的待遇高于非因公伤残的待遇。(4)死亡保险:公务员死亡的,国家给予其遗属丧葬费、抚恤金和生活困难补助费三种待遇,具体标准由国家规定。(5)待业保险:对于公务员中有工作意愿及工作能力,但因非自愿原因失去工作的人员给予基本的物质帮助,即待业保险。目前我国仅有少数地区试点,尚未建立全国统一的公务员待业保险制度。(6)生育保险:根据国家相关规定,女性公务员产前产后共享受56天产假;难产或双胞胎增加14天产假;怀孕不满7个月流产的,可根据医生意见给予30天以内的产假。

2018年修订的公务员法规定公务员依法参加社会保险。根据社会保险法及相关规定,公务员参加社会保险主要包括以下内容:

一、养老保险

根据《国务院关于机关事业单位工作人员养老保险制度改革的决定》(国发〔2015〕2号),国务院决定改革机关事业单位工作人员养老保险制度,建立独立于机关事业单位之外、资金来源多渠道、保障方式多层次、管理服务社会化的养老保险体系。改革范围包括按照公务员法管理的单位、参照公务员法管理的机关(单位)、事业单位及其编制内的工作人员。

(一)缴费办法

基本养老保险费由单位和个人共同负担:单位缴纳基本养老保险费(以下简称"单位缴费")的比例为本单位工资总额①的20%,个人缴纳基本养老保险费(以下简称"个人缴费")的比例为本人缴费工资基数②的8%,由单位代扣。按照本人缴费工资基数8%的数额建立基本养老保险个人账户,全部由个人缴费形成。个人工资超过当地上年度在岗职工平均工资300%以上的部分,不计入个人缴费工资基数;低于当地上年度在岗职工平均工资60%的,按当地在岗职工平均工资的60%计算个人缴费工资基数。

个人账户储存额只用于工作人员养老,不得提前支取,每年按照国家统一公布的记账利率计算利息,免征利息税。参保人员死亡的,个人账户余额可以

---

① "本单位工资总额"为参加机关事业单位养老保险工作人员的个人缴费工资基数之和。
② "个人缴费工资基数"包括:本人上年度工资收入中的基本工资、国家统一的津贴、补贴(艰苦边远地区津贴、西藏特贴、特区津贴、警衔津贴、海关津贴等国家统一规定纳入原退休费基数的项目)、规范后的津贴补贴(地区附加津贴)、年终一次性奖金。

依法继承。

（二）计发办法

自 2014 年 10 月 1 日起,参加工作、个人缴费年限累计满 15 年的人员,退休后按月发给基本养老金。基本养老金由基础养老金和个人账户养老金组成。退休时的基础养老金月标准以当地上年度在岗职工月平均工资和本人指数化月平均缴费工资的平均值为基数,缴费每满 1 年发给 1%。个人账户养老金月标准为个人账户储存额除以计发月数,计发月数根据本人退休时城镇人口平均预期寿命、本人退休年龄、利息等因素确定。

退休年龄	计发月数	退休年龄	计发月数
40	233	56	164
41	230	57	158
42	226	58	152
43	223	59	145
44	220	60	139
45	216	61	132
46	212	62	125
47	207	63	117
48	204	64	109
49	199	65	101
50	195	66	93
51	190	67	84
52	185	68	75
53	180	69	65
54	175	70	56
55	170		

2014 年 10 月 1 日前参加工作、在 2014 年 10 月 1 日后退休且缴费年限（含视同缴费年限,下同）累计满 15 年的人员,按照合理衔接、平稳过渡的原则,在发给基础养老金和个人账户养老金的基础上,再依据视同缴费年限长短发给过渡性养老金。2014 年 10 月 1 日后达到退休年龄但个人缴费年限累计不满 15 年的人员,可以延长缴费至满 15 年。2014 年 10 月 1 日前已经退休的

人员,继续按照国家规定的原待遇标准发放基本养老金,同时执行基本养老金调整办法。离休人员仍按照国家统一规定发给离休费,并调整相关待遇。

（三）"中人"过渡办法

2014 年 10 月 1 日前参加工作、2014 年 10 月 1 日后退休的工作人员即"中人"。全国实行统一的"中人"过渡办法,设立 10 年过渡期,过渡期内实行"保底限高"的计发办法:新办法计发待遇(含职业年金待遇)低于老办法待遇标准的,按老办法待遇标准发放,保持待遇不降低;高于老办法待遇标准的,超出的部分,第一年退休的人员(2014 年 10 月 1 日至 2015 年 12 月 31 日)发放超出部分的 10%,第二年退休的人员(2016 年 1 月 1 日至 2016 年 12 月 31 日)发放 20%,以此类推,到过渡期末年退休的人员(2024 年 1 月 1 日至 2024 年 9 月 30 日)发放超出部分的 100%。过渡期结束后退休的人员执行新办法。

（四）转移接续

参保人员在同一统筹范围内的机关事业单位之间流动,只转移养老保险关系,不转移基金。参保人员跨统筹范围流动或在机关事业单位与企业之间流动,在转移养老保险关系的同时,基本养老保险个人账户储存额随同转移,并以本人改革后各年度实际缴费工资为基数,按 12% 的总和转移基金,参保缴费不足 1 年的,按实际缴费月数计算转移基金。转移后基本养老保险缴费年限(含视同缴费年限)、个人账户储存额累计计算。

二、医疗保险

根据 1998 年 12 月《国务院关于建立城镇职工基本医疗保险制度的决定》,所有公务员和其所在单位都要按照属地管理原则参加所在统筹地区的基本医疗保险。基本医疗保险保险费由单位和公务员个人共同缴纳,单位缴费率控制在工资总额的 6% 左右,公务员个人缴费率一般为本人工资收入的 2%。

基本医疗保险基金由统筹基金和个人账户构成。公务员个人缴纳的基本医疗保险费全部记入个人账户。单位缴纳的基本医疗保险费,一部分用于建立统筹基金,一部分划入个人账户。划入个人账户的比例由统筹地区根据个人账户的支付范围和职工年龄等因素确定。个人账户基金只能用于支付在定点医疗机构或定点零售药店发生的,符合基本医疗保险药品目录、诊疗项目范围、医疗服务设施标准所规定项目范围内的医疗费用。个人账户原则上不得提取现金,禁止用于医疗保障以外的其他消费支出。起付标准以上、最高支付限额以下的医疗费用,主要由统筹基金支付,个人也要负担一定的比例。统筹基金的具体起付标准、最高支付限额以及在起付标准以上和最高支付限额以下医疗费用的个人负担比例,由统筹地区根据以收定支、收支平衡的原则确定。

公务员在参加基本医疗保险的基础上,享受医疗补助政策。

三、失业保险

公务员被辞退的,可以领取辞退费或者根据国家有关规定享受失业保险。

（一）辞退费

被辞退的公务员选择领取辞退费的,由机关在其档案转出 15 日内,将辞退费一次性向接收档案的人才服务机构拨付。

公务员被辞退前连续工作满 1 年以上的,自被辞退的次日起可按月领取辞退费。辞退费发放标准为公务员被辞退前上月基本工资。辞退费的发放期限根据被辞退公务员在机关的工作年限确定。工作年限不满 2 年的,按照 3 个月发放;满 2 年的,按照 4 个月发放;2 年以上的,每增加一年增发 1 个月,但最长不得超过 24 个月。

出现下列情形之一的,辞退费停发:(1)领取期限已满;(2)重新就业;(3)应征服兵役;(4)移居境外;(5)被判刑或者被劳动教养;(6)死亡。

（二）失业保险待遇及领取条件

失业保险是国家通过失业保险基金,对有工作能力和就业愿望,但因非自愿原因失去工作的公务员,给予基本物质帮助的社会保障制度。2005 年公务员法颁布以后只有少数地区对公务员失业保险进行了试点,并未建立统一的公务员失业保险制度。根据 2018 年修订的公务员法,公务员依法参加社会保险,则应以《中华人民共和国社会保险法》和《失业保险条例》为依据,将公务员统一纳入失业保险覆盖范围。

1.享受失业保险待遇的条件

机关单位按照本单位工资总额的 2% 缴纳失业保险费,公务员个人按照本人工资的 1% 缴纳失业保险费。履行缴费义务满 1 年的,非因本人意愿中断就业,且已办理失业登记并有求职要求的,可以领取失业保险金并按照规定同时享受其他失业保险待遇。

失业人员自被辞退之日起,60 日内持《辞退公务员通知书》或其他相关证明、《失业保险金申领登记表》、户口簿、身份证和 3 张一寸免冠照片到户口所在地街道(镇)劳动保障部门进行失业登记、办理申领失业保险金手续。符合领取失业保险条件的失业人员,进行失业登记,从次月起,按月领取失业保险金。

2.失业保险待遇

失业保险金的标准,按照低于当地最低工资标准、高于城市居民最低生活保障标准的水平,由省、自治区、直辖市人民政府确定。失业人员失业前所在单位和本人按照规定累计缴费时间满 1 年不足 5 年的,领取失业保险金的期限最长为 12 个月;累计缴费时间满 5 年不足 10 年的,领取失业保险金的期限最长为 18 个月;累计缴费时间 10 年以上的,领取失业保险金的期限最长为 24 个月。重新就业后,再次失业的,缴费时间重新计算。再次失业领取失业保险金的期限可以与前次失业应领取而尚未领取的失业保险金的期限合并计算,但是最长不得超过 24 个月。

失业人员领取失业金期间,由失业保险基金代缴基本医疗保险费。失业人员在领取失业保险金期间患病就医的,可以按照规定向社会保险经办机构申请领取医疗补助金。医疗补助金的标准由省、自治区、直辖市人民政府规定。失业人员在领取失业保险金期间死亡的,参照当地对在职职工的规定,对其家属一次性发给丧葬补助金和抚恤金。领取失业保险金期间达到法定退休年龄,办理了退休手续的,由领取失业保险金改为领取养老金。

四、工伤保险

工伤保险是为了保障因工作遭受事故伤害或者患职业病的职工获得医疗救治和经济补偿,促进工伤预防和职业康复,分散用人单位工伤风险而制定的社会保险制度。我国《工伤保险条例》(2003 年 4 月 27 日国务院令第 375 号公布,2010 年 12 月 20 日修订)未将公务员纳入覆盖范围,因战因公负伤的人民警察、公务员以及参照公务员法管理的国家机关工作人员,适用《伤残抚恤管理办法》(2007 年 7 月 31 日民政部令第 34 号公布,2013 年 7 月 5 日修订)。2010 年修订的《工伤保险条例》已将事业单位工作人员纳入工伤保险参保范围,其第六十五条规定:公务员和参照公务员法管理的事业单位、社会团体的工作人员因工作遭受事故伤害或者患职业病的,由所在单位支付费用。具体办法由国务院社会保险行政部门会同国务院财政部门规定。截至 2018 年,已有18个省份出台相关办法将公务员纳入工伤保险参保范围,如北京市2011年12月5日公布的《北京市实施〈工伤保险条例〉若干规定》(北京市人民政府第242号令)、广西2017年1月4日公布的《广西壮族自治区实施〈工伤保险条例〉办法》(广西壮族自治区人民政府令第117号)中都规定,公务员和参照公务员法管理的事业单位、社会团体的工作人员,参照《工伤保险条例》的规定参加工伤保险。江苏省2015年4月2日公布的《江苏省实施〈工伤保险条例〉办法》(江苏省人民政府令第103号)则直接在第二条将国家机关及其工作人员纳入参保范围。

（一）伤残抚恤标准

因公伤残人员从被批准残疾等级评定后的第二个月起,由发给其伤残证件的县级人民政府民政部门按照规定予以抚恤。

残疾军人、伤残人民警察、伤残国家机关工作人员、伤残民兵民工残疾抚恤金标准表
（从2017年10月1日起执行）   单位:元/年

残疾等级	残疾性质	抚恤金标准
一级	因战	72850
	因公	70550
	因病	68240
二级	因战	65930
	因公	62460
	因病	60130
三级	因战	57850
	因公	54360
	因病	50920
四级	因战	47410
	因公	42800
	因病	39330
五级	因战	37040
	因公	32380
	因病	30070

续表

残疾等级	残疾性质	抚恤金标准
六级	因战	28940
	因公	27380
	因病	23130
七级	因战	21990
	因公	19680
八级	因战	13880
	因公	12710
九级	因战	11530
	因公	9260
十级	因战	8100
	因公	6930

国家机关工作人员及离退休人员死亡,一次性抚恤金发放标准为:烈士和因公牺牲的,为上一年度全国城镇居民人均可支配收入的 20 倍加本人生前 40 个月基本工资或基本离退休费;病故的,为上一年度全国城镇居民人均可支配收入的 2 倍加本人生前 40 个月基本工资或基本离退休费。国家机关在职工作人员死亡,一次性抚恤金按本人生前最后一个月基本工资(职务工资加级别工资)为基数计发。国家机关离退休人员死亡,一次性抚恤金按本人生前最后一个月享受的国家规定的基本离退休费为基数计发,即本人离退休时计发的基本离退休费和本人离退休后历次按国家规定增加的基本离退休费之和。

(二)工伤保险缴费及待遇

1.缴费办法

公务员参加工伤保险,由所在单位按时缴纳工伤保险费,公务员个人不缴纳工伤保险费。机关单位缴纳工伤保险费的数额一般为本单位职工工资总额的 0.5%。

2.工伤保险待遇

(1)工伤医疗待遇

公务员因工作遭受事故伤害或者患职业病进行治疗,享受工伤医疗待遇。

治疗工伤应当在签订服务协议的医疗机构就医,情况紧急时可以先到就近的医疗机构急救。治疗工伤所需费用符合工伤保险诊疗项目目录、工伤保险药品目录、工伤保险住院服务标准的,从工伤保险基金支付。住院治疗工伤的伙食补助费,以及经医疗机构出具证明,报经办机构同意,工伤职工到统筹地区以外就医所需的交通、食宿费用从工伤保险基金支付,基金支付的具体标准由统筹地区人民政府规定。工伤职工到签订服务协议的医疗机构进行工伤康复的费用,符合规定的,从工伤保险基金支付。工伤职工治疗非工伤引发的疾病,不享受工伤医疗待遇,按照基本医疗保险办法处理。

(2)停职留薪待遇

公务员因工作遭受事故伤害或者患职业病需要暂停工作接受工伤医疗的,在停工留薪期内,原工资福利待遇不变,由所在单位按月支付。停工留薪期一般不超过 12 个月。伤情严重或者情况特殊,经设区的市级劳动能力鉴定委员会确认,可以适当延长,但延长不得超过 12 个月。工伤职工评定伤残等级后,停发原待遇,按照本章的有关规定享受伤残待遇。工伤职工在停工留薪期满后仍需治疗的,继续享受工伤医疗待遇。生活不能自理的工伤职工在停工留薪期需要护理的,由所在单位负责。

(3)伤残待遇

工伤职工已经评定伤残等级并经劳动能力鉴定委员会确认需要生活护理的,从工伤保险基金按月支付生活护理费。生活护理费按照生活完全不能自理、生活大部分不能自理或者生活部分不能自理 3 个不同等级支付,其标准分别为统筹地区上年度职工月平均工资的 50%、40% 或者 30%。

因工致残被鉴定为一级至四级伤残的,退出工作岗位,享受以下待遇:①从工伤保险基金按伤残等级支付一次性伤残补助金,标准为:一级伤残为 27 个月的本人工资,二级伤残为 25 个月的本人工资,三级伤残为 23 个月的本人工资,四级伤残为 21 个月的本人工资;②从工伤保险基金按月支付伤残津贴,标准为:一级伤残为本人工资的 90%,二级伤残为本人工资的 85%,三级伤残为本人工资的 80%,四级伤残为本人工资的 75%,伤残津贴实际金额低于当地最低工资标准的,由工伤保险基金补足差额;③工伤职工达到退休年龄并办理退休手续后,停发伤残津贴,按照国家有关规定享受基本养老保险待遇。基本养老保险待遇低于伤残津贴的,由工伤保险基金补足差额。因工致残被鉴定为一级至四级伤残的,由用人单位和公务员个人以伤残津贴为基数,缴纳基本医疗保险费。

因工致残被鉴定为五级、六级伤残的,享受以下待遇:①从工伤保险基金按伤残等级支付一次性伤残补助金,标准为:五级伤残为 18 个月的本人工资,六级伤残为 16 个月的本人工资;②由用人单位安排适当工作,难以安排工作的,由用人单位按月发给伤残津贴,标准为:五级伤残为本人工资的 70%,六级伤残为本人工资的 60%,并由用人单位按照规定为其缴纳应缴纳的各项社会保险费。伤残津贴实际金额低于当地最低工资标准的,由用人单位补足差额。经工伤职工本人提出,该职工可以离职,由工伤保险基金支付一次性工伤医疗补助金,由用人单位支付一次性伤残就业补助金。一次性工伤医疗补助金和一次性伤残就业补助金的具体标准由省、自治区、直辖市人民政府规定。

因工致残被鉴定为七级至十级伤残的,享受以下待遇:①从工伤保险基金按伤残等级支付一次性伤残补助金,标准为:七级伤残为 13 个月的本人工资,八级伤残为 11 个月的本人工资,九级伤残为 9 个月的本人工资,十级伤残为 7 个月的本人工资;②工伤职工本人提出离职的,由工伤保险基金支付一次性工伤医疗补助金,由用人单位支付一次性伤残就业补助金。一次性工伤医疗补助金和一次性伤残就业补助金的具体标准由省、自治区、直辖市人民政府规定。

五、生育保险

生育保险制度是保障女职工生育期间获得经济补偿和基本医疗服务的风险共担制度,用人单位无论招用男、女职工,都要依法参加生育保险。生育保险有利于均衡用人单位之间的生育成本负担,有利于消除就业性别歧视,保障妇女平等就业权。

1.参保办法。用人单位按照本单位工资总额的一定比例缴纳生育保险费,职工个人不缴费。

2.生育保险待遇。生育保险待遇包括生育医疗费用和生育津贴。参加生育保险的人员在协议医疗服务结构发生的生育医疗费用,符合生育保险药品目录、诊疗项目以及医疗服务设施标准的,由生育保险基金支付,个人不需要支付费用。生育津贴是职工按照国家规定享受产假或者计划生育手术休假期间获得的工资性补偿。生育津贴以职工所在单位上年度月平均工资为标准计发。2019 年 3 月,国务院办公厅印发《关于全面推进生育保险和职工基本医疗保险合并实施的意见》,生育保险和职工基本医疗保险在 2019 年底前实现合并实施。

第八十四条 任何机关不得违反国家规定自行更改公务员工资、福利、保险政策,擅自提高或者降低公务员的工资、福利、保险待遇。任何机关不得扣减或者拖欠公务员的工资。

释 义

本条是关于公务员工资、福利、保险制度强制性统一性的规定。

1990 年 11 月 9 日,人事部、中国人民银行在《关于印发〈国家机关、事业单位工资基金管理暂行办法〉的通知》(人计发〔1990〕20 号)中,明确了由人事部门负责国家机关的工资基金管理,国家机关工资基金管理的范围与国家机关的职工人数计划和工资总额计划的管理范围一致,管理对象是该范围内的全部职工工资。国家下达的年度工资总额计划是各地区、各部门编制工资总额计划和进行工资基金管理的依据。各地区、各部门在接到年度工资总额计划后,尽快将计划逐级落实到基层单位,基层单位编制的全年工资基金使用计划不得超过上级下达的年度工资总额计划。如有特殊原因需要追加工资总额计划时,由主管部门和同级人事部门负责调剂,调剂不了的,按计划管理程序报批,由上级人事部门负责调整,在上级未批准前,原计划不得突破。

各地区、各部门都要严格执行国家规定的各项工资政策,严格执行津贴、补贴办法,未经批准,不得突破国家政策和计划,不得以各种名义提高待遇或者降低待遇。有关工资、奖金、津贴、补贴制度的规定和修改权限,集中在国务院或国务院授权的部门,各地区、各部门不得自行决定。

第十三章　辞职与辞退

公务员退出机制是解决公务员"能进不能出""能上不能下"的重要制度，对于保持公务员队伍的合理流动率，提高政府工作效率有着积极意义。公务员退出机制包括辞职、辞退、退休、开除和免职等五类。本章内容主要涉及公务员辞职、辞退的条件和程序以及退出后的待遇等相关问题。其中辞职分为辞去公职和辞去领导职务，辞去公职即失去公务员身份，但辞去领导职务并不因此失去公务员身份。

　　第八十五条　公务员辞去公职，应当向任免机关提出书面申请。任免机关应当自接到申请之日起三十日内予以审批，其中对领导成员辞去公职的申请，应当自接到申请之日起九十日内予以审批。

释　义

本条是关于公务员辞职程序的规定。

本法所称辞去公职，是指公务员依照法律、法规的规定，申请终止与任免机关的任用关系。公务员辞去公职以后，不再具有公务员身份。法律赋予公务员辞去公职的权利，是对其择业自由的保障。公务员辞去公职后，可以享受法定的辞职待遇，如可以按照有关规定获得各种人事关系证明，在重新通过考试进入公务员队伍时，其工龄可以连续计算。

公务员辞去公职，应当依照法定的程序办理：

1.公务员向任免机关提出书面申请，填写《公务员辞去公职申请表》。

2.由任免机关组织人事部门进行审核。

3.任免机关自接到公务员辞去公职申请之日起30日内予以审批，其中，对领导成员辞去公职的申请,应当自接到申请之日起 90 日内予以审批。作出同意辞去公职或者不同意辞去公职的批复,同意辞去公职的应当同时免去其所任职务。

4.由任免机关将审批结果以书面形式通知公务员所在单位和申请辞去公职的公务员,并将同意辞去公职的批复送同级公务员主管部门备案。《公务员辞去公职申请表》与同意辞去公职的批复等材料存入本人档案。

公务员在辞去公职审批期间不得擅自离职。公务员申请辞去公职未予批准的,可以按照规定申请复核或者提出申诉。复核、申诉期间不停止该人事处理的执行。

第八十六条　公务员有下列情形之一的,不得辞去公职:

(一)未满国家规定的最低服务年限的;

(二)在涉及国家秘密等特殊职位任职或者离开上述职位不满国家规定的脱密期限的;

(三)重要公务尚未处理完毕,且须由本人继续处理的;

(四)正在接受审计、纪律审查、监察调查,或者涉嫌犯罪,司法程序尚未终结的;

(五)法律、行政法规规定的其他不得辞去公职的情形。

释 义

本条是关于公务员不得辞职情形的规定。

公务员承担着国家和社会公共管理职能,其工作涉及国家和社会利益,因此,公务员辞去公职,必须确保机关工作的正常运转,且国家和社会利益不受损害。对公务员辞去公职的限制主要有以下几项:

1.未满国家规定的最低服务年限

为了保证机关工作的连续性和稳定性,国家机关在招录公务员时,一般要求新录用的公务员有最低服务年限。通过考试录用为国家公务员的最低服务年限为 5 年(含试用期)。只有在最低服务年限届满后,公务员才能提出辞职。公务员与所在机关因专项培训订立协议约定工作期限的,在未满约定工作期限内一般不得申请辞去公职。申请辞去公职的,应当向所在机关支付违约金或者履行相应义务。违约金的数额不得超过机关提供的专项培训费用。机关要求辞去公职公务员支付的违约金不得超过工作期限尚未履行部分应当分摊的培训费用。[①]

2.在涉及国家秘密等特殊职位任职或者离开上述职位不满国家规定的脱密期限

国家秘密关系国家安全和利益,是指依法定程序确定,在一定时间内只限一定范围的人员知悉的事项。如国家事务重大决策中的秘密事项、国防建设和武装力量活动重大秘密事项、外交和外事活动中的秘密事项以及对外承担保密义务的秘密事项、国民经济和社会发展中的秘密事项、科学技术中的秘密事项、维护国家安全活动和追查刑事犯罪中的秘密事项等等。国家机关工作人员负有保守国家秘密的义务。在涉密职位工作的公务员,其本职工作直接涉及国家安全和利益的秘密事项,辞去公职有可能会使国家利益遭受损失,因此,涉密职位的公务员,必须先离岗离职进行脱密期管理之后才可以辞去公职。涉密人员在脱密期内,应当按照规定履行保密义务,不得辞去公职。

3.重要公务尚未处理完毕且须由本人继续处理

机关有些工作的性质比较特殊,如完成任务的周期比较长,工作需要有连续性等。从事这些工作的公务员辞去公职,需考虑其他人接手是否会影响机关的正常工作秩序,是否可能给国家和社会利益造成损害。因此,对于重要公务尚未处理完毕,且必须由本人继续处理的公务员辞职要加以限制。

4.正在接受审计、纪律审查或者涉嫌犯罪,司法程序尚未终结

根据国家规定,审计机关依法对国家机关的主要负责人在任职期间对本地区、本部门或本单位的财政收支、财务收支以及有关经济活动应负经济责任的履行情况进行审计监督。因此,正在接受审计的公务员,尚未通报或公布审计结果之前,不得辞去公职。

可能存在违法违纪行为、正在接受纪律审查,或涉嫌犯罪的公务员,如果辞去公职,可能影响调查的正常进行,因此,公务员正在接受纪律审查或者涉嫌犯罪、司法机关的司法程序尚未终结的,不得辞去公职。

---

① 《中共中央组织部、人力资源和社会保障部关于印发〈公务员辞去公职规定(试行)〉的通知》(人社部发〔2009〕69 号)第 11 条。

5.法律、行政法规规定的其他不得辞职的情形

兜底条款主要是为了防止前述不得辞去公职的情形还有遗漏,给相关立法和配套规定留下一定的空间。

第八十七条 担任领导职务的公务员,因工作变动依照法律规定需要辞去现任职务的,应当履行辞职手续。

担任领导职务的公务员,因个人或者其他原因,可以自愿提出辞去领导职务。

领导成员因工作严重失误、失职造成重大损失或者恶劣社会影响的,或者对重大事故负有领导责任的,应当引咎辞去领导职务。

领导成员因其他原因不再适合担任现任领导职务的,或者应当引咎辞职本人不提出辞职的,应当责令其辞去领导职务。

释 义

本条是关于公务员辞职、引咎辞职和责令引咎辞职的规定。

在各类机关中,担任领导职务的公务员具有组织、管理、决策和指挥职能。公务员依法定条件和程序辞去领导职务后,并未失去公务员的身份,可能只是不再担任领导职务,也可能去担任新的领导职务。根据辞去领导职务的原因不同分为以下四类:

一、因公辞职

因公辞职,是指担任领导职务的公务员因工作变动需要,依法向任免机关提出辞去现任领导职务。因公辞职主要适用于选任制公务员,是公务员调动和交流应当履行的法律程序。如全国人民代表大会会议期间,全国人民代表大会常务委员会的组成人员,中华人民共和国主席、副主席,国务院的组成人员,中央军事委员会的组成人员,最高人民法院院长和最高人民检察院检察长提出辞职的,由主席团将其辞职请求交各代表团审议后,提请大会全体会议决定;大会闭会期间提出辞职的,由委员长会议将其辞职请求提请全国人民代表大会常务委员会会议审议决定。全国人民代表大会常务委员会接受全国人民

代表大会常务委员会组成人员,中华人民共和国主席、副主席,国务院总理、副总理、国务委员,中央军事委员会主席,最高人民法院院长和最高人民检察院检察长辞职的,应当报请全国人民代表大会下次会议确认。县级以上的地方各级人民代表大会常务委员会组成人员和人民政府领导人员,人民法院院长,人民检察院检察长,可以向本级人民代表大会提出辞职,由大会决定是否接受辞职;大会闭会期间,可以向本级人民代表大会常务委员会提出辞职,由常务委员会决定是否接受辞职。常务委员会决定接受辞职后,报本级人民代表大会备案。人民检察院检察长的辞职,须报经上一级人民检察院检察长提请该级人民代表大会常务委员会批准。

因公辞职领导干部另有任用的,应当在任免机关批准其辞职后,再对外公布其新任领导职务。

二、自愿辞职

自愿辞职,是指担任领导职务的公务员因个人或者其他原因,自行提出辞去现任领导职务。与因公辞职不同,自愿辞职非因工作变动需要,而是因为健康状况、工作意愿等个人原因。担任领导职务的公务员自愿辞职后,可以选择继续担任非领导职务留在公务员队伍里,也可以选择离开公务员队伍。选择担任非领导职务的,与因公辞职程序一样。如在国家机关中担任领导职务的公务员自愿辞职的,应当由同级人大及其常委会决定是否接受辞职。在党的机关担任领导职务的公务员必须写出书面申请,按照公务员的管理权限报任免机关审批。任免机关应当自收到申请书之日起3个月内予以答复。选择离开公务员队伍的,还需按照辞去公职的条件和程序办理。

存在下列情形的,不得辞去领导职务:(1)党政领导干部有重要公务尚未处理完毕,且必须由本人继续处理的。(2)由人大、政协选举、任命、决定任命的领导干部任职不满1年的。(3)正在接受审计、监察部门或司法机关调查的。

三、引咎辞职

引咎辞职,是指担任领导职务的公务员因工作严重失误、失职造成重大损失或者恶劣社会影响,或者对重大事故负有主要领导责任,不宜再担任现职,由本人主动提出辞去现任领导职务。这里的"领导成员"是指机关的领导人员,不包括机关内设机构担任领导职务的人员。引咎辞职制度既是领导成员承担政治责任的一种形式,同时也是对党政领导干部选拔任用的把关。根据《中共中央办公厅党政领导干部选拔任用工作责任追究办法(试行)》(中办发〔2010〕9号)的规定,引咎辞职的,1年内不得重新担任与原任职务相当的领导职务,2年内不得提拔。

党政领导干部有下列情形之一的,应当引咎辞职:(1)因工作失职,引发严重的群体性事件,或者对群体性、突发性事件处置失当,造成严重后果或者恶劣影响,负主要领导责任的。(2)决策严重失误,造成巨大经济损失或者恶劣影响,负主要领导责任的。(3)在抗灾救灾、防治疫情等方面严重失职,造成重大损失或者恶劣影响,负主要领导责任的。(4)在安全工作方面严重失职,连续或者多次发生重大责任事故,或者发生特大责任事故,负主要领导责任的;连续或者多次发生特大责任事故,或者发生特别重大责任事故,负主要领导责任、重要领导责任的。(5)在市场监管、环境保护、社会管理等方面管理、监督严重失职,连续或者多次发生重大事故、重大案件,造成巨大损失或者恶劣影响,负主要领导责任的。(6)执行《党政领导干部选拔任用工作条例》不力,造成用人严重失察、失误,影响恶劣,负主要领导责任的。(7)疏于管理监督,致使班子成员或者下属连续或多次出现严重违纪违法行为,造成恶劣影响,负主要领导责任的。(8)对配偶、子女、身边工作人员严重违纪违法知情不管,造成恶劣影响的。(9)有其他应当引咎辞职情形的。

党政领导干部引咎辞职应当经过下列程序:(1)干部本人按照干部管理权限,以书面形式向党委(党组)提出辞职申请。辞职申请应当说明辞职原因和思想认识等。(2)组织(人事)部门对辞职原因等情况进行了解审核,并提出初步意见。审核中应当听取纪检机关(监察部门)的意见,并与干部本人谈话。(3)按照干部管理权限,党委(党组)集体研究,作出同意辞职、不同意辞职或者暂缓辞职的决定。党委(党组)的决定应当及时通知干部所在单位和干部本人。(4)党委(党组)作出同意辞职决定后,按照有关规定办理辞职手续。由人大、政协选举、任命、决定任命的领导干部,依照法律或者政协章程的有关规定办理。党委(党组)应当自接到干部引咎辞职申请3个月内予以答复。任免机关在同意干部引咎辞职后,一般应当将干部引咎辞职情况在一定范围内公布。

四、责令辞职

责令辞职,是指党委(党组)及其组织(人事)部门根据党政领导干部任职期间的表现,认定其已不再适合担任现职,可以通过一定程序责令其辞去现任领导职务。

党政领导干部有应当引咎辞职的情形而不提出辞职申请的,由党委(党组)责令辞职。被责令辞职的领导干部不服从组织决定、拒不辞职的,予以免职或者提请任免机关予以罢免。被责令辞职的,1年内不得重新担任与原任职务相当的领导职务,2年内不得提拔。责令辞职的领导干部提出辞去公职的,必须符合辞去公职的条件,并按照辞去公职的程序办理。

责令辞职应当经过下列程序:(1)有权机关作出责令干部辞职的决定,并指派专人与干部本人谈话。责令干部辞职的决定应当以书面形式通知干部本人。(2)被责令辞职的干部应当在接到责令辞职通知后15日内向任免机关提出书面辞职申请。(3)按照有关规定办理辞职手续。由人大、政协选举、任命、决定任命的领导干部,依照法律或者政协章程的有关规定办理。被责令辞职的干部若对组织决定不服,可以在接到责令辞职通知后15日内,向作出决定的机关提出书面申诉。决定机关接到申诉后,应当及时组织人员进行核查,并在1个月内作出复议决定。复议决定以书面形式通知干部本人。复议决定仍维持原决定的,干部本人应当在接到复议决定后3日内向任免机关提出书面辞职申请。对复议决定仍有不同意见的,可以向上级机关反映,但应当执行复议决定。

第八十八条　公务员有下列情形之一的,予以辞退:

(一)在年度考核中,连续两年被确定为不称职的;

(二)不胜任现职工作,又不接受其他安排的;

(三)因所在机关调整、撤销、合并或者缩减编制员额需要调整工作,本人拒绝合理安排的;

(四)不履行公务员义务,不遵守法律和公务员纪律,经教育仍无转变,不适合继续在机关工作,又不宜给予开除处分的;

(五)旷工或者因公外出、请假期满无正当理由逾期不归连续超过十五天,或者一年内累计超过三十天的。

释 义

本条是关于应当辞退法定情形的规定。

本法所称辞退,是指机关依照法律、法规的规定,解除与公务员的任用关系。公务员被辞退后,不再具有公务员身份。国家机关单方辞退公务员,必须依据法定事由以及法定程序进行。辞退不同于开除,开除适用于严重违法违纪的公务员,是行政处分中最严重的一种。辞退并不具有惩戒性。故被辞退的公务员可以领取辞退费或享受失业保险待遇,但被开除的公务员不能享受这些待遇。

辞退制度解决了公务员"能进不能出""干好干坏都一样"的问题,有利于提高公务员工作积极性,提高机关工作效率。规范辞退公务员的条件和程序,能够防止国家机关滥用人事管理权,保护公务员合法权益。

公务员具有下列情形之一的,机关可以作出辞退决定:

1.在年度考核中,连续两年被确定为不称职的

这里的考核是指对非领导成员公务员的考核。公务员考核分为平时考核和定期考核,年度考核是定期考核。定期考核的结果分为优秀、称职、基本称职和不称职四个等次。定期考核的结果作为调整公务员职务、职级、工资以及公务员奖励、培训、辞退依据。公务员具有下列情形之一的,被确定为不称职等次:(1)思想政治素质较差;(2)业务素质和工作能力不能适应工作要求;(3)工作责任心或工作作风差;(4)不能完成工作任务,或在工作中因严重失误、失职造成重大损失或者恶劣社会影响;(5)存在不廉洁问题,且情形较为严重。如果公务员在年度考核中,连续两年被评为不称职,说明该公务员不能很好地履职,不适于继续在机关工作,需将其辞退。

2.不胜任现职工作,又不接受其他安排的

对公务员能否胜任工作的考察,一般从其所在职位的需求、本人的工作能力、技术等级、身体状况等方面进行。人事管理部门认定公务员不能胜任当前的工作,应当调整岗位,安排与其工作能力相适应的其他工作。如果公务员拒绝接受调岗安排的,可以辞退。

3.因所在机关调整、撤销、合并或者缩减编制员额需要调整工作,本人拒绝合理安排的

党和政府为建立和完善结构合理、人员精干、灵活高效的党政机关进行了坚持不懈的努力。以不断适应社会主义市场经济发展为目标的政府机构改革，必然涉及机关的调整、撤销、合并，涉及缩减编制员额。因此导致的工作岗位调整，公务员应当从大局出发，充分考虑国家和社会利益，对于合理的工作安排应当接受。拒绝合理安排的，可以辞退。

4.不履行公务员义务，不遵守公务员纪律，经教育仍无转变，不适合继续在机关工作，又不宜给予开除处分的

履行公务员义务，遵守公务员纪律，是公务员法对每个公务员的基本要求。本法第十四条规定了公务员应当履行的八项义务，第五十九条规定了公务员的十八项纪律要求。每个公务员都应当忠实履行义务，严格遵纪守法。对不履行公务员义务，或不遵纪守法的公务员，应当进行教育。经教育仍无转变，根据《行政机关公务员处分条例》（国务院令第495号），不适用开除处分的，不适合继续留在机关工作，可以辞退。

5.旷工或者因公外出、请假期满无正当理由逾期不归连续超过15天，或者1年内累计超过30天的

忠于职守，勤勉尽责是公务员的基本义务。所谓旷工，是指公务员无正当理由，未办理请假手续，在工作时间不到岗工作；所谓无正当理由逾期，是指在因公外出和请假期满之后，非因法定事由或不可抗力，未办理请假手续，连续超过15天未回到工作岗位，或一年内累计30天逾期不归。

第八十九条　对有下列情形之一的公务员，不得辞退：

（一）因公致残，被确认丧失或者部分丧失工作能力的；

（二）患病或者负伤，在规定的医疗期内的；

（三）女性公务员在孕期、产假、哺乳期内的；

（四）法律、行政法规规定的其他不得辞退的情形。

释　义

本条是关于公务员辞退的限制性规定。

出于构建和谐、稳定劳动关系的考虑，劳动法对于用人单位辞退劳动者的权利有着严格的限制。本法对机关单位辞退权的限制，也是为了保护公务员

的合法权益。具有下列情形之一的公务员,不得辞退:

1.因公致残,被确认丧失或者部分丧失工作能力的

公务员因公负伤,经民政部门评定致残等级,被确认丧失或者部分丧失工作能力,应当享受国家的特别保障,如按照规定获得抚恤金或伤残补助。但不得予以辞退。

2.患病或者负伤,在规定的医疗期内的

医疗期是指职工因患病或非因公负伤停止工作治病休息不得解除合同的时限。参照企业职工患病或非因公负伤的医疗期规定,公务员因患病或非因公负伤,医疗期根据本人参加工作年限和在本单位工作年限,一般给予3—24个月。实际工作年限10年以下的,在本单位工作年限5年以下的,医疗期为3个月;5年以上的为6个月。实际工作年限10年以上,在本单位工作年限5年以下的,医疗期为6个月;5年以上10年以下的为9个月;10年以上15年以下的为12个月;15年以上20年以下的为18个月;20年以上的为24个月。医疗期3个月的按6个月内累计病休时间计算;6个月的按12个月内累计病休时间计算;9个月的按15个月内累计病休时间计算;12个月的按18个月内累计病休时间计算;18个月的按24个月内累计病休时间计算;24个月的按30个月内累计病休时间计算。

3.女性公务员在孕期、产假、哺乳期内的

《中华人民共和国妇女权益保障法》第二十七条第一款规定:"任何单位不得因结婚、怀孕、产假、哺乳等情形,降低女职工的工资,辞退女职工,单方解除劳动(聘用)合同或者服务协议。但是,女职工要求终止劳动(聘用)合同或者服务协议的除外。"劳动法对孕期、产假和哺乳期的女职工也有禁止解雇的特殊保护。对女性公务员在孕期、产假、哺乳期内不得辞退的规定,符合我国妇女权益保护立法的基本精神。

4.法律、行政法规规定的其他不得辞退的情形

其他不得辞退的情形只能由法律或者行政法规规定,地方性法规和规章等效力层级较低的规范性文件中不能对此作出规定。

第九十条 辞退公务员,按照管理权限决定。辞退决定应当以书面形式通知被辞退的公务员,并应当告知辞退依据和理由。

被辞退的公务员,可以领取辞退费或者根据国家有关规定享

受失业保险。

释 义

本条是关于辞退程序及待遇的规定。

中共中央组织部、人力资源和社会保障部印发《公务员辞退规定(试行)》(人社部发〔2009〕71号)和相关政策文件,成为公务员辞退实施的主要依据。

一、辞退的程序

辞退公务员依照以下程序办理:

1.由所在单位在核准事实的基础上,提出辞退建议并填写《辞退公务员审批表》报任免机关。

2.任免机关组织人事部门进行审核。

3.任免机关审批。作出辞退决定的,由任免机关以书面形式通知呈报单位和被辞退的公务员,同时抄送同级公务员主管部门备案;县级以下机关辞退公务员,由县级公务员主管部门审核并报县级党委或者人民政府批准后作出决定。

4.《辞退公务员审批表》和辞退决定等存入本人档案。

任免机关可以直接单方面作出辞退决定。

二、辞退后的待遇

公务员被辞退后,应当按照有关规定转递档案。在90日内重新就业的,应当在就业单位报到后30日内,按照干部人事档案转递的有关规定,将档案转至有关的组织人事部门保管;在90日内未就业或者重新就业单位不具备保管条件的,按照流动人口人事档案管理的有关规定转递档案。

被辞退的公务员,已参加失业保险的,根据国家规定享受失业保险待遇;尚未参加失业保险的,可以领取辞退费。领取辞退费的,机关在其档案转出15日内,将辞退费一次性向接收档案的人才服务机构拨付。公务员被辞退前连续工作满1年以上的,自被辞退的次月起,由有关的人才服务机构按月发放辞退费。辞退费发放标准为公务员被辞退前上月的基本工资。辞退费发放期限根据被辞退公务员在机关的工作年限确定。工作年限不满2年的,按照3

个月发放;满2年的,按照4个月发放;2年以上的,每增加1年增发1个月,但最长不得超过24个月。出现下列情形之一的,辞退费停发:(1)领取期限已满;(2)重新就业;(3)应征服兵役;(4)移居境外;(5)被判刑或者被劳动教养;(6)死亡。未发放的辞退费,由有关的人才服务机构返还被辞退公务员原所在机关。

第九十一条 公务员辞职或者被辞退,离职前应当办理公务交接手续,必要时按照规定接受审计。

释　义

本条是关于公务员辞职、被辞退的手续的规定。

经批准辞去公职的以及被辞退的公务员,离职前应当办理公务交接手续,必要时按照规定接受审计。依据《行政机关公务员处分条例》(国务院令第495号)第十九条的规定,拒不办理公务交接手续或者拒不接受审计的,给予警告、记过或者记大过处分;情节较重的,给予降级或者撤职处分;情节严重的,给予开除处分。

第十四章 退 休

《中华人民共和国宪法》第四十四条规定:国家依照法律规定实行企业事业组织的职工和国家机关工作人员的退休制度。退休人员的生活受到国家和社会的保障。本章以此为依据,具体规定了公务员强制退休、提前退休以及退休后的待遇等内容。

第九十二条 公务员达到国家规定的退休年龄或者完全丧失工作能力的,应当退休。

释 义

本条是关于公务员退休条件的规定。

一、公务员退休年龄的制度演变

1956 年 1 月 1 日起施行的《国家机关工作人员退休处理暂行办法》(国秘字第 245 号)规定,国家机关工作人员具有下列条件之一的可以退休:(1)男年满 60 岁,女年满 55 岁,工作年限已满 5 年,加上参加工作以前主要依靠工资生活的劳动年限,男共满 25 年、女共满 20 年的;(2)男年满 60 岁,女年满 55 岁,工作年限已满 15 年的;(3)工作年限已满 10 年,因劳致疾丧失工作能力的;(4)因公残废丧失工作能力的。1978 年,经党中央、全国人大常委会原则同意,国务院颁布了《关于安置老弱病残干部的暂行办法》,规定党政机关、群众团体、企业、事业单位的干部,符合下列条件之一的,都可以退休:(1)男年满 60 周岁,女年满 55 周岁,参加革命工作满 10 年的;(2)男年满 50 周岁,女年满 45 周岁,参加革命工作满 10 年,经过医院证明完全丧失工作能力的;(3)因公致残,经过医院证明完全丧失工作能力的。1978 年《中组部、劳动人事部关于女干部离休退休年龄问题的通知》中规定,在党政机关、群众团体、事业单位工作,年满 55 周岁的处(县)级女干部,确因工作需要,一时尚无适当接替人选,且身体能坚持正常工作的,根据本人自愿,经所在单位审查同意,报任免机关批准,其离休、退休年龄可适当延迟。1982 年《中共中央关于建立老干部退休制度的决定》(中发〔1982〕13 号)中规定,担任中央、国家机关部长、副部长,省、市、自治区党委第一书记、书记、省政府省长、副省长,以及省、市、自治区纪律检查委员会和法院、检察院主要负责干部的,正职一般不超过65 岁,副职一般不超过 60 岁;担任司局长一级的干部,一般不超过 60 岁。个别未到离休退休年龄,但因身体不好,难以坚持正常工作的,经组织批准可以提前离休退休;个别虽已达到离休退休年龄,但因工作确实需要,身体又可以坚持正常工作的干部,经过组织批准,也可以在一定时间内暂不离休、退休,继续担任领导职务。1993 年国务院制定的《国家公务员暂行条例》(国务院令第 125 号)则基本沿用了《关于安置老弱病残干部的暂行办法》中关于退休条件的规定,即男年满 60 周岁,女年满 55 周岁,或者丧失工作能力的,应当退休。

前述关于退休年龄的相关制度中值得注意的是从"可以退休"到"应当退休"的演变。公务员法中区分了"应当退休"的强制退休条件和"可以退休"的自愿退休条件。

二、公务员退休待遇的制度演变

1956 年 1 月 1 日起施行的《国家机关工作人员退休处理暂行办法》(国秘字第 245 号)规定:(1)男年满 60 岁,女年满 55 岁,工作年限已满 5 年,加上参加工作以前主要依靠工资生活的劳动年限,男共满 25 年、女共满 20 年,符合该条件退休的人员,对工作年限已满 5 年、不满 10 年的,发给本人工资(退休时的标准工资加退休后居住地点的物价津贴)的 50%;满 10 年、不满 15 年的,发给本人工资的 60%。(2)对男年满 60 岁,女年满 55 岁,工作年限满 15 年的退休人员;或者工作年限满 10 年,因劳致疾丧失工作能力的退休人员;或者因公残废丧失工作能力的退休人员,发给本人工资的 70%。(3)对因劳致疾丧失工作能力或因公残废丧失工作能力、工作年限在 15 年以上的退休人员,发给本人工资的 80%。国家机关工作人员退休时,本人及其家属到退休后居住地点的车船费、行李费、途中伙食补助费和旅馆费,参照行政经费开支标准中的相关规定处理。退休人员的退休金由其退休后居住地点的县级人民委员会在优抚费项目下发给。退休人员死亡时,由其退休后居住地点的县级人民委员会在优抚费项目下,一次性发放本人三个月的退休金给其家属,作为丧葬补助费。

1978 年国务院《关于安置老弱病残干部的暂行办法》中规定对退休干部每月按下列标准发给退休费:(1)对男年满 60 岁、女年满 55 岁,参加革命工作满 10 年的退休人员,或者男年满 50 岁、女年满 45 岁,参加革命工作满 10 年,经医院证明完全丧失工作能力的退休人员,以参加革命工作的时间为界限,抗日战争期间参加革命工作的,按本人标准工资的 90% 发给。解放战争时期参加革命工作的,按本人标准工资的 80% 发给。中华人民共和国成立以后参加革命工作,工作年限满 20 年的,按本人标准工资的 75% 发给;工作年限满 15 年不满 20 年的,按本人标准工资的 70% 发给;工作年限满 10 年不满 15 年的,按本人标准工资的 60% 发给。退休费低于 25 元的,按 25 元发给。(2)因公致残,经医院证明完全丧失工作能力的退休人员,饮食起居需要人扶助的,按本人标准工资的 90% 发给,还可以根据实际情况发给一定数额的护理费,护理费标准,一般不得超过一个普通工人的工资;饮食起居不需要人扶助的,按本人标准工资的 80% 发给。退休费低于 35 元的,按 35 元发给。离休、退休干部易地安家的,一般由原工作单位一次发给 150 元的安家补助费。国家鼓励离休、退休干部尽量安置到中小城镇和农村,所以由大中城市到农村安家的,发给 300 元安家补助费。

1992 年 5 月 15 日,国务院发布《关于机关、事业单位离退休人员增加离退休费的通知》,要求对机关、事业单位离退休人员,按本人月基本离休、退休费的 10% 增加离休、退休费,离休人员增加数额不足 12 元的,按 12 元发给;退休人员增加数额不足 10 元的,按 10 元发给。

1993 年工资制度改革后实行的标准是按照最低工作年限 20 年到 35 年以上的,分别以 75%、82% 和 88% 三个档次计发。

2006 年工资制度改革后的标准改为:工作年限不满 10 年,按职务工资和级别工资之和的 50% 计发;满 10 年未满 20 年的按 70% 计发。

三、强制退休的条件

根据本法及国家相关规定,公务员达到下列条件的强制退休:

（一）达到法定退休年龄。普通公务员的法定退休年龄为：男 60 岁、女 55 岁。担任中央、国家机关部长、副部长，省、市、自治区党委书记、省长、副省长，以及省、市、自治区纪律检查委员会和法院、检察院主要负责干部的，正职一般不超过 65 岁，副职一般不超过 60 岁；担任司局长一级的干部，一般不超过 60 岁。

（二）完全丧失工作能力。公务员因病或意外事故，经鉴定完全丧失工作能力的，应当退休，进行康复和休养。与《国家公务员暂行条例》相比，本法将"丧失工作能力"限定为"完全丧失工作能力"，即部分丧失工作能力的公务员还不能满足退休条件。目前，关于"完全丧失工作能力"的认定标准，参照的是 2002 年原劳动和社会保障部颁布的《职工非因工伤残或因病丧失劳动能力程度鉴定标准（试行）》（劳社部发〔2002〕8 号），完全丧失工作能力是指因损伤或疾病造成人体组织器官缺失、严重缺损、畸形或严重损害，致使伤病的组织器官或生理功能完全丧失或存在严重功能障碍。

四、退休的程序

凡达到法定退休年龄的公务员，应及时办理退休手续，不需本人提出申请。各级组织、人事部门对本单位达到法定退休年龄的公务员，应事先按照管理权限，报任免机关批准，在其达到退休年龄前一个月通知本人，并在其达到退休年龄的一个月内按规定办理相关手续，不再列为在编人员。

根据中央组织部、人事部、公安部《关于办理干部退（离）休等手续时认定出生日期问题的通知》（组通字〔1990〕24 号）第二条的规定：凡干部居民身份证同干部本人档案记载的出生日期不一致的，组织人事部门在办理其退（离）休手续时，应会同干部常住户口所在地户口登记机关进行查证核实，按干部管理权限和户口管理权限批准后查实的出生日期作为计算年龄和户口登记的依据，查证材料归入干部本人档案，同时抄送干部常住户口所在地户口登记机关。对无法查实的，应以干部档案或户口档案中最先记载的出生日期为依据。

五、不得办理退休的情形

在特定情形下，公务员不得办理退休。如被调查的公务员在违法违纪案件立案调查期间，不得交流、出境、辞去公职或者办理退休手续。

第九十三条 公务员符合下列条件之一的,本人自愿提出申请,经任免机关批准,可以提前退休:

(一)工作年限满三十年的;

(二)距国家规定的退休年龄不足五年,且工作年限满二十年的;

(三)符合国家规定的可以提前退休的其他情形的。

释 义

本条是关于公务员提前退休的规定。

一般情况下,公务员在达到法定退休年龄时退休,达到法定退休年龄之前,自愿申请退出工作岗位、享受退休待遇的,属于提前退休。

一、自愿退休的条件

1.工作年限满 30 年的。工作年限不包括在国家机关之外工作的时间。

2.距离国家规定的退休年龄不足 5 年,且工作年限满 20 年的。男公务员年满 55 岁、女公务员年满 50 岁,且在国家机关工作年限满 20 年的,可以提前退休。

3.符合国家规定的可以提前退休的其他情形。特殊岗位的公务员,因其工作条件特殊,为了保护公务员的健康,国家允许提前退休。如从事核试验、野外作业以及工作过程中会涉及有毒有害物质的公务员,可以按照规定提前退休。

二、自愿退休的程序

1.符合条件的公务员自愿提出书面申请。只有公务员自愿提出书面申请才能启动提前退休的程序。只有公务员符合条件且自愿提出了退休申请才能够让其提前退休,否则就算符合提前退休的条件,任何个人、单位都不得令其退休。

2.任免单位批准其提前退休。任免单位在接到公务员提出提前退休的申请后,应当审查该公务员是否符合提前退休的条件,不符合提前退休的条件的不予批准,符合提前退休的条件的应当批准。

3.办理退休手续。任免机关批准后,办理退休相关手续。

需要指出的是,企业职工和居民养老保险中没有工龄满 30 年可以自愿提前退休等规定,在普遍实行社会养老保险的条件下,这一政策还需要统筹考虑,并走向统一。

第九十四条 公务员退休后,享受国家规定的养老金和其他待遇,国家为其生活和健康提供必要的服务和帮助,鼓励发挥个人专长,参与社会发展。

释 义

本条是关于公务员退休后待遇的规定。

公务员退休后享受的待遇主要包括:

一、养老金

公务员退休后应当享受养老金(退休金)和其他福利待遇。各国公务员退休金从筹资到发放都不尽相同。

退休金的筹资方式分为两类:一类是分担制,即由政府和公务员共同分担,如美国、日本。美国联邦政府公务员的退休金源自四个渠道:一是公务员每月缴纳工资的 7% 作为退休基金;二是公务员所服务的政府机关与公务员缴纳数额相等的基金;三是政府拨专款;四是以上三项基金的利息。另一类是政府筹款制,即公务员的退休金所需支出列入国家预算支出,公务员任期内无须缴费。如英国、法国。我国公务员退休金的筹集方式正在从第二类向第一类转型中。

在公务员退休金的计算方法上各国也有差异,但基本都以公务员的任职年限为依据。如法国公务员任职满 15 年以上且每年扣缴退抚金的,其退休金为年薪的 2% 乘以任职年限。德国公务员任职 10 年以上的退休金为最后任职工资乘以 35%,任职满 11 年到 25 年的每年增加 2%,任职 26 年以上的每年再加 1%,退休金最高额为任职工资的 75%。

我国 2005 年通过的公务员法规定"公务员退休后,享受国家规定的退休金和其他待遇"。公务员退休金全部从政府财政列支,个人不需要缴费,一般以退休前一个月的工资为基数,按比例计发。退休金最低额应能维持一般生活水平,最高额不应超过现任同职级公务员的工资。2018 年修订的公务员法则将"退休金"改为"养老金",与社会保险法第二章的有关表述,保持一致。

老办法待遇计发标准 $= (A \times M + B + C) \times \prod_{N=2015}^{N} (1 + G_{n-1})$。[1]

新办法待遇计发标准=基本养老金+职业年金,其中基本养老金=基础养老金+过渡性养老金+个人账户养老金。具体计算方法如下:

(1)基础养老金=退休时当地上年度在岗职工月平均工资×(1+本人平均缴费工资指数)÷2×缴费年限(含视同缴费年限,下同)×1%。其中,本人平均缴费工资指数=(视同缴费指数×视同缴费年限+实际平均缴费指数×实际缴费年限)÷缴费年限。[2]

(2)过渡性养老金=退休时当地上年度在岗职工月平均工资×本人视同缴费指数×视同缴费年限×过渡系数。其中,过渡系数与机关事业单位养老保险统筹地区企业职工基本养老保险过渡系数保持一致。视同缴费指数由各省级地区统一确定。

(3)个人账户养老金=退休时本人基本养老保险个人账户累计存储额÷计发月数。其中,计发月数根据本人退休时城镇人口平均预期寿命、本人退休年龄、利息等因素,按《关于机关事业单位工作人员养老保险制度改革的决定》(国发〔2015〕2 号)等规定执行。

---

① A:2014 年 9 月工作人员本人的基本工资标准;

B:2014 年 9 月工作人员本人的职务职级(技术职称)等对应的退休补贴标准;

C:按照国办发〔2015〕3 号文件规定相应增加的退休费标准;

M:工作人员退休时工作年限对应的老办法计发比例;

G_{n-1}:参考第 $n-1$ 年在岗职工工资增长等因素确定的工资增长率, $n \in [2015, N]$,且 $G_{2014} = 0$;

N:过渡期内退休人员的退休年度, $N \in [2015, 2024]$,2014 年 10 月 1 日至 2014 年 12 月 31 日期间退休的,其退休年度视同为 2015 年。

② 实际平均缴费指数 $= (X_n/C_{n-1} + X_{n-1}/C_{n-2} + \cdots + X_{2016}/C_{2015} + X_{2015}/C_{2014} + X_{2014}/C_{2013})/N_{实缴}$; X_n、X_{n-1}、$\cdots$、X_{2014} 为参保人员退休当年至 2014 年相应年度本人各月缴费工资基数之和, C_{n-1}、C_{n-2}、$\cdots$、C_{2013} 为参保人员退休上一年至 2013 年相应年度当地在岗职工年平均工资;$N_{实缴}$ 为参保人员实际缴纳养老保险费年限。

个人账户养老金计发月数表

退休年龄	计发月数	退休年龄	计发月数
40	233	56	164
41	230	57	158
42	226	58	152
43	223	59	145
44	220	60	139
45	216	61	132
46	212	62	125
47	207	63	117
48	204	64	109
49	199	65	101
50	195	66	93
51	190	67	84
52	185	68	75
53	180	69	65
54	175	70	56
55	170		

二、职业年金

符合下列条件之一的公务员可以领取职业年金：

1.工作人员在达到国家规定的退休条件并依法办理退休手续后，由本人选择按月领取职业年金待遇的方式。可一次性用于购买商业养老保险产品，依据保险契约领取待遇并享受相应的继承权；可选择按照本人退休时对应的计发月数计发职业年金月待遇标准，发完为止，同时职业年金个人账户余额享有继承权。本人选择任一领取方式后不再更改。

2.出国(境)定居人员的职业年金个人账户资金，可根据本人要求一次性支付给本人。

3.工作人员在职期间死亡的，其职业年金个人账户余额可以继承。未达到上述职业年金领取条件之一的，不得从个人账户中提前提取资金。

三、公务员退休后的活动

随着生活水平的提高和医疗条件的改善,很多达到法定退休年龄的公务员在退休后健康状况良好,精力充沛。一些长期担任领导职务的公务员,具有较强的理论水平和管理能力,有些公务员在长期的工作中已经成为某些领域的专家。发挥这些退休公务员的长处,既可以使其老有所为,又能够满足社会经济发展的需求。

公务员退休后的活动应当遵守法律的规定。根据公务员法第一百零七条的规定,退休的公务员,原系领导成员、县处级以上领导职务的,在离职三年内,其他公务员在离职两年内,不得到与原工作业务直接相关的企业或者其他营利性组织任职,不得从事与原工作业务直接相关的营利性活动。公务员退休后有违反该规定行为的,由其原所在机关的同级公务员主管部门责令限期改正;逾期不改正的,由县级以上市场监管部门没收该人员从业期间的违法所得,责令接收单位将该人员予以清退,并根据情节轻重,对接收单位处以被处罚人员违法所得一倍以上五倍以下的罚款。

第十五章　申诉与控告

本章是关于公务员申诉控告制度的规定。无救济则无权利,建立完善申诉控告制度,不仅有利于维护和保障公务员的合法权益,也有利于促进国家机关依法办事。

第九十五条　公务员对涉及本人的下列人事处理不服的,可以自知道该人事处理之日起三十日内向原处理机关申请复核;对复核结果不服的,可以自接到复核决定之日起十五日内,按照规定向同级公务员主管部门或者作出该人事处理的机关的上一级机关提出申诉;也可以不经复核,自知道该人事处理之日起三十日内直接提出申诉:

(一)处分;

(二)辞退或者取消录用;

(三)降职;

(四)定期考核定为不称职;

(五)免职;

(六)申请辞职、提前退休未予批准;

(七)不按照规定确定或者扣减工资、福利、保险待遇;

(八)法律、法规规定可以申诉的其他情形。

对省级以下机关作出的申诉处理决定不服的,可以向作出处理决定的上一级机关提出再申诉。

受理公务员申诉的机关应当组成公务员申诉公正委员会,负责受理和审理公务员的申诉案件。

公务员对监察机关作出的涉及本人的处理决定不服向监察

机关申请复审、复核的,按照有关规定办理。

释 义

本条是关于公务员申诉制度的规定。

一、复核申诉的事项范围

复核申诉的事项范围,与公务员的权利具有一定程度的对应关系。比如,根据公务员法第十五条第(二)项,公务员非因法定事由、非经法定程序,不被免职、降职、辞退或者处分。相应的,公务员对免职、降职、辞退和处分等处理不服的,有权申请复核、申诉。

1.处分。根据本法规定,公务员的处分类型包括警告、记过、记大过、降级、撤职、开除共六种。公务员受到这些处分的,有权申请复核、申诉。

2.辞退或者取消录用。辞退,是机关依法解除与公务员任用关系的行为。公务员法第八十八条、第八十九条规定了公务员予以辞退的情形,以及不得辞退的情形。

公务员法第三十四条规定,新录用的公务员试用期满不合格的,取消录用。

对辞退、取消录用不服的,可申请复核、申诉。

3.降职。降职是指降低公务员的职务。比如,公务员在年度考核中被确定为不称职的,按照规定程序降低一个职务或者职级层次任职。

4.定期考核定为不称职。定期考核的结果分为优秀、称职、基本称职和不称职四个等次。需要注意,只有不称职,可以申请复核、申诉。

5.免职。免职是指免去公务员的现任职务。一种是公务员正常的转换职位、调离原工作岗位。另一种是因工作失误、过错等免职。

6.申请辞职、提前退休未予批准。辞职,即公务员主动向任免机关提出辞去公职的书面申请。辞职体现了公务员选择职业的自由。除法定不得辞职、不得提前退休的情形外,公务员享有依法依规辞职、提前退休的权利。如任免机关未予批准,公务员也可复核、申诉。

7.不按照规定确定或者扣减工资、福利、保险待遇。工资、福利和保险待遇,是国家为公务员提供的物质生活保障,任何机关不得违反国家规定更改公务员的工资、福利和保险政策,不得扣减相关待遇。

8.法律、法规规定可以申诉的其他情形。其他法律、法规规定公务员有权提出复核、申诉请求的情形。

二、复核申诉的程序

在机制上,可分为复核程序、申诉程序和再申诉程序。可以先复核,再申诉;也可以不经复核,直接申诉。对申诉处理不服的,除特殊例外可再申诉。

1.复核程序。公务员对涉及本人的人事处理决定不服,向原处理机关陈述理由,并请求重新处理。申请复核是一个可选择的救济程序,公务员可以不经复核,直接提出申诉。

2.申诉程序。申诉程序即公务员向原处理机关的同级公务员主管部门或者作出该人事处理的机关的上一级机关提出申诉的程序。如经过复核的,可自接到复核决定之日起15日内提出申诉;如未经复核,可自知道该人事处理之日起30日内直接提出申诉。

3.再申诉程序。公务员对申诉的处理结果不服,还可以再向作出决定的上一级机关提出再申诉,再申诉的处理决定系终局决定。但是并非所有申诉均可以提出再申诉。其限定条件是:公务员对省级以下机关作出的申诉处理决定不服的,才可以提出再申诉;对省级机关如省政府、国务院组成部门等机关作出的申诉决定不服的,则不能再申诉。

三、公务员申诉的处理体制

一些地方在这次公务员法修改之前即有不少试点。2008年的中组部、人社部的《公务员申诉规定(试行)》第六条等处将公务员申诉公正委员会纳入其中。中央层面,设立申诉公正委员会,由中组部、中纪委、中央统战部、全国人大常委会、最高法、最高检、司法部等多个部门组成。公务员法修改,将公务员申诉公正委员会纳入法律之内,既解决申诉控告无门问题,又较好确保了调查处理的公正性和客观性,是保护公务员权益的重要制度。

对监察机关处理决定不服的处理,依据监察法及相关规定予以办理。监察法第四十九条规定,监察对象对于监察机关作出涉及本人的处理决定不服的,可以自收到处理决定之日起一个月内向作出决定的监察机关申请复审,复审机关应当在一个月内作出复审决定;监察对象对复审决定仍不服的,可以在收到复审决定之日起一个月内,向上一级监察机关申请复核,复核机关应当在二个月内作出复核决定。复核机关经审查,认定处理决定有错误的,原处理机关应当及时予以纠正。复审、复核期间,不停止原处理决定的执行。

第九十六条　原处理机关应当自接到复核申请书后的三十日内作出复核决定,并以书面形式告知申请人。受理公务员申诉的机关应当自受理之日起六十日内作出处理决定;案情复杂的,可以适当延长,但是延长时间不得超过三十日。

复核、申诉期间不停止人事处理的执行。

公务员不因申请复核、提出申诉而被加重处理。

释　义

本条是关于复核、申诉的期限和效力的规定。

复核决定作出的期限是 30 日,起算点为原处理机关接到复核申请书。

申诉决定作出的期限是 60 日,起算点为申诉受理机关受理公务员的申诉申请之日。对于案情复杂无法在 60 日内作出决定的,可以适当延长,但延长上限为 30 日。

复核、申诉期间,不停止人事处理决定的执行。其考虑因素有两个:其一,公务员人事处理作为内部行为,为维护处理机关的权威性和管理秩序需要,人事处理作出即生效而具有拘束力;其二,公务员的管理具有连续性和相对稳定性,如复核、申诉期间停止执行,可能导致个别公务员滥用申诉控告的风险。

复核、申诉不加重对公务员的处理。2008 年的中组部、人社部的《公务员申诉规定(试行)》第五条第二款也有同样规定。申诉控告作为公务员的权利,如提出复核、申诉导致处理结果的加重,则使得公务员不敢提出救济,也违反了申诉控告制度的本意。

第九十七条　公务员申诉的受理机关审查认定人事处理有错误的,原处理机关应当及时予以纠正。

释 义

本条是关于申诉处理原则的规定。

申诉受理机关审查认定人事处理确有错误的,原人事处理的作出机关,应当及时予以纠正。按照全错全纠、部分错部分纠正、不错不纠的原则,实事求是地作出纠正处理。在主体上,由原处理机关负责纠正;在时效上,原处理机关不得无故拖延,而应及时纠正。

第九十八条 公务员认为机关及其领导人员侵犯其合法权益的,可以依法向上级机关或者监察机关提出控告。受理控告的机关应当按照规定及时处理。

释 义

本条是关于公务员控告制度的规定。

公务员的控告,是指公务员对机关及其领导人员侵犯其合法权益的行为向上级机关或监察机关提出指控、告发、请求保护、要求惩处的行为,受理机关依照规定及时处理的制度。

控告与申诉存在差别。在对象上,申诉所针对的是人事处理决定,控告所针对的是机关及其领导人员侵害其合法权益的行为。在具体情形上也有所不同,申诉的公务员,自身往往涉嫌违法违纪,认为作出的人事处理不公平;而控告的公务员,自己一般不涉及违法违纪行为,也不必然涉及人事处理,但其合法权益却由于种种原因受到了侵害。

第九十九条 公务员提出申诉、控告,应当尊重事实,不得捏造事实,诬告、陷害他人。对捏造事实,诬告、陷害他人的,依法追究法律责任。

释 义

本条是关于公务员申诉、控告不得捏造事实,诬告、陷害他人的规定。

　　一方面,公务员有权提出申诉和控告。另一方面,公务员在申诉、控告时,也应依法进行,应当根据事实来作出,不得损害他人的合法权益。捏造事实,诬告、陷害他人的,应依法承担法律责任。情节严重构成犯罪的,还可依据刑法追究刑事责任。

第十六章　职位聘任

公务员聘任制度是机关通过签订聘任合同,选拔、任用、管理公务员的一种人事管理制度。2006 年实施的公务员法在借鉴国外职位聘任经验、总结和认可我国干部人事制度改革成果的基础上,设专章明确了聘任制的基本条件、程序、聘任合同与聘任制公务员的工资制度以及解决聘任制公务员与其所在单位之间聘任争议的人事争议仲裁制度等,为公务员聘任制度提供了法律依据。聘任制与选任制和委任制成为我国公务员三大任用方式。2011 年 1 月28 日,中共中央组织部、人力资源和社会保障部联合印发《聘任制公务员管理试点办法》(人社部发〔2011〕14 号),2017 年 7 月 19 日,中央全面深化改革领导小组第三十七次会议通过了《聘任制公务员管理规定(试行)》,《聘任制公务员管理试点办法》随即废止。

第一百条　机关根据工作需要,经省级以上公务员主管部门批准,可以对专业性较强的职位和辅助性职位实行聘任制。

前款所列职位涉及国家秘密的,不实行聘任制。

释　义

本条是关于聘任制适用情形和程序的规定。

根据《中华人民共和国公务员法》和《聘任制公务员管理规定(试行)》的规定,聘任制公务员,是指以合同形式聘任、依法履行公职、纳入国家行政编制、由国家财政负担工资福利的工作人员。

一、聘任制公务员的实行范围

根据《中华人民共和国公务员法》和《聘任制公务员管理规定(试行)》,

可以实行聘任制的职位主要有两类:(1)专业性较强的职位:主要是指对专业技术知识要求较高以及机关运行紧缺的职位,集中在金融、财会、法律、信息技术等方面。这类职位对专业知识和技能要求较高,替代性较低。聘任为领导职务的,应当是专业性较强的职位。(2)辅助性职位:主要是指在机关中处于辅助、从属性的常设职位,如数据录入、文件分发、资料管理等。这类职位对技术和能力要求相对较低,社会通用性和替代性较强。

二、不能实行聘任制的职位

涉及国家秘密的职位则不能实行聘任制。根据《中华人民共和国保守国家秘密法》的规定,涉及国家安全和利益的事项,泄露后可能损害国家在政治、经济、国防、外交等领域的安全和利益的,应当确定为国家秘密。包括:国家事务的重大决策中的秘密事项;国防建设和武装力量活动中的秘密事项;外交和外事活动中的秘密事项以及对外承担保密义务的事项;国民经济和社会发展中的秘密事项;科学技术中的秘密事项;维护国家安全活动和追查刑事犯罪中的秘密事项;其他经国家保密工作部门确定应当保守的国家秘密事项。《中华人民共和国保守国家秘密法》还规定,任用经管国家秘密事项的专职人员,应当按照国家保密工作部门和人事主管部门的规定予以审查批准。经管国家秘密事项的专职人员出境,应当经过批准任命的机关批准;国务院有关主管机关认为出境后将对国家安全造成危害或者对国家利益造成重大损失的,不得批准出境。

三、聘任制公务员的主管部门

中央公务员主管部门负责全国聘任制公务员的综合管理工作。县级以上地方各级公务员主管部门负责本辖区内聘任制公务员的综合管理工作。中央和国家机关及其直属机构的职位设置和招聘工作方案,报中央公务员主管部门审批。省级以下机关及其直属机构的职位设置和招聘工作方案,按程序逐级审核后报省级公务员主管部门审批。省级以上公务员主管部门或者经授权同意的设区的市级公务员主管部门具体负责招聘的组织实施。

第一百零一条 机关聘任公务员可以参照公务员考试录用的程序进行公开招聘,也可以从符合条件的人员中直接选聘。

机关聘任公务员应当在规定的编制限额和工资经费限额内进行。

释 义

本条是关于聘任制公务员聘任方式的规定。

一、聘任方式

聘任制公务员的聘任方式分为公开招聘和直接选聘两种。

(一)公开招聘

机关聘任公务员,一般应当面向社会公开招聘。公开招聘按照以下程序进行:

1.发布招聘公告。招聘公告应当载明聘任机关、聘任职位、职责、应聘资格条件、待遇、聘期,报名的方式方法、时间和地点,应聘需要提交的申请材料,考试测评内容、时间和地点以及其他应聘须知事项。

2.报名与资格审查。应聘人员应当向机关提交真实、准确的申请材料。机关在规定时间内确认应聘人员是否具有应聘资格。

3.考试测评。采取笔试、面试等方式进行,突出岗位特点,重点测查应聘人员的专业素养、业务能力和岗位匹配程度。

4.考察与体检。机关根据考试测评成绩确定考察人选,并对其进行考察和体检。考察内容主要包括应聘人员的政治思想、道德品质、能力素质、学习和工作表现、工作业绩、遵纪守法、廉洁自律等方面的情况。

5.公示。机关根据考试测评、考察情况和体检结果,择优提出拟聘任人员名单,并进行公示。公示期不少于五个工作日。

6.审批或者备案。公示期满,对没有问题或者所反映问题不影响聘任的,中央和国家机关及其直属机构拟聘任人员名单报中央公务员主管部门备案,地方各级机关拟聘任人员名单报省级公务员主管部门或者经授权同意的设区的市级公务员主管部门审批。

7.办理聘任手续。聘任机关与拟聘任人员签订聘任合同,办理相关手续。

公开招聘专业性较强的职位,经省级以上公务员主管部门批准,可以对上述程序进行调整或者适当简化。

（二）直接选聘

对于工作急需、符合聘任职位条件的人选少、难以进行公开招聘的专业性较强的职位,经省级以上公务员主管部门批准,机关可以从符合条件的人员中直接选聘。直接选聘一般按照以下程序进行:

1.提出拟聘任人选。机关根据平时掌握的情况或者通过相关单位、专业机构、同行专家等推荐,提出拟聘任人选。

2.资格审查。根据招聘资格条件对应聘人员进行审查,重点审查政治品质、工作履历和工作业绩。

3.考核测评。采取履历分析、面试比选、专家评审、业绩考核等方式,重点对拟聘任人选的专业素养、业务能力和岗位匹配程度进行考核、测评。

4.考察与体检。

5.公示。

6.审批或者备案。

7.办理聘任手续。

二、聘任限制

聘任公务员应当以编制限额和工资经费限额为前提条件。机关的编制和工资经费都是通过法定程序和标准确定的,非经法定程序不得变更。各机关都不得超出规定的编制限额和工资经费限额,超出限额的任用人员无法取得公务员身份。

第一百零二条 机关聘任公务员,应当按照平等自愿、协商一致的原则,签订书面的聘任合同,确定机关与所聘公务员双方的权利、义务。聘任合同经双方协商一致可以变更或者解除。

聘任合同的签订、变更或者解除,应当报同级公务员主管部门备案。

释 义

本条是关于聘任合同管理的规定。

聘任合同是确定机关与聘任制公务员之间的聘任关系,明确双方权利义务的重要依据。

一、聘任合同的订立原则

聘任合同的订立从程序到内容皆应遵循以下原则:

（一）平等原则

聘任合同当事人在聘任合同关系中的法律地位平等,聘任机关除依法管理聘任制公务员外,不得把自己的意志强加给公务员。在订立合同时,双方当事人平等享有权利和承担义务。在履行合同时,任何一方当事人不得擅自变更或解除合同。

（二）自愿原则

双方当事人都有权自主决定订立或不订立聘任合同,不允许任何一方采取强迫或威胁的手段,将自己的意志强加给对方。

（三）协商一致原则

聘任合同的内容由双方当事人协商一致确定,在双方意思表示完全达成一致的基础上,可以无条件变更或解除聘任合同。

二、聘任合同的形式

聘任合同应当采取书面形式。书面合同是确定双方权利义务的依据,发生争议时,可以作为处理争议的有效证据,有利于合同的履行和保护双方当事人的合法权益。聘任合同变更也应当采用书面形式。

三、聘任合同的备案

聘任合同涉及聘任机关的人事管理工作,也是推行聘任制公务员制度的重要手段。因此,聘任合同的订立、变更、解除和终止,都应报同级公务员主管部门备案。

第一百零三条 聘任合同应当具备合同期限,职位及其职责要求,工资、福利、保险待遇,违约责任等条款。

聘任合同期限为一年至五年。聘任合同可以约定试用期,试用期为一个月至十二个月。

聘任制公务员实行协议工资制,具体办法由中央公务员主管部门规定。

释　义

本条是关于聘任合同必备条款的规定。

聘任合同的法定必备条款包括:

1.合同的期限

聘任合同的期限最短 1 年,最长 5 年,由聘任机关根据工作任务和目标与拟聘任的公务员协商确定。聘任机关也可以与聘任制公务员订立无固定期限的聘任合同。订立无固定期限聘任合同的条件由各地方公务员主管部门制定。①

首次签订聘任合同的,可以约定试用期。试用期为 1—6 个月。聘任为领导职务的,聘任合同期限为 3—5 年,试用期为 1 年。试用期属于约定条款,而非必备条款。

2.职位及职责要求

聘任合同中需明确聘任制公务员的职位名称、工作性质及相应职务。要明确该职位承担的具体工作任务,以及聘任机关对该职位的职责要求。职责要求就是公务员的工作权限及责任。聘任制公务员在聘期内一般不得变动职位。

3.工资、福利、社会保险待遇

(1)工资。聘任制公务员实行协议工资制。聘任机关根据聘任职位,综合考虑市场同类人员和本单位其他公务员工资水平等因素,提出聘任职位所需的工资额度,报同级人力资源社会保障、财政部门核定。聘任制公务员的工资水平根据市场同类人员和本单位其他公务员工资水平的调整情况进行调整。聘任制公务员的工资一般按月支付,也可以实行年薪制等特殊工资政策。

---

①　如《深圳市行政机关聘任制公务员管理办法》(2013 年)第二十六条中规定:有下列情形之一,除本人提出订立固定期限聘任合同的,用人机关应当与聘任制公务员订立无固定期限聘任合同:(一)军队转业干部安置为聘任制公务员或本市委任制公务员转为聘任制公务员的;(二)聘任制公务员近 5 年内没有本办法第四十二条规定的情形,且连续聘期满 10 年的。

(2)福利。聘任制公务员按照国家规定和聘任协议享受住房补贴、医疗补助等福利。

(3)社会保险。聘任制公务员按照社会保险法等相关规定参加基本养老保险、基本医疗保险、工伤保险、失业保险和生育保险，并依法享受社会保险待遇。聘任制公务员按照《机关事业单位职业年金办法》在参加基本养老保险的基础上，参加职业年金，并依法享受职业年金待遇。

第一百零四条 机关依据本法和聘任合同对所聘公务员进行管理。

释 义

本条是关于聘任制公务员管理的规定。

聘任制公务员是以合同形式聘任、纳入国家行政编制的公职人员，因此，对聘任制公务员的管理与委任制公务员有相同之处，亦有区别。

一、聘任制公务员的管理原则

与委任制公务员的管理原则一样，聘任制公务员的管理，坚持党管干部、党管人才原则，坚持德才兼备、以德为先，坚持公开、平等、竞争、择优，坚持监督约束与激励保障并重，依照法定的权限、条件、标准和程序进行。

二、聘任制公务员的管理依据

聘任制公务员的管理以公务员法和聘任合同为依据，具体为以下几个方面：

（一）主体资格

拟聘职位的公务员应当具备下列条件：(1)具有中华人民共和国国籍；(2)年满18周岁；(3)拥护中华人民共和国宪法，拥护中国共产党领导和社会主义制度；(4)具有良好的政治素质和道德品行；(5)具有正常履行职责的身体条件和心理素质；(6)具有符合职位要求的文化程度和工作能力；(7)具备省级以上公务员主管部门批准的拟聘职位所要求的资格条件。

（二）聘任合同的必备条款

如前所述,聘任合同中的法定必备条款包括:(1)聘任合同当事人的基本情况;(2)聘任合同期限;(3)聘任职位及主要职责、工作任务或绩效目标;(4)工作条件和工作纪律;(5)工资、福利和社会保险待遇;(6)聘任合同变更、解除和终止的条件;(7)违约责任;(8)法律、法规规定的应当纳入聘任合同的其他事项。

（三）聘任合同的变更

聘任合同经双方协议一致,可就尚未履行或尚未完全履行的条款进行变更。变更聘任合同应当采用书面形式。

（四）聘任合同的解除

聘任合同经双方协商一致,可以解除。

聘任机关单方解除聘任合同的情形以聘任制公务员是否有过错为标准,分为有过错解除和无过错解除。聘任合同与劳动合同在单方解除制度上的区别在于,劳动合同中有过错解除和无过错解除都属于用人单位单方解除的许可性条件,即法律赋予用人单位一定的单方解除权,用人单位在符合这些条件的情况下解除劳动合同属于合法行为,但用人单位也可以选择不解除劳动合同。而聘任制公务员除未经批准在其他单位兼职的以外,存在其他过错情形的,聘任机关必须解除聘任合同。

1.聘任机关单方解除的情形

有下列情形之一的,聘任机关可以解除聘任合同:(1)聘任制公务员未经批准在其他单位兼职。(2)聘任制公务员患病或非因公负伤,在规定的医疗期满后,不能从事原工作。医疗期是指职工因患病或非因公负伤停止工作治病休息不得解除合同的时限。医疗期根据本人参加工作年限和在本单位工作年限,一般给予 3—24 个月。(3)因订立合同所依据的客观情况发生重大变化,致使合同无法继续履行,经双方协商,未能就变更合同内容达成协议。这里的"客观情况",是指据以订立聘任合同、履行聘任合同所必要的客观条件。客观情况发生重大变化,是指如所在机关调整、撤并需要调整工作等情形。

2.聘任机关必须单方解除的情形

有下列情形之一的,聘任机关应当解除聘任合同:(1)经试用不符合聘任条件。(2)聘期内年度考核不称职。(3)不履行公务员义务,不遵守公务员纪律,经教育仍无转变,不适合继续在机关工作。(4)因患病或非因公负伤之外的其他个人原因不能正常履行聘任合同约定的工作职责。(5)旷工或因公外出、请假期满,无正当理由逾期不归连续超过15天,或者一年内累计超过30天。(6)有严重违纪违法行为或者被依法追究刑事责任。(7)法律法规规定或者聘任合同约定的聘任机关应当解除聘任合同的其他情形,如发生责任事故造成严重后果的。

3.聘任机关单方解除聘任合同的禁止性条件

聘任制公务员在聘期内有下列情形之一的,聘任机关不得解除聘任合同:(1)因公致残,被确认丧失或部分丧失工作能力。(2)患病或非因公负伤,在规定的医疗期内。(3)女性公务员在孕期、产假、哺乳期内。(4)法律、法规规定的其他不得解除合同的情形。

4.聘任制公务员单方解除聘任合同的许可性条件

有下列情形之一的,聘任制公务员可以解除聘任合同:(1)在试用期内。(2)聘任机关未按照聘任合同约定支付工资、未依法为聘任制公务员缴纳社会保险费等,或者未提供必要工作条件。(3)法律法规规定的其他聘任制公务员可以解除聘任合同的情形,如依法服兵役、考入全日制普通高等院校等。

聘任制公务员在试用期内解除聘任合同,应当提前5日以书面形式通知聘任机关。因前述第(2)、(3)类情形解除聘任合同的,应当提前30天以书面形式通知聘任机关。

5.聘任制公务员申请解除聘任合同的情形

聘任制公务员可以以书面形式向聘任机关申请解除聘任合同。聘任机关应当自收到申请之日起30日内予以答复,未在规定时间内答复的视为同意解除聘任合同。未获批准前,聘任制公务员不得自行离职。

6.聘任制公务员不得解除聘任合同的情形

有下列情形之一的,聘任制公务员不得解除聘任合同:(1)重要公务尚未处理完毕,且必须由本人继续处理。(2)正在接受审计、纪律审查,或者涉嫌犯罪,司法程序尚未终结。(3)法律法规规定或者聘任合同约定的其他不得解除聘任合同的情形。但聘任制公务员同时存在未经批准在外兼职,以及前述聘任机关必须解除合同的情形的,聘任机关依然可以依法解除聘任合同。

7.经济补偿金

非因聘任制公务员过错解除聘任合同的,即因聘任制公务员患病或非因公负伤,在规定的医疗期满后不能从事原工作,或者因订立合同所依据的客观情况发生重大变化,导致合同无法继续履行,经双方协商,未能就变更合同达成协议的,聘任机关应当向聘任制公务员支付经济补偿金。

经济补偿金按照聘任制公务员在本机关工作的年限,每满1年支付1个月工资的标准执行。工作6个月以上不满1年的,支付1个月工资的经济补偿;不满6个月的,支付半个月工资的经济补偿。

（五）聘任合同的终止

聘任合同约定的期限届满,或者聘任合同中约定的终止条件出现时,聘任合同即行终止。

出现下列情形时,聘任合同应当延续至相应的情形消失时终止:(1)聘任制公务员患病或者非因公负伤在规定的医疗期内;(2)女性公务员在孕期、产期、哺乳期内。

聘任合同期满,用人单位与聘任制公务员不再续签聘任合同的,用人单位应当出具《聘任合同终止通知书》通知本人,同时免去其所任职务,并按照管理权限报请公务员主管部门备案。

（六）违约责任

1.聘任机关的违约责任

聘任机关未按照聘任合同约定支付工资、未依法为聘任制公务员缴纳社会保险费,或者未提供必要工作条件的,聘任机关应当按照合同约定支付工资,补缴社会保险费,并承担相应的违约责任。

2.聘任制公务员的违约责任

聘任机关为聘任制公务员提供专项培训费用,对其进行专业技术培训的,可以在聘任合同中与其约定服务期及违约责任。聘任制公务员违反服务期约定的,应当按照约定向聘任机关支付违约金。聘任机关要求聘任制公务员支付的违约金,应当扣除服务期已经履行部分分摊的费用,不得超过服务期尚未履行部分所应分摊的培训费用。

（七）后合同义务

聘任合同解除或者终止,聘任机关应当出具解除或者终止聘任合同的书面证明,按规定办理人事档案、社会保险关系转移等相关手续;聘任制公务员应当按照要求进行公务交接,并履行法律法规规定和聘任合同约定的相关义务。

第一百零五条　聘任制公务员与所在机关之间因履行聘任合同发生争议的,可以自争议发生之日起六十日内申请仲裁。

省级以上公务员主管部门根据需要设立人事争议仲裁委员会,受理仲裁申请。人事争议仲裁委员会由公务员主管部门的代表、聘用机关的代表、聘任制公务员的代表以及法律专家组成。

当事人对仲裁裁决不服的,可以自接到仲裁裁决书之日起十五日内向人民法院提起诉讼。仲裁裁决生效后,一方当事人不履行的,另一方当事人可以申请人民法院执行。

释　义

本条是关于聘任制公务员与所在机关发生争议处理的规定。

选任制公务员和委任制公务员对涉及本人的人事处理以及合法权益,主要通过申诉和控告这两种途径实现权利救济。而聘任制公务员与所在机关之间因履行聘任合同发生的争议,适用劳动人事争议处理规则。

一、人事争议处理途径

人事争议发生后,当事人可以协商解决。不愿意协商或者协商不成的,可以向主管部门申请调解。不愿意调解或调解不成的,可以向人事争议仲裁委员会申请仲裁。当事人也可以直接向人事争议仲裁委员会申请仲裁。当事人对仲裁裁决不服的,可以向人民法院提起诉讼。

二、人事争议仲裁机构的设置①

省(自治区、直辖市)、副省级市、地(市、州、盟)、县(市、区、旗)设立人事

---

① 根据《劳动争议调解仲裁法》和2017年5月8日人力资源和社会保障部发布的《劳动人事争议仲裁组织规则》(人力资源和社会保障部令第34号),各地陆续将原劳动争议仲裁委员会和原人事争议仲裁委员会整合为劳动人事争议仲裁委员会,下设实体化的办事机构,即劳动人事争议仲裁院,具体承担争议调解仲裁等日常工作。仲裁院设在人力资源和社会保障行政部门。

争议仲裁委员会。人事争议仲裁委员独立办案,相互之间无隶属关系。

人事争议仲裁委员会由公务员主管部门代表、聘任(用)单位代表、聘任制公务员的代表以及法律专家组成。人事争议仲裁委员会组成人员应当是单数,设主任1名、副主任1—4名、委员若干名。同级人民政府分管人事工作的负责人或政府人事行政部门的主要负责人担任人事争议仲裁委员会主任。

三、人事争议仲裁的申请时效及裁决的执行

当事人从知道或者应当知道争议发生之日起60日内①,以书面形式向有管辖权的人事争议仲裁委员会申请仲裁。当事人因不可抗力或者有其他正当理由超过申请仲裁时效,经人事争议仲裁委员会调查确认的,人事争议仲裁委员会应当受理。当事人向人事争议仲裁委员会提交仲裁申请书应当载明下列事项:(1)申请人和被申请人姓名、性别、年龄、职业及职务、工作单位、住所和联系方式。申请人或被申请人是单位的,应当写明单位名称、住所、法定代表人或者主要负责人的姓名、职务和联系方式。(2)仲裁请求和所依据的事实、理由。(3)证据和证据来源、证人姓名和住所。

人事争议仲裁委员会自收到仲裁申请书之日起10个工作日内,认为不符合受理条件的,应当书面通知申请人不予受理,并说明理由。认为符合受理条件的,应当受理,并将受理通知书送达申请人,同时将仲裁申请书副本送达被申请人。

当事人对仲裁裁决不服的,可以自接到仲裁裁决书之日起15日内向人民法院提起诉讼。逾期不起诉的,仲裁裁决书即发生法律效力。对发生法律效力的裁决书,当事人必须履行。一方当事人逾期不履行的,另一方当事人可以申请人民法院执行。

---

① 根据2017年5月8日人力资源和社会保障部发布的《劳动人事争议仲裁办案规则》(人力资源和社会保障部令第33号)第二十六条的规定,企业、个体经济组织、民办非企业单位等组织与劳动者之间,以及机关、事业单位、社会团体与其建立劳动关系的劳动者之间,因确认劳动关系,订立、履行、变更、解除和终止劳动合同,工作时间、休息休假、社会保险、福利、培训以及劳动保护,劳动报酬、工伤医疗费、经济补偿或者赔偿金等发生的争议,事业单位与其建立人事关系的工作人员之间因终止人事关系以及履行聘用合同发生的争议,社会团体与其建立人事关系的工作人员之间因终止人事关系以及履行聘用合同发生的争议,军队文职人员用人单位与聘用制文职人员之间因履行聘用合同发生的争议,申请仲裁的时效期间为一年;实施公务员法的机关与聘任制公务员之间、参照公务员法管理的机关(单位)与聘任工作人员之间因履行聘任合同发生的争议,申请仲裁的时效期间则适用公务员法有关规定。

第十七章 法律责任

法律责任是指公民、法人、其他组织实施违法行为所应承担的法律后果。我国大部分法律,都设有专门的"法律责任"一章。公务员法作为中国干部人事管理的基础性法律,设有法律责任专章,既凸显全面加强党的领导与全面依法治国的有机统一,同时对于确保法律实施也具有重要意义。

第一百零六条 对有下列违反本法规定情形的,由县级以上领导机关或者公务员主管部门按照管理权限,区别不同情况,分别予以责令纠正或者宣布无效;对负有责任的领导人员和直接责任人员,根据情节轻重,给予批评教育、责令检查、诫勉、组织调整、处分;构成犯罪的,依法追究刑事责任:

(一)不按照编制限额、职数或者任职资格条件进行公务员录用、调任、转任、聘任和晋升的;

(二)不按照规定条件进行公务员奖惩、回避和办理退休的;

(三)不按照规定程序进行公务员录用、调任、转任、聘任、晋升以及考核、奖惩的;

(四)违反国家规定,更改公务员工资、福利、保险待遇标准的;

(五)在录用、公开遴选等工作中发生泄露试题、违反考场纪律以及其他严重影响公开、公正行为的;

(六)不按照规定受理和处理公务员申诉、控告的;

(七)违反本法规定的其他情形的。

释 义

本条是关于公务员管理违法行为法律责任的一般规定。

（一）违法行为主体和监督主体

违法行为主体，既包括公务员主管部门及其工作人员，也包括其他有关机关和人员。

监督主体，为县级以上领导机关、公务员主管部门。

（二）承担责任的方式

承担责任的方式，可分为两方面。一方面是对违法行为的处理。另一方面是对负有责任的领导人员和直接责任人员的处理，又可细化为行政责任、刑事责任。

1.对违法行为，予以责令纠正或宣告无效。

2.对负有责任的领导人员和直接责任人员，区分情节，分别给予批评教育、责令检查、诫勉、组织调整、处分。

承担责任形态的细化。除修改前公务员法已经明确的批评教育、处分之外，增加责令检查、诫勉、组织调整的形态，增强了法律责任承担的层次性和阶梯性。

3.构成犯罪的，依法追究刑事责任。

（三）公务员管理违法行为的主要情形

1.不按照编制限额、职数或者任职资格条件进行公务员录用、调任、转任、聘任和晋升的。编制管理是公务员管理的重要内容，现实中仍有机关存在超编、超职数配备干部的情形，导致机构臃肿、队伍膨胀，对此，应当强化编制管理的法定性、强制性和责任性，违反编制要求的应承担法律责任。公务员的职位有相应的任职资格要求，公务员的录用、调任、转任、聘任和晋升，均需符合相应资格条件，违反者需承担相应法律责任。

2.不按照规定条件进行公务员奖惩、回避和办理退休的。公务员的奖励、惩戒、回避、退休办理，都应符合法定要件情形，在程序上应依法进行。机关在实施中，既不能故意放水，也不能有意抬高标准。凡是违反者，均应承担法律责任。

3.不按照规定程序进行公务员录用、调任、转任、聘任、晋升以及考核、奖惩的。公务员法和相关法律法规，对于公务员录用、调任、转任、聘任、晋升以及考核、奖惩，有着一系列的实体和程序规范，这些规范应当严格遵循。本项的关键在于强调程序规范，不按照"规定程序"要求实施的，应承担法律责任。

4.违反国家规定，更改公务员工资、福利、保险待遇标准的。公务员获得工资、福利、保险待遇,是公务员的基本权利,理应得到法律保障。本责任条款的规定,对于确保公务员薪酬福利权利的落实,以及确保公务员工资、福利、保险待遇的统一性和强制性,具有重要意义。

5.在录用、公开遴选等工作中发生泄露试题、违反考场纪律以及其他严重影响公开、公正行为的。录用、公开遴选等工作,应当秉持公开、公正、择优的原则。发生泄露试题、违反考场纪律以及其他严重影响公开、公正行为的,势必影响到公务员群体的素质,也影响到机关声誉,损害公务员录用遴选制度的公信力。因此,泄露试题、违反考场纪律以及其他严重影响公开、公正行为的,应当予以严厉惩罚。

6.不按照规定受理和处理公务员申诉、控告的。申诉、控告是公务员维护自身合法权益的重要机制,也是公务员制度的重要组成部分。不按规定受理和处理申诉、控告,加之公务员对人事处理不服并不属于行政诉讼和行政复议的受案范围,将导致一系列严重后果。因此,不按照规定受理和处理公务员申诉、控告的,有权机关应当依法予以纠正,并追究相关机关及人员的法律责任。

7.违反本法规定的其他情形的。违反公务员管理法律制度的行为,还有其他情形。本项作为兜底条款,为其责任追究提供法律依据。

第一百零七条 公务员辞去公职或者退休的,原系领导成员、县处级以上领导职务的公务员在离职三年内,其他公务员在离职两年内,不得到与原工作业务直接相关的企业或者其他营利性组织任职,不得从事与原工作业务直接相关的营利性活动。

公务员辞去公职或者退休后有违反前款规定行为的,由其原所在机关的同级公务员主管部门责令限期改正;逾期不改正的,由县级以上市场监管部门没收该人员从业期间的违法所得,责令接收单位将该人员予以清退,并根据情节轻重,对接收单位处以被处罚人员违法所得一倍以上五倍以下的罚款。

释 义

本条是关于公务员离职后从事营利活动及法律责任的规定。

公务员辞职或退休后,在一定期限内不得从事相关活动,在日本、韩国等

国家均有规范。在我国,除公务员法之外,法官法和检察官法分别对法官、检察官也有类似规定。本条内容,可梳理如下:

(一)适用主体

公务员辞去公职或者退休,其离职后在一定期限内,从业活动受到限制。如果公务员因其他情形离职,如被辞退、开除的,则不适用条款内容的限制。原因是被辞退、开除的公务员,声誉受损,其职业前景势必受到负面影响,不再有必要予以限制。

(二)限制期限

在法律规定期限内受到限制。原系领导成员、县处级以上领导职务的公务员在离职三年内,其他公务员在离职两年内。这里的领导成员,按照公务员法第一百一十一条之规定,特指机关的领导人员,不包括机关内设机构担任领导职务的人员。在规定期限届满之后,则禁止解除,公务员可到与原工作业务直接相关的企业或者其他营利性组织任职,可从事与原工作业务直接相关的营利性活动。

(三)禁止行为

不得到与原工作业务直接相关的企业或者其他营利性组织任职,不得从事与原工作业务直接相关的营利性活动。首先,如公务员辞去公职或者退休后,到与原工作业务无直接相关的领域去任职或从事活动,无论是否为营利性活动,无论是否为营利性组织,均无任何限制。其次,如公务员辞去公职或者退休后,从事非营利活动如学术研究的,或者到非营利组织任职的,即便与原工作业务直接相关,并不在禁止之列。事实上,退休后发挥个人专长参与社会发展,受到法律政策的支持鼓励。如公务员离职后到非营利组织依法从事经营行为用于慈善公益事业的,也不属于营利性活动,同样不在禁止之列。再次,如何理解"原工作业务直接相关"?这带有一定的不确定性,行政机关具有裁量空间。对此,公务员离职后在法定期限内从事有关活动的,应履行谨慎义务。比如有一定关联可能存在嫌疑风险的,可事先征询原机关或同级公务员主管部门的意见。

(四)法律责任

公务员辞去公职或者退休后,违反前述规定的,由其原所在机关的同级公务员主管部门责令限期改正;逾期不改正的,由县级以上市场监管部门没收该人员从业期间的违法所得,责令接收单位将该人员予以清退,并根据情节轻重,对接收单位处以被处罚人员违法所得一倍以上五倍以下的罚款。

第一百零八条 公务员主管部门的工作人员,违反本法规定,滥用职权、玩忽职守、徇私舞弊,构成犯罪的,依法追究刑事责任;尚不构成犯罪的,给予处分或者由监察机关依法给予政务处分。

释 义

本条是关于公务员主管部门工作人员滥用职权、玩忽职守、徇私舞弊法律责任的规定。

滥用职权,是指公务员的行为,虽然形式上在职权范围之内,但违反了法律授予权力的目的,或者畸轻畸重违反法律基本原则,往往主观上存在故意。玩忽职守,主要表现为主观上过失,如疏忽大意、过于自信、擅离职守等,给国家利益、社会秩序带来损害;徇私舞弊,是指为了自身利益、私人关系,采取欺骗的方式,实施违纪违法行为。这三种行为,均应当承担法律责任。

修改前的表述是"尚不构成犯罪的,给予处分",考虑到公务员法与监察法的关联和有机衔接,修改为"给予处分,或者由监察机关依法给予政务处分"。构成犯罪的,还应依照刑法追究刑事责任。

第一百零九条 在公务员录用、聘任等工作中,有隐瞒真实信息、弄虚作假、考试作弊、扰乱考试秩序等行为的,由公务员主管部门根据情节作出考试成绩无效、取消资格、限制报考等处理;情节严重的,依法追究法律责任。

释 义

本条是关于公务员录用、聘任等工作中违法违纪行为处置的规定。

公务员录用、聘任中的违纪违法行为,危害大、影响深远,受到社会各界广泛关注,必须予以严惩。对此,公务员法修改中,设置专门条款予以规范。2016年的《公务员考试录用违纪违规行为处理办法》(人社部令〔2016〕30号)

进行了系统规范。从部门规章上升到法律层次,其强制性、权威性大幅提升。

一、适用情形

针对的违法行为,包括公务员录用、聘任等工作中,隐瞒真实信息、弄虚作假、考试作弊、扰乱考试秩序等。比如,涉及报考资格的申请材料、信息不实,未在指定座位参加考试或未经工作人员允许擅自离开座位或考场,持伪造证件参加考试等。

二、处理方式

公务员主管部门根据情节作出考试成绩无效、取消资格、限制报考等处理。除取消资格、成绩无效外,还可记入公务员考试录用诚信档案库。情节严重的,依法追究法律责任。刑法中也有相关罪名和责任规范。

三、处理程序

在作出处理决定前,应告知报告者拟作出的处理决定和相关事实、理由和依据,并告知报考者依法享有陈述和申辩的权利;作出处理决定的公务员主管部门、招录机关或者考试机构对报考者提出的事实、理由和证据,应当进行复核。作出处理决定的,应当制作公务员考试录用违纪违规行为处理决定书,依法送达报考者。

四、救济方式

报考者对处理决定不服的,可以依法申请行政复议或提起行政诉讼。录用工作人员因违纪违法对受到处分不服的,可以依法申请复核或提出申诉。

第一百一十条　机关因错误的人事处理对公务员造成名誉损害的,应当赔礼道歉、恢复名誉、消除影响;造成经济损失的,应当依法给予赔偿。

释　义

本条是关于错误人事处理造成损害的规定。

　　机关人事处理错误应承担赔偿责任,是法治国家和依法行政的基本要求。这要求各机关要以对人民群众、对广大公务员高度负责的态度开展工作。首先,公务员受到的损失、损害必须是错误人事处理所造成。如果因人事处理以外的活动,或者因人事处理导致损害但人事处理本身正确合法,则不属于赔偿范围。其次,损失、损害必须实际发生,且对公务员造成名誉、荣誉等方面的精神损害,或者工资、福利等方面的损害。这种损害必须是直接的、已经发生的,而非间接的、预期的。最后,赔偿法定。一方面,只有满足法定要件,机关才予以赔偿。另一方面,机关承担赔偿责任的方式,也需依照法律规定。

第十八章　附　则

　　附则在法律中往往规定杂项条款,诸如必要的名词解释、适用范围、施行时间等。本章规定了特定概念界定,法律的参照适用和法律施行时间等内容。

　　第一百一十一条　本法所称领导成员,是指机关的领导人员,不包括机关内设机构担任领导职务的人员。

释　义

　　本条是对领导成员范围的规定。

　　本条中的"机关"是指中共中央、全国人大常委会、国务院、全国政协、中央纪律检查委员会的工作部门,县级以上地方各级党委、人大常委会、政府、政协、纪委及其工作部门,乡镇党委和政府,以及各级人民法院、各级人民检察院。其"领导成员",作为"机关的领导人员",即上述机关领导班子组成人员;而"机关内设机构"指上述机关内部的职能机构。以商务部为例,该部为国务院组成部门,属于本条中的机关;而商务部的贸易救济局,则为"机关内设机构"。机关内设机构担任领导职务的人员,是指机关内设机构中按照职数和本法的规定任命为领导职务的实行委任制的公务员。

　　本法在多处规范了领导成员,包括:

　　1.领导成员的法律适用。第三条第二款明确,领导成员的产生、任免和监督等,法律另有规定的,从其规定。

　　2.领导成员的考核。第三十七条第二款明确,领导成员的考核,由主管机关按照有关规定办理。

　　3.领导成员的任期。第四十条第二款规定,领导成员职务按照国家规定实行任期制。

4.领导成员的转任。第七十一条第二款规定,对省部级正职以下的领导成员,应当有计划、有重点地实行跨地区、跨部门转任。

5.领导成员的任职回避。第七十四条第二款规定,公务员不得在其配偶、子女及其配偶经营的企业、营利性组织的行业监管或者主管部门担任领导成员。

6.领导成员辞去公职的期限。第八十五条规定,对领导成员辞去公职的申请,应当自接到申请之日起九十日内予以审批。

7.领导成员的引咎辞去领导职务与责令辞去领导职务。第八十七条第三款规定,领导成员因工作严重失误、失职造成重大损失或者恶劣社会影响的,或者对重大事故负有领导责任的,应当引咎辞去领导职务。第八十七条第四款规定,领导成员因其他原因不再适合担任现任领导职务的,或者应当引咎辞职本人不提出辞职的,应当责令其辞去领导职务。

8.领导成员离职后的竞业禁止规则。第一百零七条规定,原系领导成员的公务员辞去公职或退休的,在离职三年内,不得到与原工作业务直接相关的企业或者其他营利性组织任职,不得从事与原工作业务直接相关的营利性活动。

这些对“领导成员”的规范,均指向机关的领导成员,而不包括内设机构担任领导职务的人员。

第一百一十二条　法律、法规授权的具有公共事务管理职能的事业单位中除工勤人员以外的工作人员,经批准参照本法进行管理。

释　义

本条是特定事业单位工作人员参照本法管理的规定。

随着行政管理的专业性、技术性日渐提升,传统行政机关难以适应其需求。在世界各国均存在公共事业由行政机关以外的机构、单位来实施的情况。在我国,行政机关以外的机构、单位进行公共事务管理也并非少见。《中共中央国务院关于分类推进事业单位改革的指导意见》(中发〔2011〕5号)、《关于开展承担行政职能事业单位改革试点的指导意见》(中办发〔2016〕19号)等先后出台,事业单位改革正在进行。

从机构层面看,我国行政法上的"行政主体",分为行政机关和法律法规授权组织两大类。中国证监会、中国银保监会等,均分别由证券法以及商业银行法、保险法等有关法律授权实施审批、监管的职责。与之相对应,这些单位的工作人员,可以参照公务员法的相关权利义务、监督管理之规定。本条规范要素可分解如下。

第一,单位条件。应当是"法律、法规授权的具有公共事务管理职能的事业单位"。根据《事业单位登记管理暂行条例》(2004 年修订),事业单位是指国家为了社会公益目的,由国家机关举办或者其他组织利用国有资产举办的,从事教育、科技、文化、卫生等活动的社会服务组织。《中华人民共和国行政处罚法》第十九条第一项使用了"法律、法规授权的具有管理公共事务职能的组织"的概念,其可在法定授权范围内实施行政处罚。法律、法规授权的具有公共事务管理职能的事业单位,从行政法原理及《中华人民共和国行政处罚法》等法律规定来看,应当具备一些基本条件,包括需依法成立;需具有熟悉有关法律、法规、规章和业务的工作人员;其公共事务管理如需要进行技术检查或者技术鉴定的,应当有条件组织进行相应的技术检查或者技术鉴定。

第二,法律适用。一般的事业单位工作人员管理,适用 2014 年国务院出台的行政法规《事业单位人事管理条例》及配套文件政策。法律、法规授权的具有公共事务管理职能的事业单位中除工勤人员以外的工作人员,则经批准后参照适用公务员法及相关法规、政策文件。

第一百一十三条　本法自 2019 年 6 月 1 日起施行。

释　义

本条是关于法律施行日期的规定。

法律的施行日期,不同于法律的通过日期和公布日期,法律的施行日期是法律正式生效的唯一标志。公务员法由中华人民共和国第十三届全国人民代表大会常务委员会第七次会议于 2018 年 12 月 29 日修订通过,2018 年 12 月 29 日同日公布,自 2019 年 6 月 1 日起施行。该法修改从通过公布到正式施行,中间有约五个月时间。其考虑因素如下:首先,公务员法的修订,是中国干部人事制度改革的大事,对公务员制度进行了重大改革和完善,在正式实施前需要进行集中广泛宣传解读,营造良好的社会氛围,确保法律实施得到各界广泛理解、认同。其次,根据中央关于机构改革的安排,地方机构改革任务在2019年3月底前基本完成,地方机构改革到位后再着手公务员法的实施,显然更为稳妥。再次,修订后公务员法的实施,特别是公务员职务与职级并行制度的推进,公务员监督惩戒、法律责任等内容完善,需要确定配套制度机制,需要做好政策学习培训,也需要一定时间来落实、消化。

附录一　党政领导干部选拔任用工作条例

（中共中央，2019 年 3 月）

第一章　总　则

第一条　为了坚持和加强党的全面领导，深入贯彻新时代党的组织路线和干部工作方针政策，落实党要管党、全面从严治党特别是从严管理干部的要求，坚持新时期好干部标准，建立科学规范的党政领导干部选拔任用制度，形成有效管用、简便易行、有利于优秀人才脱颖而出的选人用人机制，推进干部队伍革命化、年轻化、知识化、专业化，建设一支高举中国特色社会主义伟大旗帜，以马克思列宁主义、毛泽东思想、邓小平理论、"三个代表"重要思想、科学发展观、习近平新时代中国特色社会主义思想为指导，忠诚干净担当的高素质专业化党政领导干部队伍，保证党的基本理论、基本路线、基本方略全面贯彻执行和新时代中国特色社会主义事业顺利发展，根据《中国共产党章程》等党内法规和有关国家法律，制定本条例。

第二条　选拔任用党政领导干部，必须坚持下列原则：

（一）党管干部；

（二）德才兼备、以德为先，五湖四海、任人唯贤；

（三）事业为上、人岗相适、人事相宜；

（四）公道正派、注重实绩、群众公认；

（五）民主集中制；

（六）依法依规办事。

第三条　选拔任用党政领导干部，必须把政治标准放在首位，符合将领导班子建设成为坚持党的基本理论、基本路线、基本方略，全心全意为人民服务，具有推进新时代中国特色社会主义事业发展的能力，结构合理、团结坚强的领导集体的要求。

树立注重基层和实践的导向,大力选拔敢于负责、勇于担当、善于作为、实绩突出的干部。

注重发现和培养选拔优秀年轻干部,用好各年龄段干部。

统筹做好培养选拔女干部、少数民族干部和党外干部工作。

对不适宜担任现职的领导干部应当进行调整,推进领导干部能上能下。

第四条 本条例适用于选拔任用中共中央、全国人大常委会、国务院、全国政协、中央纪律检查委员会工作部门领导成员或者机关内设机构担任领导职务的人员,国家监察委员会、最高人民法院、最高人民检察院领导成员(不含正职)和内设机构担任领导职务的人员;县级以上地方各级党委、人大常委会、政府、政协、纪委监委、法院、检察院及其工作部门领导成员或者机关内设机构担任领导职务的人员;上列工作部门内设机构担任领导职务的人员。

选拔任用参照公务员法管理的群团机关和县级以上党委、政府直属事业单位的领导成员及其内设机构担任领导职务的人员,参照本条例执行。

上列机关、单位选拔任用非中共党员领导干部,参照本条例执行。

选拔任用民族区域自治地方党政领导干部,法律法规和政策另有规定的,从其规定。

第五条 本条例第四条所列范围中选举和依法任免的党政领导职务,党组织推荐、提名人选的产生,适用本条例的规定,其选举和依法任免按照有关法律、章程和规定进行。

第六条 党委(党组)及其组织(人事)部门按照干部管理权限履行选拔任用党政领导干部职责,切实发挥把关作用,负责本条例的组织实施。

第二章 选拔任用条件

第七条 党政领导干部必须信念坚定、为民服务、勤政务实、敢于担当、清正廉洁,具备下列基本条件:

(一)自觉坚持以马克思列宁主义、毛泽东思想、邓小平理论、"三个代表"重要思想、科学发展观、习近平新时代中国特色社会主义思想为指导,努力用马克思主义立场、观点、方法分析和解决实际问题,坚持讲学习、讲政治、讲正气,牢固树立政治意识、大局意识、核心意识、看齐意识,坚决维护习近平总书记核心地位,坚决维护党中央权威和集中统一领导,自觉在思想上政治上行动

上同党中央保持高度一致,经得起各种风浪考验;

(二)具有共产主义远大理想和中国特色社会主义坚定信念,坚定道路自信、理论自信、制度自信、文化自信,坚决贯彻执行党的理论和路线方针政策,立志改革开放,献身现代化事业,在社会主义建设中艰苦创业,树立正确政绩观,做出经得起实践、人民、历史检验的实绩;

(三)坚持解放思想,实事求是,与时俱进,求真务实,认真调查研究,能够把党的方针政策同本地区本部门实际相结合,卓有成效地开展工作,落实"三严三实"要求,主动担当作为,真抓实干,讲实话,办实事,求实效;

(四)有强烈的革命事业心、政治责任感和历史使命感,有斗争精神和斗争本领,有实践经验,有胜任领导工作的组织能力、文化水平和专业素养;

(五)正确行使人民赋予的权力,坚持原则,敢抓敢管,依法办事,以身作则,艰苦朴素,勤俭节约,坚持党的群众路线,密切联系群众,自觉接受党和群众的批评、监督,加强道德修养,讲党性、重品行、作表率,带头践行社会主义核心价值观,廉洁从政、廉洁用权、廉洁修身、廉洁齐家,做到自重自省自警自励,反对形式主义、官僚主义、享乐主义和奢靡之风,反对任何滥用职权、谋求私利的行为;

(六)坚持和维护党的民主集中制,有民主作风,有全局观念,善于团结同志,包括团结同自己有不同意见的同志一道工作。

第八条 提拔担任党政领导职务的,应当具备下列基本资格:

(一)提任县处级领导职务的,应当具有五年以上工龄和两年以上基层工作经历。

(二)提任县处级以上领导职务的,一般应当具有在下一级两个以上职位任职的经历。

(三)提任县处级以上领导职务,由副职提任正职的,应当在副职岗位工作两年以上;由下级正职提任上级副职的,应当在下级正职岗位工作三年以上。

(四)一般应当具有大学专科以上文化程度,其中厅局级以上领导干部一般应当具有大学本科以上文化程度。

(五)应当经过党校(行政学院)、干部学院或者组织(人事)部门认可的其他培训机构的培训,培训时间应当达到干部教育培训的有关规定要求。确因特殊情况在提任前未达到培训要求的,应当在提任后一年内完成培训。

（六）具有正常履行职责的身体条件。

（七）符合有关法律规定的资格要求。提任党的领导职务的，还应当符合《中国共产党章程》等规定的党龄要求。

职级公务员担任领导职务，按照有关规定执行。

第九条　党政领导干部应当逐级提拔。特别优秀或者工作特殊需要的干部，可以突破任职资格规定或者越级提拔担任领导职务。

破格提拔的特别优秀干部，应当政治过硬、德才素质突出、群众公认度高，且符合下列条件之一：在关键时刻或者承担急难险重任务中经受住考验、表现突出、作出重大贡献；在条件艰苦、环境复杂、基础差的地区或者单位工作实绩突出；在其他岗位上尽职尽责，工作实绩特别显著。

因工作特殊需要破格提拔的干部，应当符合下列情形之一：领导班子结构需要或者领导职位有特殊要求的；专业性较强的岗位或者重要专项工作急需的；艰苦边远地区、贫困地区急需引进的。

破格提拔干部必须从严掌握。不得突破本条例第七条规定的基本条件和第八条第一款第七项规定的资格要求。任职试用期未满或者提拔任职不满一年的，不得破格提拔。不得在任职年限上连续破格。不得越两级提拔。

第十条　拓宽选人视野和渠道，党政领导干部可以从党政机关选拔任用，也可以从党政机关以外选拔任用，注意从企业、高等学校、科研院所等单位以及社会组织中发现选拔。地方党政领导班子成员应当注意从担任过县（市、区、旗）、乡（镇、街道）党政领导职务的干部和国有企事业单位领导人员中选拔。

第三章　分析研判和动议

第十一条　组织（人事）部门应当深化对干部的日常了解，坚持知事识人，把功夫下在平时，全方位、多角度、近距离了解干部。根据日常了解情况，对领导班子和领导干部进行综合分析研判，为党委（党组）选人用人提供依据和参考。

第十二条　党委（党组）或者组织（人事）部门根据工作需要和领导班子建设实际，结合综合分析研判情况，提出启动干部选拔任用工作意见。

第十三条　组织（人事）部门综合有关方面建议和平时了解掌握的情况，

对领导班子和领导干部进行动议分析,就选拔任用的职位、条件、范围、方式、程序和人选意向等提出初步建议。

个人向党组织推荐领导干部人选,必须负责地写出推荐材料并署名。

第十四条 组织(人事)部门将初步建议向党委(党组)主要领导成员汇报,对初步建议进行完善,在一定范围内进行沟通酝酿,形成工作方案。

对动议的人选严格把关,根据工作需要,可以提前核查有关事项。

第十五条 研判和动议时,根据工作需要和实际情况,如确有必要,也可以把公开选拔、竞争上岗作为产生人选的一种方式。领导职位出现空缺且本地区本部门没有合适人选的,特别是需要补充紧缺专业人才或者配备结构需要干部的,可以通过公开选拔产生人选;领导职位出现空缺,本单位本系统符合资格条件人数较多且需要进一步比选择优的,可以通过竞争上岗产生人选。公开选拔、竞争上岗一般适用于副职领导职位。

公开选拔、竞争上岗应当结合岗位特点,坚持组织把关,突出政治素质、专业素养、工作实绩和一贯表现,防止简单以分数、票数取人。

公开选拔、竞争上岗设置的资格条件突破规定的,应当事先报上级组织(人事)部门审核同意。

第四章 民主推荐

第十六条 选拔任用党政领导干部,应当经过民主推荐。民主推荐包括谈话调研推荐和会议推荐,推荐结果作为选拔任用的重要参考,在一年内有效。

第十七条 领导班子换届,民主推荐按照职位设置全额定向推荐;个别提拔任职或者进一步使用,可以按照拟任职位进行定向推荐,也可以根据拟任职位的具体情况进行非定向推荐;进一步使用的,可以采取听取意见的方式进行,其中正职也可以参照个别提拔任职进行民主推荐。

第十八条 地方领导班子换届,民主推荐应当经过下列程序:

(一)进行谈话调研推荐,提前向谈话对象提供谈话提纲、换届政策说明、干部名册等相关材料,提出有关要求,提高谈话质量;

(二)综合考虑谈话调研推荐情况以及人选条件、岗位要求、班子结构等,经与本级党委沟通协商后,由上级党委或者组织部门研究提出会议推荐参考

人选,参考人选应当差额提出;

（三）召开推荐会议,由本级党委主持,考察组说明换届有关政策,介绍参考人选产生情况,提出有关要求,组织填写推荐表;

（四）对民主推荐情况进行综合分析;

（五）向上级党委或者组织部门汇报民主推荐情况。

第十九条　地方领导班子换届,谈话调研推荐一般由下列人员参加:

（一）党委成员;

（二）人大常委会、政府、政协领导成员;

（三）纪委监委领导成员;

（四）法院、检察院主要领导成员;

（五）党委工作部门、政府工作部门、群团组织主要领导成员;

（六）下一级党委和政府主要领导成员;

（七）其他需要参加的人员,可以根据知情度、关联度和代表性原则确定。

推荐人大常委会、政府、政协领导成员人选,应当有民主党派、工商联主要领导成员和无党派代表人士参加。

参加会议推荐的人员参照上列范围确定,可以适当调整。

第二十条　个别提拔任职,或者进一步使用需要进行民主推荐的,民主推荐程序可以参照本条例第十八条规定进行;必要时也可以先进行会议推荐,再进行谈话调研推荐。先进行谈话调研推荐的,可以提出会议推荐参考人选,参考人选应当差额提出。单位人数较少、参加会议推荐人员范围与谈话调研推荐人员范围基本相同,且谈话调研推荐意见集中的,根据实际情况,可以不再进行会议推荐。

根据工作需要,可以在民主推荐前对推荐职位、条件、范围以及符合职位要求和任职条件的人选,在人选所在地区或者单位领导班子范围内进行沟通。

第二十一条　个别提拔任职,或者进一步使用需要进行民主推荐的,参加民主推荐人员一般按照下列范围执行:

（一）民主推荐地方党政领导班子成员人选,参照本条例第十九条规定执行,可以适当调整。

（二）民主推荐工作部门领导成员人选,谈话调研推荐由本部门领导成员、内设机构担任主要领导职务的人员、直属单位主要领导成员以及其他需要参加的人员参加;根据实际情况还可以吸收本系统下级单位主要领导成员参加。参加会议推荐的人员范围可以适当调整。

(三)民主推荐内设机构领导职务拟任人选,参照前项所列范围确定,也可以在内设机构范围内进行。

第二十二条　党委和政府及其工作部门个别特殊需要的领导成员人选,可以由党委(党组)或者组织(人事)部门推荐,报上级组织(人事)部门同意后作为考察对象。

第五章　考　察

第二十三条　确定考察对象,应当根据工作需要和干部德才条件,将民主推荐与日常了解、综合分析研判以及岗位匹配度等情况综合考虑,深入分析、比较择优,防止把推荐票等同于选举票、简单以推荐票取人。

第二十四条　有下列情形之一的,不得列为考察对象:

(一)违反政治纪律和政治规矩的;

(二)群众公认度不高的;

(三)上一年年度考核结果为基本称职以下等次的;

(四)有跑官、拉票等非组织行为的;

(五)除特殊岗位需要外,配偶已移居国(境)外,或者没有配偶但子女均已移居国(境)外的;

(六)受到诫勉、组织处理或者党纪政务处分等影响期未满或者期满影响使用的;

(七)其他原因不宜提拔或者进一步使用的。

第二十五条　地方领导班子换届,由本级党委书记与副书记、分管组织、纪检监察等工作的常委根据上级党委组织部门反馈的情况,对考察对象人选进行酝酿,本级党委常委会研究提出考察对象建议名单,经与上级党委组织部门沟通后,确定考察对象。对拟新进党政领导班子的考察对象,应当在一定范围内公示。

个别提拔任职或者进一步使用,按照干部管理权限,由党委(党组)或者上级组织(人事)部门研究确定考察对象。

考察对象一般应当多于拟任职务人数,个别提拔任职或者进一步使用时意见比较集中的,也可以等额确定考察对象。

第二十六条 对确定的考察对象,由组织(人事)部门进行严格考察。

双重管理干部的考察工作,由主管方负责组织实施,根据工作需要会同协管方进行。

第二十七条 考察党政领导职务拟任人选,必须依据干部选拔任用条件和不同领导职务的职责要求,全面考察其德、能、勤、绩、廉,严把政治关、品行关、能力关、作风关、廉洁关。

突出政治标准,注重了解政治理论学习情况,深入考察政治忠诚、政治定力、政治担当、政治能力、政治自律等方面的情况。

深入考察道德品行,加强对工作时间之外表现的考察,注重了解社会公德、职业道德、家庭美德、个人品德等方面的情况。

强化专业素养考察,深入了解专业知识、专业能力、专业作风、专业精神等方面的情况。

注重考察工作实绩,围绕贯彻落实党中央重大决策部署,统筹推进“五位一体”总体布局和协调推进“四个全面”战略布局,深入了解履行岗位职责、贯彻新发展理念、推动高质量发展取得的实际成效。考察地方党政领导班子成员,应当把经济建设、政治建设、文化建设、社会建设、生态文明建设和党的建设等情况作为考察评价的重要内容,防止单纯以经济增长速度评定工作实绩。考察党政工作部门领导干部,应当把履行党的建设职责、制定和执行政策、推动改革创新、营造良好发展环境、提供优质公共服务、维护社会公平正义等作为考察评价的重要内容。

加强作风考察,深入了解为民服务、求真务实、勤勉敬业、敢于担当、奋发有为,遵守中央八项规定精神,反对形式主义、官僚主义、享乐主义和奢靡之风等情况。

强化廉政情况考察,深入了解遵守廉洁自律有关规定,保持高尚情操和健康情趣,慎独慎微,秉公用权,清正廉洁,不谋私利,严格要求亲属和身边工作人员等情况。

根据实际需要,针对不同层级、不同岗位考察对象,实行差异化考察,对党政正职人选,坚持更高标准、更严要求,突出把握政治方向、驾驭全局、抓班子带队伍等方面情况的考察。

第二十八条 考察党政领导职务拟任人选,应当保证充足的考察时间,经过下列程序：

（一）制定考察工作方案；

（二）同考察对象呈报单位或者所在单位党委（党组）主要领导成员就考察工作方案沟通情况，征求意见；

（三）根据考察对象的不同情况，通过适当方式在一定范围内发布干部考察预告；

（四）采取个别谈话、发放征求意见表、民主测评、实地走访、查阅干部人事档案和工作资料等方法，广泛深入地了解情况，根据需要进行专项调查、延伸考察等，注意了解考察对象生活圈、社交圈情况；

（五）同考察对象面谈，进一步了解其政治立场、思想品质、价值取向、见识见解、适应能力、性格特点、心理素质等方面情况，以及缺点和不足，鉴别印证有关问题，深化对考察对象的研判；

（六）综合分析考察情况，与考察对象的一贯表现进行比较、相互印证，全面准确地对考察对象作出评价；

（七）向考察对象呈报单位或者所在单位党委（党组）主要领导成员反馈考察情况，并交换意见；

（八）考察组研究提出人选任用建议，向派出考察组的组织（人事）部门汇报，经组织（人事）部门集体研究提出任用建议方案，向本级党委（党组）报告。

考察内设机构领导职务拟任人选程序，可以根据实际情况适当简化。

第二十九条 考察地方党政领导班子成员拟任人选，个别谈话和征求意见的范围一般为：

（一）党委和政府领导成员，人大常委会、政协、纪委监委、法院、检察院主要领导成员；

（二）考察对象所在单位领导成员；

（三）考察对象所在单位有关工作部门主要领导成员或者内设机构担任主要领导职务的人员和直属单位主要领导成员；

（四）其他有关人员。

第三十条 考察工作部门领导班子成员拟任人选，个别谈话和征求意见的范围一般为：

（一）考察对象上级领导机关有关领导成员；

（二）考察对象所在单位领导成员；

（三）考察对象所在单位内设机构担任主要领导职务的人员和直属单位主要领导成员；

（四）其他有关人员。

考察内设机构领导职务拟任人选，个别谈话和征求意见的范围参照上列规定执行。

第三十一条 考察党政领导职务拟任人选，应当听取考察对象所在单位组织（人事）部门、纪检监察机关、机关党组织的意见，根据需要可以听取巡视巡察机构、审计机关和其他相关部门意见。

组织（人事）部门必须严格审核考察对象的干部人事档案，查核个人有关事项报告，就党风廉政情况听取纪检监察机关意见，对反映问题线索具体、有可查性的信访举报进行核查。对需要进行经济责任审计的考察对象，应当事先按照有关规定进行审计。

考察对象呈报单位或者所在单位党委（党组）必须就考察对象廉洁自律情况提出结论性意见，并由党委（党组）书记、纪委书记（纪检监察组组长）签字。机关内设机构领导职务的拟任人选考察对象，也应当由相关党组织和纪检监察机构出具廉洁自律情况结论性意见。

第三十二条 考察党政领导职务拟任人选，必须形成书面考察材料，建立考察文书档案。已经任职的，考察材料归入本人干部人事档案。考察材料必须写实，评判应当全面、准确、客观，用具体事例反映考察对象的情况，包括下列内容：

（一）德、能、勤、绩、廉方面的主要表现以及主要特长、行为特征；

（二）主要缺点和不足；

（三）民主推荐、民主测评、考察谈话情况；

（四）审核干部人事档案、查核个人有关事项报告、听取纪检监察机关意见、核查信访举报等情况的结论。

第三十三条 党委（党组）或者组织（人事）部门选派具有较高素质的人员组建考察组，考察组由两名以上成员组成。考察组负责人应当由思想政治素质好、具有较丰富工作经验并熟悉干部工作的人员担任。

实行干部考察工作责任制。考察组必须坚持原则，公道正派，深入细致，如实反映考察情况和意见，对考察材料负责，履行干部选拔任用风气监督职责。

第六章　讨论决定

第三十四条　党政领导职务拟任人选,在讨论决定或者决定呈报前,应当根据职位和人选的不同情况,分别在党委(党组)、人大常委会、政府、政协等有关领导成员中进行酝酿。

工作部门领导成员拟任人选,应当征求上级分管领导成员的意见。

非中共党员拟任人选,应当征求党委统战部门和民主党派、工商联主要领导成员、无党派代表人士的意见。

双重管理干部的任免,主管方应当事先征求协管方意见,进行酝酿。征求意见一般采用书面形式进行。协管方自收到主管方意见之日起一个月内未予答复的,视为同意。双方意见不一致时,正职的任免报上级党委组织部门协调,副职的任免由主管方决定。

第三十五条　选拔任用党政领导干部,应当按照干部管理权限由党委(党组)集体讨论作出任免决定,或者决定提出推荐、提名的意见。属于上级党委(党组)管理的,本级党委(党组)可以提出选拔任用建议。

对拟破格提拔的人选在讨论决定前,必须报经上级组织(人事)部门同意。越级提拔或者不经过民主推荐列为破格提拔人选的,应当在考察前报告,经批复同意后方可进行。

第三十六条　市(地、州、盟)、县(市、区、旗)党委和政府领导班子正职的拟任人选和推荐人选,一般应当由上级党委常委会提名并提交全会无记名投票表决;全会闭会期间,由党委常委会作出决定,决定前应当征求党委委员的意见。

第三十七条　有下列情形之一的,不得提交会议讨论:

(一)没有按照规定进行民主推荐、考察的;

(二)拟任人选所在单位党委(党组)对廉洁自律情况没有作出结论性意见的,或者纪检监察机关未反馈意见的,或者纪检监察机关有不同意见的;

(三)个人有关事项报告未查核或者经查核存疑尚未查清的;

(四)线索具体、有可查性的信访举报尚未调查清楚的;

(五)干部人事档案中身份、年龄、工龄、党龄、学历、经历等存疑尚未查清的;

(六)巡视巡察、审计等工作中发现重大问题尚未作出结论的;

(七)没有按照规定向上级报告或者报告后未经批复同意的干部任免事项;

(八)其他原因不宜提交会议讨论的。

第三十八条 党委(党组)讨论决定干部任免事项,必须有三分之二以上成员到会,并保证与会成员有足够时间听取情况介绍、充分发表意见。与会成员对任免事项,应当逐一发表同意、不同意或者缓议等明确意见,党委(党组)主要负责人应当最后表态。在充分讨论的基础上,采取口头表决、举手表决或者无记名投票等方式进行表决。意见分歧较大时,暂缓进行表决。

党委(党组)有关干部任免的决定,需要复议的,应当经党委(党组)超过半数成员同意后方可进行。

第三十九条 党委(党组)讨论决定干部任免事项,应当按照下列程序进行:

(一)党委(党组)分管组织(人事)工作的领导成员或者组织(人事)部门负责人,逐个介绍领导职务拟任人选的推荐、考察和任免理由等情况,其中涉及破格提拔等需要按照要求事先向上级组织(人事)部门报告的选拔任用有关工作事项,应当说明具体事由和征求上级组织(人事)部门意见的情况;

(二)参加会议人员进行充分讨论;

(三)进行表决,以党委(党组)应到会成员超过半数同意形成决定。

第四十条 需要报上级党委(党组)审批的拟提拔任职的干部,必须呈报党委(党组)请示并附干部任免审批表、干部考察材料、本人干部人事档案和党委(党组)会议纪要、讨论记录、民主推荐情况等材料。上级组织(人事)部门对呈报的材料应当严格审查。

需要报上级备案的干部,应当按照规定及时向上级组织(人事)部门备案。

第七章　任　职

第四十一条 党政领导职务实行选任制、委任制,部分专业性较强的领导职务可以实行聘任制。

第四十二条 实行党政领导干部任职前公示制度。

提拔担任厅局级以下领导职务的,除特殊岗位和在换届考察时已进行过公示的人选外,在党委(党组)讨论决定后、下发任职通知前,应当在一定范围内公示。公示内容应当真实准确,便于监督,涉及破格提拔的还应当说明破格的具体情形和理由。公示期不少于五个工作日。公示结果不影响任职的,办理任职手续。

第四十三条　实行党政领导干部任职试用期制度。

提拔担任下列非选举产生的厅局级以下领导职务的,试用期为一年:

(一)党委、人大常委会、政府、政协工作部门副职和内设机构领导职务;

(二)纪委监委机关内设机构、派出机构领导职务;

(三)法院、检察院内设机构的非国家权力机关依法任命的领导职务。

试用期满后,经考核胜任现职的,正式任职;不胜任的,免去试任职务,一般按照试任前职级或者职务层次安排工作。

第四十四条　实行任职谈话制度。对决定任用的干部,由党委(党组)指定专人同本人谈话,肯定成绩,指出不足,提出要求和需要注意的问题。

对破格提拔以及通过公开选拔、竞争上岗任职的干部,试用期满正式任职时,党委(党组)还应当指定专人进行谈话。

第四十五条　党政领导职务的任职时间,按照下列时间计算:

(一)由党委(党组)决定任职的,自党委(党组)决定之日起计算;

(二)由党的代表大会、党的委员会全体会议、党的纪律检查委员会全体会议、人民代表大会、政协全体会议选举、决定任命的,自当选、决定任命之日起计算;

(三)由人大常委会或者政协常委会任命或者决定任命的,自人大常委会、政协常委会任命或者决定任命之日起计算;

(四)由党委向政府提名由政府任命的,自政府任命之日起计算。

第八章　依法推荐、提名和民主协商

第四十六条　党委向人民代表大会或者人大常委会推荐需要由人民代表大会或者人大常委会选举、任命、决定任命的领导干部人选,应当事先向人民代表大会临时党组织或者人大常委会党组和人大常委会组成人员中的党员介绍党委推荐意见。人民代表大会临时党组织、人大常委会党组和人大常委会组成人员以及人大代表中的党员,应当认真贯彻党委推荐意见,带头依法办事,正确履行职责。

第四十七条 党委向人民代表大会推荐由人民代表大会选举、决定任命的领导干部人选,应当以本级党委名义向人民代表大会主席团提交推荐书,介绍所推荐人选的有关情况,说明推荐理由。

党委向人大常委会推荐由人大常委会任命、决定任命的领导干部人选,应当在人大常委会审议前,按照规定程序提出,介绍所推荐人选的有关情况。

第四十八条 党委向政府提名由政府任命的政府工作部门和机构领导成员人选,在党委讨论决定后,由政府任命。

第四十九条 领导班子换届,党委推荐人大常委会、政府、政协领导成员人选和监察委员会主任、法院院长、检察院检察长人选,应当事先向民主党派、工商联主要领导成员和无党派代表人士通报有关情况,进行民主协商。

第五十条 党委推荐的领导干部人选,在人民代表大会选举、决定任命或者人大常委会任命、决定任命前,如果人大代表或者人大常委会组成人员对所推荐人选提出不同意见,党委应当认真研究,并作出必要的解释或者说明。如果发现有事实依据、足以影响选举或者任命的问题,党委可以建议人民代表大会或者人大常委会按照规定程序暂缓选举、任命、决定任命,也可以重新推荐人选。

政协领导成员候选人的推荐和协商提名,按照政协章程和有关规定办理。

第九章   交流、回避

第五十一条 实行党政领导干部交流制度。

(一)交流的对象主要是:因工作需要交流的;需要通过交流锻炼提高领导能力的;在一个地方或者部门工作时间较长的;按照规定需要回避的;因其他原因需要交流的。交流的重点是县级以上地方党委和政府的领导成员,纪委监委、法院、检察院、党委和政府部分工作部门的主要领导成员。

(二)地方党委和政府领导成员原则上应当任满一届,在同一职位上任职满十年的,必须交流;在同一职位连续任职达到两个任期的,不再推荐、提名或者任命担任同一职务。同一地方(部门)的党政正职一般不同时易地交流。

(三)党政机关内设机构处级以上领导干部在同一职位上任职时间较长

的,应当进行交流。

(四)经历单一或者缺少基层工作经历的年轻干部,应当有计划地派到基层、艰苦边远地区和复杂环境工作,坚决防止"镀金"思想和短期行为。

(五)加强工作统筹,加大干部交流力度。推进地方与部门之间、地区之间、部门之间、党政机关与国有企事业单位以及其他社会组织之间的干部交流,推动形成国有企事业单位、社会组织干部人才及时进入党政机关的良性工作机制。

(六)干部交流由党委(党组)及其组织(人事)部门按照干部管理权限组织实施,严格把握人选的资格条件。干部个人不得自行联系交流事宜,领导干部不得指定交流人选。同一干部不宜频繁交流。

(七)交流的干部接到任职通知后,应当在党委(党组)或者组织(人事)部门限定的时间内到任。跨地区跨部门交流的,应当同时转移行政关系、工资关系和党的组织关系。

第五十二条　实行党政领导干部任职回避制度。

党政领导干部任职回避的亲属关系为:夫妻关系、直系血亲关系、三代以内旁系血亲以及近姻亲关系。有上列亲属关系的,不得在同一机关担任双方直接隶属于同一领导人员的职务或者有直接上下级领导关系的职务,也不得在其中一方担任领导职务的机关从事组织(人事)、纪检监察、审计、财务工作。

领导干部不得在本人成长地担任县(市)党委和政府以及纪委监委、组织部门、法院、检察院、公安部门主要领导成员,一般不得在本人成长地担任市(地、盟)党委和政府以及纪委监委、组织部门、法院、检察院、公安部门主要领导成员。

第五十三条　实行党政领导干部选拔任用工作回避制度。

党委(党组)及其组织(人事)部门讨论干部任免,涉及与会人员本人及其亲属的,本人必须回避。

干部考察组成员在干部考察工作中涉及其亲属的,本人必须回避。

第十章　免职、辞职、降职

第五十四条　党政领导干部有下列情形之一的,一般应当免去现职:

(一)达到任职年龄界限或者退休年龄界限的;

(二)受到责任追究应当免职的;

(三)不适宜担任现职应当免职的;

(四)因违纪违法应当免职的;

(五)辞职或者调出的;

(六)非组织选派,个人申请离职学习期限超过一年的;

(七)因健康原因,无法正常履行工作职责一年以上的;

(八)因工作需要或者其他原因应当免去现职的。

第五十五条 实行党政领导干部辞职制度。辞职包括因公辞职、自愿辞职、引咎辞职和责令辞职。

辞职应当符合有关规定,手续依照法律或者有关规定程序办理。

第五十六条 引咎辞职、责令辞职和因问责被免职的党政领导干部,一年内不安排领导职务,两年内不得担任高于原任职务层次的领导职务。同时受到党纪政务处分的,按照影响期长的规定执行。

第五十七条 实行党政领导干部降职制度。党政领导干部在年度考核中被确定为不称职的,因工作能力较弱、受到组织处理或者其他原因不适宜担任现职务层次的,应当降职使用。降职使用的干部,其待遇按照新任职务职级的标准执行。

第五十八条 因不适宜担任现职调离岗位、免职的,一年内不得提拔。降职使用的干部重新提拔,按照有关规定执行。

重新任职或者提拔任职,应当根据具体情形、工作需要和个人情况综合考虑,合理安排使用。

对符合有关规定给予容错的干部,应当客观公正对待。

第十一章　纪律和监督

第五十九条 选拔任用党政领导干部,必须严格执行本条例的各项规定,并遵守下列纪律:

(一)不准超职数配备、超机构规格提拔领导干部、超审批权限设置机构配备干部,或者违反规定擅自设置职务名称、提高干部职务职级待遇;

(二)不准采取不正当手段为本人或者他人谋取职务、提高职级待遇;

（三）不准违反规定程序动议、推荐、考察、讨论决定任免干部，或者由主要领导成员个人决定任免干部；

（四）不准私自泄露研判、动议、民主推荐、民主测评、考察、酝酿、讨论决定干部等有关情况；

（五）不准在干部考察工作中隐瞒或者歪曲事实真相；

（六）不准在民主推荐、民主测评、组织考察和选举中搞拉票、助选等非组织活动；

（七）不准利用职务便利私自干预下级或者原任职地区、系统和单位干部选拔任用工作；

（八）不准在机构变动，主要领导成员即将达到任职年龄界限、退休年龄界限或者已经明确即将离任时，突击提拔、调整干部；

（九）不准在干部选拔任用工作中任人唯亲、排斥异己、封官许愿，拉帮结派、搞团团伙伙，营私舞弊；

（十）不准篡改、伪造干部人事档案，或者在干部身份、年龄、工龄、党龄、学历、经历等方面弄虚作假。

第六十条 加强干部选拔任用工作全程监督，严格执行干部选拔任用全程纪实和任前事项报告、"一报告两评议"、专项检查、离任检查、立项督查、"带病提拔"问题倒查等制度。严肃查处违反组织（人事）纪律的行为。对违反本条例规定的事项，按照有关规定对党委（党组）主要领导成员和有关领导成员、组织（人事）部门有关领导成员以及其他直接责任人作出组织处理或者纪律处分；涉嫌违法犯罪的，移送有关国家机关依法处理。

对无正当理由拒不服从组织调动或者交流决定的，依规依纪依法予以免职或者降职使用，并视情节轻重给予处分。

第六十一条 实行党政领导干部选拔任用工作责任追究制度。凡用人失察失误造成严重后果的，本地区本部门用人上的不正之风严重、干部群众反映强烈以及对违反组织（人事）纪律的行为查处不力的，应当根据具体情况，严肃追究党委（党组）及其主要领导成员、有关领导成员、组织（人事）部门、纪检监察机关、干部考察组有关领导成员以及其他直接责任人的责任。

第六十二条 党委（党组）及其组织（人事）部门对干部选拔任用工作和贯彻执行本条例的情况进行监督检查，认真受理有关干部选拔任用工作的举报、申诉，制止、纠正违反本条例的行为，并对有关责任人提出处理意见或者处理建议。

纪检监察机关、巡视巡察机构按照有关规定,加强对干部选拔任用工作的监督检查。

第六十三条 实行地方党委组织部门和纪检监察、巡视巡察、机构编制、审计、信访等有关机构联席会议制度,就加强对干部选拔任用工作的监督,沟通信息、交流情况、研究问题,提出意见和建议。联席会议由组织部门召集。

第六十四条 党委(党组)及其组织(人事)部门在干部选拔任用工作中,必须严格执行本条例,坚持出以公心、公正用人,严格规范履职用权行为,自觉接受党内监督、社会监督、群众监督。下级机关和党员、干部、群众对干部选拔任用工作中的违规违纪行为,有权向上级党委(党组)及其组织(人事)部门、纪检监察机关举报、申诉,受理部门和机关应当按照有关规定查核处理。

第十二章　附　则

第六十五条 本条例对工作部门的规定,同时适用于办事机构、派出机构、特设机构以及其他直属机构。

第六十六条 选拔任用乡(镇、街道)的党政领导干部,由省、自治区、直辖市党委根据本条例制定相应的实施办法。

第六十七条 中国人民解放军和中国人民武装警察部队领导干部的选拔任用办法,由中央军事委员会根据本条例的原则作出规定。

第六十八条 本条例由中共中央组织部负责解释。

第六十九条 本条例自 2019 年 3 月 3 日起施行。2014 年 1 月 14 日中共中央印发的《党政领导干部选拔任用工作条例》同时废止。

附录二　公务员职务与职级并行规定

（中共中央,2019 年 3 月）

第一章　总　则

第一条　为了深化公务员分类改革,推行公务员职务与职级并行、职级与待遇挂钩制度,健全公务员激励保障机制,建设忠诚干净担当的高素质专业化公务员队伍,根据《中华人民共和国公务员法》等有关法律法规,制定本规定。

第二条　国家根据公务员职位类别和职责设置公务员领导职务和职级序列。

本规定所称职级,是公务员的等级序列,是与领导职务并行的晋升通道,体现公务员政治素质、业务能力、资历贡献,是确定工资、住房、医疗等待遇的重要依据,不具有领导职责。

公务员可以通过领导职务或者职级晋升。担任领导职务的公务员履行领导职责,不担任领导职务的职级公务员依据隶属关系接受领导指挥,履行职责。

第三条　实行公务员职务与职级并行制度旨在适应推进国家治理体系和治理能力现代化的要求,完善中国特色公务员制度,改革公务员职务设置办法,建立职级序列,畅通职级晋升通道,拓展职级晋升空间,促进公务员立足本职安心工作,加强专业化建设,激励公务员干事创业、担当作为。

第四条　公务员职务与职级并行制度坚持以马克思列宁主义、毛泽东思想、邓小平理论、“三个代表”重要思想、科学发展观、习近平新时代中国特色社会主义思想为指导,贯彻新时代党的组织路线,坚持党管干部原则,坚持德才兼备、以德为先,坚持五湖四海、任人唯贤,坚持事业为上、公道正派,坚持向基层倾斜,坚持严管和厚爱结合、激励和约束并重。

第五条　公务员职务与职级并行制度实施工作,由各级党委(党组)及其组织(人事)部门分级负责。中央公务员主管部门负责全国公务员职务与职级并行制度组织实施的宏观指导。县级以上地方各级公务员主管部门具体指导本辖区内公务员职务与职级并行制度的组织实施工作。

第二章　职务与职级序列

第六条　领导职务根据宪法、有关法律和机构规格设置。

领导职务层次分为:国家级正职、国家级副职、省部级正职、省部级副职、厅局级正职、厅局级副职、县处级正职、县处级副职、乡科级正职、乡科级副职。

第七条　职级序列按照综合管理类、专业技术类、行政执法类等公务员职位类别分别设置。

综合管理类公务员职级序列分为:一级巡视员、二级巡视员、一级调研员、二级调研员、三级调研员、四级调研员、一级主任科员、二级主任科员、三级主任科员、四级主任科员、一级科员、二级科员。

综合管理类以外其他职位类别公务员职级序列另行规定。

第八条　公务员领导职务、职级对应相应的级别。

领导职务对应的级别,按照国家有关规定执行。

综合管理类公务员职级对应的级别是:

(一)一级巡视员:十三级至八级;

(二)二级巡视员:十五级至十级;

(三)一级调研员:十七级至十一级;

(四)二级调研员:十八级至十二级;

(五)三级调研员:十九级至十三级;

(六)四级调研员:二十级至十四级;

(七)一级主任科员:二十一级至十五级;

(八)二级主任科员:二十二级至十六级;

(九)三级主任科员:二十三级至十七级;

(十)四级主任科员:二十四级至十八级;

(十一)一级科员:二十六级至十八级;

(十二)二级科员:二十七级至十九级。

第九条　厅局级以下领导职务对应的综合管理类公务员最低职级是:

（一）厅局级正职：一级巡视员；

（二）厅局级副职：二级巡视员；

（三）县处级正职：二级调研员；

（四）县处级副职：四级调研员；

（五）乡科级正职：二级主任科员；

（六）乡科级副职：四级主任科员。

第三章　职级设置与职数比例

第十条　综合管理类公务员职级按照下列规格设置：

（一）中央机关，省、自治区、直辖市机关设置一级巡视员以下职级；

（二）副省级城市机关设置一级巡视员以下职级，副省级城市的区领导班子设置一级、二级巡视员；

（三）市（地、州、盟）、直辖市的区领导班子设置一级巡视员，市（地、州、盟）、直辖市的区机关设置二级巡视员以下职级，副省级城市的区机关设置一级调研员以下职级；

（四）县（市、区、旗）领导班子设置二级巡视员、一级调研员、二级调研员、三级调研员，县（市、区、旗）、乡镇机关设置二级调研员以下职级。

第十一条　职级职数按照各类别公务员行政编制数量的一定比例核定。综合管理类公务员职级职数按照下列比例核定：

（一）中央机关一级、二级巡视员不超过机关综合管理类职位数量的12%，其中，正部级单位一级巡视员不超过一级、二级巡视员总数的40%，副部级单位一级巡视员不超过一级、二级巡视员总数的20%；一级至四级调研员不超过机关综合管理类职位数量的65%。

（二）省、自治区、直辖市机关一级、二级巡视员不超过机关综合管理类职位数量的5%，其中一级巡视员不超过一级、二级巡视员总数的30%；一级至四级调研员不超过机关综合管理类职位数量的45%。

（三）副省级城市机关一级、二级巡视员不超过机关综合管理类职位数量的2%，其中一级巡视员不超过一级、二级巡视员总数的30%；一级至四级调研员不超过机关综合管理类职位数量的43%，其中一级调研员不超过一级至四级调研员总数的20%。

（四）市（地、州、盟）、直辖市的区领导班子一级巡视员不超过领导班子职数的 15%。市（地、州、盟）、直辖市的区机关二级巡视员不超过机关综合管理类职位数量的 1%；一级至四级调研员不超过机关综合管理类职位数量的 20%，其中一级、二级调研员不超过一级至四级调研员总数的 40%，一级调研员不超过一级、二级调研员总数的 50%；一级至四级主任科员不超过机关综合管理类职位数量的 60%，其中一级、二级主任科员不超过一级至四级主任科员总数的 50%。

（五）副省级城市的区领导班子一级、二级巡视员不超过领导班子职数的 15%，其中一级巡视员不超过一级、二级巡视员总数的 40%；副省级城市的区机关一级调研员以下职级职数，按照第四项规定执行。

（六）县（市、区、旗）领导班子二级巡视员不超过领导班子职数的 10%，一级、二级调研员不超过领导班子职数的 20%。县（市、区、旗）、乡镇机关二级调研员不超过机关综合管理类职位数量的 2%；三级、四级调研员不超过机关综合管理类职位数量的 10%，其中三级调研员不超过三级、四级调研员总数的 40%；一级至四级主任科员不超过机关综合管理类职位数量的 60%，其中一级、二级主任科员不超过一级至四级主任科员总数的 50%。

中央和地方各级机关中个别情况特殊需要调整职级比例的，应当报中央公务员主管部门审批。中央机关和省级公务员主管部门根据工作需要和实际，可以对前款规定中未作区分的各职级层次的比例予以细化。

第十二条 中央和省级机关垂直管理的机构、市地级以上机关的直属单位或者派出机构，根据机构规格，参照第十条、第十一条规定，设置职级和核定职数。

直辖市的县领导班子和县、乡镇机关，副省级城市的乡镇机关，根据机构规格，由省级公务员主管部门参照第十条、第十一条规定，研究确定职级设置和比例。

第十三条 职级职数一般按照各机关分别核定。职数较少或者难以按照各机关分别核定的职级，由县级以上地方党委及其公务员主管部门根据实际情况和职级晋升审批权限，分级统筹核定和使用。市（地、州、盟）、直辖市的区、县（市、区、旗）的领导班子与所属部门职级职数分开统筹核定和使用。

省、自治区、直辖市党委可以统筹使用若干名一级巡视员职数，用于激励少数特别优秀的县（市、区、旗）党委书记。

第十四条 中央机关及其直属机构职级设置方案,报中央公务员主管部门备案;省级以下机关及其直属机构职级设置方案的审批或者备案程序,由省级公务员主管部门规定。

第四章 职级确定与升降

第十五条 公务员领导职务的任免与升降,按照有关规定执行。

第十六条 公务员的职级依据其德才表现、工作实绩和资历确定。

非领导职务公务员首次确定职级按照有关规定套转。新录用公务员按照有关规定确定一级主任科员以下及相当层次的职级。从国有企业、事业单位、人民团体和群众团体调任的人员,按照公务员调任有关规定,综合考虑其原任职务、调任职位和工作经历确定职级。机关接收的军队转业干部,按照国家军转安置有关规定确定职级。

第十七条 公务员晋升职级,应当在职级职数内逐级晋升,并且具备下列基本条件:

(一)政治素质好,拥护中国共产党的领导和社会主义制度,坚决维护习近平总书记核心地位,坚决维护党中央权威和集中统一领导;

(二)具备职位要求的工作能力和专业知识,忠于职守,勤勉尽责,勇于担当,工作实绩较好;

(三)群众公认度较高;

(四)符合拟晋升职级所要求的任职年限和资历;

(五)作风品行好,遵纪守法,自觉践行社会主义核心价值观,清正廉洁。

第十八条 公务员晋升职级,应当具备下列基本资格:

(一)晋升一级巡视员,应当任厅局级副职或者二级巡视员 4 年以上;

(二)晋升二级巡视员,应当任一级调研员 4 年以上;

(三)晋升一级调研员,应当任县处级正职或者二级调研员 3 年以上;

(四)晋升二级调研员,应当任三级调研员 2 年以上;

(五)晋升三级调研员,应当任县处级副职或者四级调研员 2 年以上;

(六)晋升四级调研员,应当任一级主任科员 2 年以上;

(七)晋升一级主任科员,应当任乡科级正职或者二级主任科员 2 年以上;

(八)晋升二级主任科员,应当任三级主任科员2年以上;

(九)晋升三级主任科员,应当任乡科级副职或者四级主任科员2年以上;

(十)晋升四级主任科员,应当任一级科员2年以上;

(十一)晋升一级科员,应当任二级科员2年以上。

公务员晋升职级应当根据工作需要、德才表现、职责轻重、工作实绩和资历等因素综合考虑,不是达到最低任职年限就必须晋升,也不能简单按照任职年限论资排辈,体现正确的用人导向。

第十九条 公务员晋升职级所要求任职年限的年度考核结果均应为称职以上等次,其间每有1个年度考核结果为优秀等次的,任职年限缩短半年;每有1个年度考核结果为基本称职等次或者不定等次的,该年度不计算为晋升职级的任职年限。

第二十条 公务员晋升职级按照下列程序办理:

(一)党委(党组)或者组织(人事)部门研究提出工作方案。

(二)对符合晋升职级资格条件的人员进行民主推荐或者民主测评,提出初步人选。

(三)考察了解并确定拟晋升职级人选。中央机关公务员晋升一级、二级巡视员,应当进行考察;晋升其他职级可以综合考虑民主推荐、民主测评与平时考核、年度考核、一贯表现等情况确定人选。省级以下机关公务员晋升职级的考察了解方式,由省级公务员主管部门结合实际研究确定。

(四)对拟晋升职级人选进行公示,公示期不少于5个工作日。

(五)审批。中央机关公务员晋升职级由本机关党组(党委)及其组织(人事)部门审批,一级、二级巡视员职级职数使用等情况按年度报中央公务员主管部门备案。省级以下机关公务员晋升职级的审批权限,由省级公务员主管部门提出意见,报省、自治区、直辖市党委审定。

各级机关中未限定职数比例的职级,其晋升程序可以适当简化。

第二十一条 公务员具有下列情形之一的,不得晋升职级:

(一)不符合第十七条、第十八条规定的;

(二)受到诫勉、组织处理或者处分等影响期未满或者期满影响使用的;

(三)涉嫌违纪违法正在接受审查调查尚未作出结论的;

(四)影响晋升职级的其他情形。

第二十二条　公务员职级实行能上能下,具有下列情形之一的,应当按照规定降低职级:

(一)不能胜任职位职责要求的;

(二)年度考核被确定为不称职等次的;

(三)受到降职处理或者撤职处分的;

(四)法律法规和党内法规规定的其他情形。

第二十三条　中央机关和地方各级公务员主管部门可以根据本章规定,按照落实好干部标准、从严管理干部和树立鼓励干事创业、担当作为导向的要求,结合实际细化公务员职级升降的条件和情形。

第五章　职级与待遇

第二十四条　领导职务与职级是确定公务员待遇的重要依据。公务员根据所任职级执行相应的工资标准,享受所在地区(部门)相应职务层次的住房、医疗、交通补贴、社会保险等待遇。

担任领导职务且兼任职级的公务员,按照就高原则享受有关待遇。

第二十五条　公务员晋升职级,不改变工作职位和领导指挥关系,不享受相应职务层次的政治待遇、工作待遇。因不胜任、不适宜担任现职免去领导职务的,按照其职级确定有关待遇,原政治待遇、工作待遇不再保留。

第二十六条　公务员因公出国出差的交通、住宿标准以及办公用房标准等待遇,不与职级挂钩。

第二十七条　县处级副职以上领导成员因换届不再提名、机构改革等原因免去领导职务转任职级的,保留原待遇,不改变干部管理权限。

第六章　管理与监督

第二十八条　担任领导职务且兼任职级的公务员,主要按照领导职务进行管理。

不担任领导职务的职级公务员一般由所在机关进行日常管理。公务员晋升至所在机关领导成员职务对应的职级,不作为该机关领导成员管理。

第二十九条　根据工作需要和领导职务与职级的对应关系,公务员担任的领导职务和职级可以互相转任、兼任;符合规定资格条件的,可以晋升领导职务或者职级。

第三十条 综合管理类、专业技术类、行政执法类等不同职位类别公务员之间可以交流,根据不同职位类别职级的对应关系确定职级。

第三十一条 机关应当严格执行公务员职务与职级并行制度,不得违反规定设置职级,不得超职数配备职级,不得随意放宽职级任职资格条件,不得违反规定提高或者降低职级待遇标准。对违反相关规定的,由县级以上党委或者公务员主管部门按照管理权限,区别不同情况,分别予以责令纠正或者宣布无效;对负有责任的领导人员和直接责任人员,根据情节轻重,给予批评教育、组织处理或者处分。

第七章 附 则

第三十二条 参照公务员法管理的机关(单位)中除工勤人员以外的工作人员,参照本规定执行。

第三十三条 本规定由中共中央组织部负责解释。

第三十四条 本规定自 2019 年 6 月 1 日起施行。2006 年 4 月 9 日中共中央、国务院印发的《〈中华人民共和国公务员法〉实施方案》附件四《综合管理类公务员非领导职务设置管理办法》和 2015 年 1 月 15 日中共中央办公厅、国务院办公厅印发的《关于县以下机关建立公务员职务与职级并行制度的意见》同时废止。

主要参考文献

1.李飞主编:《中华人民共和国公务员法释义》,中国市场出版社 2005 年版。

2.薛刚凌主编:《公务员法教程》,中国人民大学出版社 2017 年版。

3.徐银华、石佑启、杨勇萍:《公务员法新论(第二版)》,北京大学出版社 2014 年版。

4.萧鸣政、唐秀锋、金志峰:《公务员职位分类与管理:30 年的改革实践与分析》,《中国行政管理》2016 年第 9 期。

5.王小红:《对〈公务员法〉第 54 条的解读和思考》,《法学杂志》2006 年第 4 期。

6 于学强:《德才兼备用人标准的误区及其实现机制的创新》,《理论与改革》2010 年第 5 期。

7.应松年、郭胜习:《〈公务员法〉修订的重大意义和重要问题》,《行政管理改革》2018 年第 12 期。

8.肖鸣政:《中国公务员职务分类的现状与问题》,《北京航空航天大学学报(社会科学版)》2017 年第 6 期。

9.陈希:《培养选拔干部必须突出政治标准》,《人民日报》2017 年 11 月 16 日。

10.信春鹰:《我国宪法修改的重点内容及其重大历史意义》,《人民日报》2018 年 5 月 16 日。

11.张力:《我国公务员工资收入决定机制转化——理论与实证研究》,北京交通大学博士学位论文,2007 年。

文字编辑:江小夏

版式设计:顾杰珍

图书在版编目(CIP)数据

《中华人民共和国公务员法》释义/郑功成 主编. —北京:人民出版社,2019.4
（2022.3 重印）
ISBN 978－7－01－020576－2

Ⅰ.①中… Ⅱ.①郑… Ⅲ.①公务员法-法律解释-中国
Ⅳ.①D922.110.5

中国版本图书馆 CIP 数据核字(2019)第 054880 号

《中华人民共和国公务员法》释义

ZHONGHUARENMINGONGHEGUO GONGWUYUANFA SHIYI

郑功成 主编 杨思斌 副主编

人民出版社 出版发行

(100706 北京市东城区隆福寺街 99 号)

中煤(北京)印务有限公司印刷 新华书店经销

2019 年 4 月第 1 版 2022 年 3 月北京第 7 次印刷
开本:710 毫米×1000 毫米 1/16 印张:17.25
字数:260 千字 印数:23,501-25,000 册

ISBN 978－7－01－020576－2 定价:59.00 元

邮购地址 100706 北京市东城区隆福寺街 99 号
人民东方图书销售中心 电话 (010)65250042 65289539